教育部新工科项目

"'双师双能型'教师培训体系的研究与探索"（E-SZNL20200704）

教育部新文科项目

"新文科教师专业发展能力培养路线图的研究与实践"（2021170003）

高校“四新”教师专业发展能力的研究与实践

齐恩平　罗蕴玲◎主编

天津社会科学院出版社

图书在版编目（CIP）数据

高校“四新”教师专业发展能力的研究与实践 / 齐恩平，罗蕴玲主编. -- 天津 : 天津社会科学院出版社，2022.9

ISBN 978-7-5563-0841-5

Ⅰ. ①高… Ⅱ. ①齐… ②罗… Ⅲ. ①高等学校一师资培养一研究 Ⅳ. ①G645.12

中国版本图书馆 CIP 数据核字(2022)第 157651 号

高校“四新”教师专业发展能力的研究与实践
GAOXIAO SIXIN JIAOSHI ZHUANYE FAZHAN NENGLI DE YANJIU YU SHIJIAN

责任编辑：杜敬红
责任校对：王　丽
装帧设计：高馨月
出版发行：天津社会科学院出版社
地　　址：天津市南开区迎水道 7 号
邮　　编：300191
电　　话：（022）23360165
印　　刷：高教社（天津）印务有限公司
开　　本：787×1092　1/16
印　　张：16.25
字　　数：249 千字
版　　次：2022 年 9 月第 1 版　2022 年 9 月第 1 次印刷
定　　价：78.00 元

前　言

2019 年 2 月，中共中央办公厅、国务院办公厅印发《加快推进教育现代化实施方案（2018—2022 年）》，提出分三年全面实施“六卓越一拔尖”计划 2.0，全面推进新工科、新医科、新农科和新文科（即“四新”）建设，进一步提高高校人才培养质量和服务社会经济发展能力。2019 年 4 月 29 日，教育部、中央政法委、科技部等十三个部门联合启动了“六卓越一拔尖”计划 2.0。

天津商业大学作为拥有经济学、管理学、工学、法学、文学、理学、艺术学七个学科门类的一所综合性大学，主动迎接科技革命和产业变革带来的挑战，抓住教师这个“四新”建设的关键主体，以承担教育部“四新”建设项目为抓手，从提高教师的专业发展能力切入，布局学校的“四新”建设，谋求学校的高质量发展，以赢得竞争主动权。

本书收集的文章，均是基于教育部新工科项目“‘双师双能型’教师培训体系的研究与探索”（项目编号：E-SZNL20200704）和教育部新文科项目“新文科教师专业发展能力培养路线图的研究与实践”（项目编号：2021170003），经过不断思考、不断研究、不断实践形成的成果，共计 25 篇文章。内容既有理论研究层面的，也有实践探索层面的，包括了教师专业发展能力的内涵研究与构建、教师专业发展能力提升的机制研究与构建、能力提升的路径及策略研究与实践、培训培养模式及体系的研究与实践四个方面，较为详尽地回答了“教师专业发展能力的内涵是什么”“为什么要提升教师的专业发展能力”“怎么提升教师的专业发展能力”“如何在提升教师专业发展能力中发挥激励、制约和保障机制的协同效应”等问题，希望对地方性高校加强师资队伍建设、提升教师专业发展能力提供借鉴和参考。

限于我们的认识和水平，书中难免有疏忽和不尽如人意的地方，恳请广大读者批评指正。

编　者

2022 年 5 月

目 录

能力提升的路径及策略研究与实践

培训培养模式及体系的研究与实践

附 录

教师专业发展能力的内涵研究与构建

新文科背景下高校教师专业发展能力的内涵解读

齐恩平

2019年4月29日，教育部、科技部等十三个部门正式联合启动“六卓越一拔尖”计划2.0，全面推进新工科、新医科、新农科、新文科建设，自此“新文科”逐渐成为一个热门概念。尽管学者们对于“新文科”的概念界定表述不一，但其基本共识在于：秉持立德树人的根本宗旨，在继承和发扬优秀传统文化的基础上，适应新时代、新形势、新技术的需要，不断通过学科交叉、知识协同、创新实践提高文科人才的综合素质。① 依据陕西师范大学国学研究院院长曹胜高教授的观点，新文科是对传统文科的提升，试图打破专业壁垒和学科障碍，以广博的学术视角、开阔的问题意识和深厚的学术积累为基础，为学生提供更契合现代社会需求的素养训练。新文科的意义在于更强调文科专业基础的融通性。“新文科能否做得好，关键看教师。”②事实上，新文科建设的首要任务就是建设符合新文科要求的教师队伍，学科专业的交叉融合对高校及高校教师提出了更高的要求。高校教师作为新文科建设的关键主体，肩负着培养“知中国、爱中国，堪当民族复兴大任的新时代文科人才”的重要使命，其专业水平关系着人才培养的质量。为有效推动新文科建设，需要以提升高校教师专

① 房敏：《新文科背景下应用型本科院校文科教师基本素养的结构与重构》，《教学研究》2021年第3期，第36页。

② 陈鹏：《“新文科”要培养什么样的人才》，《光明日报》2019年5月20日，第8版。

业发展能力为切入点，进行整体布局。为此，有必要对新形势下高校教师专业发展能力的内涵做出较为详尽的解读，借此作为创新全面提升高校教师专业发展能力长效机制的逻辑起点。

对高校教师专业发展的理解可分为两类，一类是基于群体角度的"教师专业的发展"，指教师职业符合专业标准、成为专门职业、获得专业地位的历程，它关注教师的社会地位、资格审定等问题；另一类是基于个体角度的"教师的专业发展"，指教师个体提升专业水平、从职业新手到专家型教师的过程，它关注如何促进教师形成专业知识和专业精神等问题。一般情况下，对教师专业发展的理解应侧重于第二类，即教师个体内在专业化水平的提高。① 从这个意义上讲，高校教师专业发展是指教师在其职业生涯中，通过不间断的训练和反思建构推动自身发展，核心内容是专业知识结构的扩展和专业能力的提升，其本质是教师专业化程度的不断提升和加强，是教师从教能力从低水平发展到高水平的过程。② 以此为论，高校教师专业发展能力是指高校教师适应专业需要，不断提升增强自身职业水准的能力，也是一种教师对自身发展的认知调控能力。

依据本文观点，高校教师专业发展能力应当包括四个方面的内容：职业信念、基础能力、专业核心能力与拓展能力。以下分别就这四方面内容展开详细阐释。

一、职业信念

职业信念是高校教师专业发展能力的重要环节，与人才培养质量息息相关。职业信念主要强调在职者对于自己的职业需要有正确的认知，以更加积极的就业心态和价值观去面对自己的职业。教师的职业信念要求教师需要在正确价值观的指引下，践行教书育人的职责，爱岗敬业，向学生认真传授知识，并以自身的良好行为规

---

① 杨海燕、李硕豪：《回顾与前瞻：我国高校教师专业发展问题研究十年》，《中国大学教学》2015 年第 4 期，第 82 页。

② 仲一虎：《应用型高校教师专业可持续发展系统构建研究》，《高等继续教育学报》2018 年第 2 期，第 65 页。

范、影响学生。[①] 高校教师职业信念主要包含以下三个维度：坚定的政治意识、高尚的师德修养以及高度的敬业精神。

其一，坚定的政治意识意味着高校教师自身应具备坚定的政治觉悟和良好的思想水平，牢固树立“四个意识”、坚定“四个自信”，努力践行社会主义核心价值观，并将理想信念教育融于课堂教学之中，向学生传授先进的思想文化，使学生树立崇高的理想信念，以自己的一言一行影响学生。[②]

其二，高尚的师德修养要求高校教师铭记初心，关爱学生，为人师表；坚持以德立身，践行新时代师德规范。2020 年 10 月，中共中央、国务院印发《深化新时代教育评价改革总体方案》，指出要改革教师评价，坚持把师德师风作为第一标准，推进践行教书育人使命。师德修养已然成为新时代教师专业发展中的核心素养。所谓为人师者率先范，教师的品行是学生最直接的感悟。教师必须牢记职业使命，用先进的思想引导学生，用勇于奉献的精神感染学生，不断陶冶自己的情操，努力成为“学高”“身正”的有道之师。高校教师必须把“立德树人”贯穿教育教学过程的始终，肩负起教书育人的重任。[③]

其三，高度的敬业精神要求高校教师知业、乐业、崇业、守业。知业，即认同高校教师职业的价值和意义。教师必须树立科学的职业认知理念，恰当地处理个人利益与社会利益、整体利益，个体价值与社会价值之间的关系，并将这种理念运用在工作和事业之中。乐业，即干一行爱一行的职业情感，集中表现为热爱教育事业，热爱学生，关心学生成长进步；关注自我职业发展前景，明确职业发展规划，关注学校未来发展。崇业，即树立崇高的职业理想，并自觉将其贯穿于教师师德建设与职业发展全过程。守业，即心无旁骛地尽力于高校教师这一职业，对自身职业价值有着坚定不移的认可、强烈的工作热情和内生动力，在职业活动中充分发挥积极性、主动性和

---

① 郝瑛：《伦理精神视域下高校教师职业素养建设》，《现代职业教育》2020 年第 9 期，第 218 页。
② 郑金洲：《新时代教师思想政治素质的新要求》，《人民教育》2018 年第 2 期，第 19 页。
③ 李海龙：《高校教师职业素养的内涵与养成》，《吉林化工学院学报》2020 年第 12 期，第 50 页。

创造性。①

二、基础能力

教师的基础能力,或曰基本能力,是对一名教师从事教育工作的基本要求。传统上,教师的基础能力主要包括思维能力、语言表达(口语表达和文字表达)能力、板书设计、“三笔字”等。这些能力也被称为“教师基本功”,是教师专业能力发展的基础。② 在信息社会背景下,对于高校教师而言,板书设计与“三笔字”的重要性有所降低,信息化能力则成为教师的必备技能与基础能力。综上所述,高校教师的基础能力,主要包括思维能力、语言表达能力、信息化能力三个部分。

(一)思维能力

思维能力是指教师在逻辑思维的基础上对教育教学中的信息、问题进行分析、研究、处理的能力。教师在教育教学中必须做到概念清晰,判断准确,推理具有合理性。教师要通过逻辑严密的推理向学生传达严肃的科学知识,并通过自己的示范使学生掌握科学研究的方法。教师在教育教学中的论证(说理)如果不够严谨,就无法教会学生掌握科学的严密的思维方法。③

(二)语言表达能力

语言表达能力是教师从事教育职业的基础条件,是教师教学素质与教学水平的重要组成部分,是实现教育目标、完成教学任务、提高教学效果的手段与依托。无论是在课堂上传授知识、理论、技能,还是在课堂下指导学生,都需要通过语言表达来实现。在某种意义上,语言表达能力的强弱决定了教师教学水平、教学效果的高低。④

(三)信息化能力

信息化能力是教师融合运用大数据、云计算、人工智能、虚拟现实、物联网、“互

---

① 马静、杜和军:《高校教师敬业价值观培育问题探析》,《中国成人教育》2015 年第 19 期,第 95 页。

② 胡卫平、张睆:《教师专业能力发展的理论与实践》,《陕西师范大学学报》(哲学社会科学版)2018 年第 2 期,第 140 页。

③ 齐宪代:《教师要加强思维能力的培养》,《北京教育学院学报》2012 年第 1 期,第 19 – 20 页。

④ 姜正林:《对教师提高语言表达能力的思考》,《黑龙江教育学院学报》2015 年第 9 期,第 38 – 39 页。

联网+”等现代化教育技术开展专业教学，促进学生知识吸收和转化的能力，是信息化时代背景下教师不可或缺的能力。① 随着“互联网+教育”的深度发展，高校教师应当具备的信息化能力至少应包含以下内容：

其一，基础网络信息能力，即高校教师的计算机应用能力，包括利用计算机获取网络文献资源以及利用搜索引擎搜索信息等能力。

其二，网络信息意识能力。高校教师应充分认识到网络信息的重要作用，并且具备对信息敏感的觉察能力，能迅速有效地发现隐含信息。

其三，通用网络信息能力。包括网络信息工具的使用能力、搜集网络信息的能力、分析处理网络信息的能力和信息再造的能力。

其四，基于学科的网络信息能力，即适用于高校教师所属学科的网络信息能力。包括对本学科常用网络信息源的掌握，借助网络技术工具服务教学和科研。②

三、专业核心能力

在新时期教育改革的背景下，高等教育必须坚持“以本为本”，把本科教育放在人才培养的核心地位、教育教学的基础地位、新时代教育发展的前沿地位；把“四个回归”作为加快建设一流本科教育的基本要求，回归常识、回归本分、回归初心、回归梦想。其中，“回归本分”要求高校教师潜心教书育人，不管名气多大、荣誉多高，老师是第一身份，教书是第一工作，上课是第一责任。要引导教师热爱教学、倾心教学、研究教学。③ 从这个意义上讲，教育教学是高校教师的首要职能，高校教师的专业核心能力主要体现在教育教学方面。高校教师专业核心能力是教师开展教育教学、参与教育研究与管理、践行教育创新等活动的动态发展的综合能力，是教师专业

---

① 任晓敏、吴荔红：《新时代应用型高校教师专业发展的自组织路径》，《宁波大学学报》（教育科学版）2021 年第 2 期，第 118 页。

② 赵彩霞：《互联网+环境下高校教师面临的挑战与专业素养发展研究》，《当代继续教育》2016 年第 4 期，第 94－95 页。

③ 陈宝生：《坚持“以本为本”，推进“四个回归”，建设中国特色、世界水平的一流本科教育》，《时事报告（党委中心组学习）》2018 年第 5 期，第 18－30 页。

能力的有机组合，是一个动态、发展的成长过程。① 具体而言，高校教师的专业核心能力主要包括以下四方面的内容：课堂教学能力、教学学术能力、教学创新能力与教学示范能力。

（一）课堂教学能力

课堂是学生获取知识与提升能力的重要场域。教师的课堂教学能力，是教师“站稳讲台”的基础，不仅直接决定了学生获取知识的深度与广度，而且深深影响着学生专业能力的培养。其重要性毋庸置疑。② 课堂教学能力主要由以下三要素组成：教学设计能力、教学实施能力与教学评价能力。

其一，教学设计是教学的起点。教学设计能力意味着设计教学目标、教学内容和教学过程的能力。具体体现为：逐步分析培养目标、课程目标和教学目标；合理安排教学内容、预设教学节奏；选择与教学目标、教学内容相一致的教学策略，统筹规划教学过程。

其二，教学实施能力是实现教学目标的中心环节。教学实施能力主要围绕着教学对象、教学工具以及课堂环境三方面展开。具体体现为：调动教学对象参与积极性的能力；应用教学方法与工具的能力；课堂组织与协调能力。

其三，教学评价是保证教学目标实现的基本保证。教学评价能力的重点在于对教学效果的反思与改进。具体体现为：选择或编制评价工具的能力；实施评价的能力；获取反馈信息的能力。③

（二）教学学术能力

教学学术能力这一概念要求用学术理念指导教学实践，意味着教学与科研的有机融合。我们必须认识到，高校教师的教学能力不是天赋的、经验的和技艺的，仅有娴熟的学科专业知识是不够的，还必须具有先进的教育教学理念和相当深厚的学科

① 徐巧云、於荣：《核心素养视域下教师专业核心能力发展研究》，《江汉大学学报》（社会科学版）2018年第6期，第116页。

② 邱艳萍：《论高校青年教师课堂教学能力不足及其提高》，《宝鸡文理学院学报》2019年第1期，第112页。

③ 赵英、李丹阳：《论高校教师教育者的四维能力结构》，《当代教师教育》2018年第2期，第42页。

教学知识。教育教学领域的研究成果和最新研究动态，不仅可以拓展教师的教学学术研究视野，也有助于帮助教师以新的视角重新审视教学设计、课程设计和学习设计的目的和目标。教学学术要求教师运用学术的方法研究教学问题、分析教学案例、发现教学规律，并以符合公认的学术评价标准的方式发表和传播研究成果，构建共同的教学学术知识体系与教学学术共同体体系，进而有效地促进教学实践。教学学术能力有助于摆脱经验主义的桎梏，提升高校教学的学术性和研究性，是高校教师教学发展的活力源泉，是高校教学改革创新、持续发展的动力与保障。①

（三）教学创新能力

教学创新能力是教师能够创造性地解决教学问题和推动教学实践的能力，而教师的创新思维能力是教学创新能力的核心构成要素。这种能力是教师创造性实施教学改革和因材施教的基础，是教师专业能力高水平发展的标志。教学创新需要教师能够超越现有的教学内容、方法与条件，以新颖的教学方式与手段更好地完成教学任务。具体包括：教学理念创新、教学内容创新、教学模式与方法创新、教学技术创造性应用等能力。②

（四）教学示范能力

教学示范能力也是高校教师专业核心能力的重要组成部分。“教学示范”是建构高校教学共同体的重要环节，也是高校建设师资队伍、培养新手教师的有效手段。教学示范能力意味着教师应明确作为示范者的职责，将自身的实践性知识显性化、系统化地传授给新手教师。在师资队伍建设的层面上，高校教师同时兼具“教师教育者”的身份，既教学又要示范教学，在教学过程中要让作为观摩者、学习者的新手教师有意识地观察自己的教学行为及相应技能，并对教学行为及相关技能加以阐释，让新手教师不仅知其然，而且知其所以然。③

① 赵菊珊：《基于教学学术视角的高校教师教学发展思考》，《中国大学教学》2021 年第 8 期，第 94 页。

② 胡卫平、张睆：《教师专业能力发展的理论与实践》，《陕西师范大学学报》（哲学社会科学版）2018 年第 2 期，第 140 页。

③ 赵英、李丹阳：《论高校教师教育者的四维能力结构》，《当代教师教育》2018 年第 2 期，第 43 页。

四、拓展能力

拓展能力意味着改变事物原有状态、扩展事物发展轨迹、实现变革的能力，究其本质，拓展能力是一种实践创新能力。对于高校教师而言，实践创新能力可被看作在特定的社会实践环境下，有意识地运用文化基础知识、专业知识和基本技能，通过不断地实践和探索研究，形成独创性思维，创造性地解决实践问题的能力。其基本特征在于创新意识、创新精神、创新思维和创新能力。①

高校教师的拓展能力，或曰实践创新能力，主要包括两方面的内容：其一是社会服务创新能力，其二是文化传承创新能力。实践创新能力与教学、科研创新能力密切相关，但相较于教学创新与科研创新，社会服务创新与文化传承创新对高校教师的能力提出了更高的要求。

（一）社会服务创新能力

社会服务创新需要高校教师将其知识和科研成果运用于社会实践，但目前中国高校与社会的连接仍然不够紧密，有些高校的社会服务功能发挥不足，可能是高校过于注重教学与研究，有些教师忽视了对学生社会服务创新能力的培养。而目前中国高等教育过于强调“人才培养”的职业导向，也容易使高校教师忽视文化传承创新。高校教师尤其是专业教师很容易将文化传承创新片面地理解为“文化”领域的任务，进而忽略自身文化传承创新能力的培养。② 在社会服务创新方面，高校及教师应当以市场为导向，提供高质量的行业服务，建构高效的校企合作网络，推动产、学、研深度融合，提升教学、科研的针对性与时效性。

（二）文化传承创新能力

在文化传承创新方面，高校及教师应当深刻认识到大学文化软实力就是大学的竞争力，只有大力推进文化传承创新，充分发挥高校文化的育人功能，才能培养更多

① 王婷：《应用型高校青年教师实践创新能力的内涵、制约因素及提升方略》，《大连大学学报》2018 年第 1 期，第 140 页。

② 周建忠、梁明辉：《高校青年教师创新能力的结构与现状》，《黑龙江高教研究》2016 年第 1 期，第 51－52 页。

受大学文化熏陶、思想活跃、富有创新精神的高质量人才。文化传承创新不仅赋予人才以“智商”，而且赋予其“智慧”。在新的历史时期，增强高校文化传承与创新的自强意识，就是要大力弘扬和培育民族精神，就是要坚持传承中华文明的优良传统，在文化传承创新中增强认同感。①

结语

职业信念、基础能力、专业核心能力与拓展能力相互联系、相互贯通，共同构成了高校教师专业发展能力这一有机整体。在新文科建设的大背景下，提升高校教师专业发展能力应当成为高校工作的核心要点。如前所述，对高校教师专业发展能力内涵的准确解读，是建立和完善提升高校教师专业发展能力长效机制的逻辑起点。在精准把握高校教师专业发展能力内涵的基础上，结合新时代新使命新要求，立足新文科人才培养目标，应进一步探索构建教师专业发展能力标准体系和评价体系；围绕高水平师资队伍建设，构建契合教师专业发展能力提升的综合培训体系；构建行之有效的激励、制约、保障机制，确保教师专业发展能力培养取得实效；最终形成由“能力标准评价体系 + 培训内容 + 培训模式 + 保障机制”构成的教师专业发展能力培养路线图，切实提升师资队伍建设与人才培养质量。

本文系教育部首批新文科研究与改革实践项目——新文科教师专业发展能力培养路线图的研究与实践（项目编号:2021170003）阶段性成果。

齐恩平，天津商业大学法学院教授，法学博士。

① 赵君、张瑞:《推进高校文化传承与创新的思考》,《思想政治教育研究》2012 年第 2 期，第 18 – 19 页。

新文科视域中高校教师核心素养的维度及其培育路径

陈　丹

2018 年 10 月,教育部决定实施“六卓越一拔尖”计划 2.0,中国的“新文科”概念开始受到广泛关注。2019 年 4 月 29 日,教育部等多部门联合召开大会,标志着国家“四新”建设工程正式开启。由此,“新文科”从概念步入实施阶段。① 可以认为,新文科建设是新高等教育形势下传统文科学科建设和人才培养模式进行变革的一次全新的尝试,其核心是融入新科技、新理念,并协同解决时代发展的迫切问题。因而,随着新文科建设的不断深入推进,必然带来高校教师知识结构、能力等核心素养的提升与重构。核心素养的概念从提出至今已经历了二三十年的发展,形成了三种框架,第一种是起始于经济合作与发展组织研制的框架体系,第二种是欧盟的参考框架,第三种是美国提出的“21 世纪学习框架”。② 在新文科的时代背景下,我国也亟待对高校教师应具备的核心素养进行本土化研究、探索与实施。2021 年 3 月,教育部发布的《教育部办公厅关于推荐新文科研究与改革实践项目的通知》中进一步强调,要全面推进新文科建设,构建世界水平、中国特色的文科人才培养体系。当

① 黄启兵、田晓明:《“新文科”的来源、特性及建设路径》,《苏州大学学报》(教育科学版)2020 年第 2 期,第 75 – 83 页。

② 宁琦:《社会需求与新文科建设的核心任务》,《上海交通大学学报》(哲学社会科学版)2020 年第 2 期,第 13 – 17 页。

前,针对高校教师核心素养的研究成果总体上还比较有限,尤其是在实践中仍处于摸索阶段。为此,加快推进新文科人才体系建设,需要进一步明确高校教师核心素养的考量维度和具体内容,进而探究高校教师"新文科"核心素养的培育路径。

一、"新文科"对高校教师核心素养提出的新命题

在新文科发展趋势下,传统文科的思维模式面临突破,新文科高校教师核心素养的培养应符合当今信息时代的发展阶段,并落实在学生实践能力的培养上,体现出"专业化"和"科学化"水平。这些新理念、新思维对高校教师的核心素养也提出了新挑战和新要求。

(一)多学科融合的驾驭能力

2017 年,美国希拉姆学院率先提出"新文科"的概念。其最主要的关切点就在于对传统文科进行学科的重组、文理相交,即把新兴技术与科技知识融入哲学、文学、语言等相关课程中,为学生提供一种综合性的跨学科学习与体验。我国也有学者指出,新文科其实是对一直以来的知识精细化、专业化和学科化分布的一次反拨。还有学者提出,新文科是从文科的视角看当代世界的技术前景和技术想象力,并且让文科学生在培养过程中获得之前无法获得的训练。从中不难看出,新文科绝不是停留在"概念"层面,而是具有丰富的"学科融合"的内涵,并且能够在很大程度上解决文科学生越来越脱离社会实践,并缺乏对技术发展的兴致、缺少创造力的实际问题。因此,这对于高校教师,尤其是对于从事文科类专业教学的教师而言,无疑是一次新的挑战,即要求其具备跨学科融合的知识储备及驾驭能力。

(二)与时俱进的创新意识

党的十九大报告明确提出,我国需要加快建成创新型国家,以适应全球快速步入知识经济时代的新要求。青年学子是国家未来的建设者和接班人。因此,这同样要求在高校新文科发展过程中,要着力注重新文科高校教师的创新素养。创新素养是新文科的重要属性特征,其专业理论的创新、运行机制的创新、概念模式的创新对于传统文科的转型、提升和再造具有重大意义。因为只有具有较强创新意识的教师才有可能培养出创新人才。针对新文科高校教师的创新素养要求可以体现在创新

行为与创新成效上。具体的创新行为可以表现在:新文科高校教师实施教学的教学方法能够持续不断的更新;新文科高校教师在面对学生的创新思维与行动能够给予实际行动的支持;新文科高校教师能够在本专业领域内持续创新。具体的创新成效则体现在:新文科高校教师在自身教学和科研上持续进行与时俱进的创新,并取得相应成果;能够指导学生在相关领域取得一定的创新成果,并通过自身的创新推动本行业本专业的发展。

(三)持续提升的价值塑造功能

高校课堂是立德树人的主阵地。2020 年 11 月,教育部发布的《新文科建设宣言》提出:“牢牢把握文科教育的价值导向性,坚持立德树人,全面推进高校课程思政建设,培养担当民族复兴大任的新时代文科人才。”因而,持续提升新文科专业课程思政价值塑造功能也必然是“新文科”题中应有之义。当前,高校各学科教师都在积极探索课程思政的融入方式,挖掘思政元素,打造课程思政“金课”,取得了很多很好的成果,起到了一定的示范作用。当然,新文科所蕴含的“反思传统文科教育和人才培养模式”理念,无疑对高校教师课程思政的能力和意识提出了更高的要求。对于教师来说,一方面,要求课堂上思政元素的“润物无声”与教师思想自觉高度契合;另一方面,要求教师在适应新时代发展条件下运用新技术提升课程思政的效果。对于高校来说,需要深入思考和研究“新文科”课程思政的评价标准及体系,为推进课程思政建设向纵深发展保驾护航。

(四)娴熟的信息应用技术

在信息时代的大环境下,同样对新文科高校教师的核心素养提出新要求,面对“互联网 + 教育”的迅猛发展,新文科高校教师在核心素养的培育过程中应该注重教师的信息应用培养。① 信息素养包括信息应用行为以及信息应用成效。信息应用行为体现在:新文科高校教师可以灵活实现智慧课堂;可以提升高校的整体教育信息化水平;可以推进课堂革命的演进。信息应用成效则体现在:新文科高校教师能

① 樊丽明等:《新文科建设的内涵与发展路径》,《中国高教研究》2019 年第 10 期,第 10 - 13 页。

够提高学生对于信息处理的能力;可以熟练利用信息手段提高课堂教学效率;通过信息手段推进教学改革,提高教学质量。

二、新文科高校教师核心素养的三大维度

对照世界上三大核心素养框架体系①,我们提炼出18种核心素养,这18种核心素养总体可以概括为三类,即知识、能力和情感。在经济合作与发展组织的核心素养中,其更强调对知识运用以及所持态度的能力;而在欧盟界定的核心素养框架中,核心素养是某种特定情况下综合能力的实现,其中的综合能力包括知识技能与特殊情形下的处理态度;在美国,核心素养被认为是:为适应时代的需要而具备的高级能力。通过研究既有的著名三大核心素养框架和研习现有的研究成果,结合我国高等教育现状,可以从以下三个方面考量我国新文科高校教师的核心素养。

(一)维度之一:知识素养是核心

知识素养是新文科高校教师核心素养的核心,只有新文科高校教师具备相当的知识素养,高校才能实现培养高校人才的目标,教师才能进行知识的有效传达。新文科背景下,新文科高校教师的知识维度应该包括基本的学术素养、跨学科素养以及优秀的教学素养。

创新的学术素养。新文科高校教师从事相关专业领域的研究很大程度上决定了自身的学术能力,由于新文科高校教师的学术与教学是相互融合的关系,其学术能力又会对教学起到关键作用,因此,新文科高校教师的核心素养培育也应当包括对教师自身学术素养的提升。学术能力具体可以表现在以下方面:教师对于专业问题的发现、对相关文献的收集整理、专业相关的概念厘定、开创学术命题以及对学术前沿问题的捕捉。② 新文科高校教师通过自身丰富的学术素养,可以优化教学模式,使得教学更具有学术性,最终实现完整构成教学体系的目标。

跨学科素养。新文科的实质本就是基于既有的传统文科专业,对其进行交叉重

---

① 张光陆:《教师核心素养内涵与框架的比较研究》,《宁波大学学报》2018年第5期,第101-106页。

② 岳夕茜:《论高校教师教学能力的基础》,《教育与职业》2011年第6期,第65-66页。

组，实现文理融合，同时把现代信息技术与各类文科专业相结合，实现学生的跨学科、跨专业学习，以达到知识扩展与创新思维培养的目的。因此，在新文科视域下，新文科高校教师的跨学科素养应当得到延伸和发展。通过运用跨学科知识来解决各类复杂问题。同样，跨学科素养不仅体现在对不同专业知识的融会贯通，也体现在及时把握本专业随着现实层面的变化而产生的迁移性，如专业知识与真实社会之间的迁移等。在跨学科素养的塑造下，新文科高校教师应尽力做到所谓的“专家思维”，即在面临现实复杂问题时，做出较为理智且具有创造性的判断。

教学素养。尽管随着信息时代的来临，教育资源的获得变得多种多样，新文科高校教师传播知识的地位一定程度上却受到了削弱。无论时代的变迁以及信息技术的发展，教师的教学水平应该始终是新文科高校教师自身发展的本位。由于新文科高校教师的核心素养最终目标一定是指向教学的，新文科高校教师在高校任教时，作为知识的生产者、传递者，应该不断实践、反思自身的教学学术，将自身的知识转化为实践，最终提升自身的学术素养。①

（二）维度之二：能力素养是保障

能力素养维度作为新文科高校教师进行不断自我提升、自我发展的动力，是新文科高校教师核心素养的保障，能力素养包括自我叠加的学习能力、引领学生创新的能力等方面。

自我叠加的学习能力。持续的自我学习和不断叠加的学习能力是新文科高校教师核心素养培育的动力，作为新文科高校教师核心素养的内驱力，它是发展其他能力的基础，是未来新文科高校教师核心素养改革的关键。教师要在具备一定专业素养的基础上，进行日常、定期的专业拓展学习和阅读。学习型社会是当今时代的主流，只有不断学习，才能顺应时代的发展，高校教师才能在这一学习过程中提升自身的教学水平。教师只有不断地更新知识、扩展新知，才能将自身的核心素养不断

① 朱宝林、李霖钰：《新时代高校思政课教师核心素养的内涵及培育路径》，《湖北经济学院学报》2020年第5期，第112－114页。

加以提升。信息化时代更加要求新文科高校教师的自我学习能力，只有持续学习，才能适应社会的变革。①

引领学生创新的能力。在高校教育中，不仅要培育学生的知识，还应该引导学生学习的方法，及时有效的引导，可以激发学生的学习主体地位，激发学生进行创新探索的灵感。② 新文科建设对人才培养质量提出更高的要求，需要教师不仅自身具备拓展学习能力，还要对学生进行合理、正确的引导，帮助学生逐步形成创新思维、跨学科思维方式，养成将信息技术融入所学专业知识的意识。通过良性引导学生，有助于新文科理念的普及，能激发新文科高校教师自身素养的提升，以达成新文科的建设目标。

（三）维度之三：思政素养是升华

对文科高校教师来说，思政素养应是植根于心的，而新文科建设恰是对传统文科课堂的一次检视和重塑。从这个意义上来说，思政元素是需要不断深化的，尤其需要教师发自内心的信仰与遵从。思政素养既需要教师本身认知能力的支撑，更需要有意识地进行培植和培育。因此，新文科高校教师应逐步提升思政素养，在课堂教学中高水平、高质量地注入思政元素，将家国情怀、中华优秀传统文化及时代精神贯穿于教育教学全过程。

厚植家国情怀。习近平总书记指出："爱国，是人世间最深沉、最持久的感情，是一个人立德之源、立功之本。"③新文科的发展依靠的不是单纯知识和能力的累加，而是在新征程由情怀引领知识能力建构，共同成长、相得益彰的过程。这要求教师严于律己，身怀爱国之心，并在日常教学过程中有意识地将家国情怀置于教学实践中，给予足够的社会关切，这也是新文科发展的必然使命。因此，新时代的文科专业发展需要教师在知识传授的同时传达正确的价值观念，这些融于教学传达过程中的

---

① 王后雄、李猛：《卓越教师核心素养的内涵、构成要素及发展路径》，《教育科学》2020 年第 6 期，第40－46 页。

② 刘洋：《基于核心素养高校教师教学素养与能力培养研究》，《教育现代化》2018 年第 40 期，第180－181 页。

③ 习近平：《在北京大学师生座谈会上的讲话》，人民出版社 2018 年版，第 11 页。

情怀感受对于学生正确运用所学知识能力，形成强烈的社会责任感是非常必要的。

立足优秀传统文化和时代精神。文科专业知识中有大量与传统文化相关联的内容，也是帮助青年学子形成正确价值观的良好契机。因而，新文科高校教师应立足中华优秀传统文化和时代精神，推进现代信息技术在课程思政教学中的应用，激发学生的学习兴趣，推动新文科课程思政建设的文化奠基。① 课程思政要弘扬中华优秀传统文化，展现伟大时代精神，在信息化背景下推动科学合理的课程思政教学体系、考核评价体系建设，从而重塑课程思政课程文化和认识论体系，更好地满足人才培养的需要。

三、新文科高校教师核心素养的培育路径

随着新文科时代的到来，高校的教育环境、教育方式、教育目标都在发生着显著的变化，新文科高校教师核心素养的培育方式也随之发生变化。高校作为开展高等教育教学的“主战场”，以及新文科高校教师的主管部门，在新文科高校教师核心素养的培育过程中起着重要的支撑作用。可以说，高校是培育新文科教师核心素养的主要阵地，其培育路径可以从以下方面展开。

（一）制定新文科教师核心素养方案

目前，关于新文科高校教师核心素养的标准，并没有确切的统一设定，各高校应当根据自身特色和实际情况，设置一整套科学、完善的核心素养培育标准，从而能够对照该标准，对新文科高校教师进行核心素养的培育，以尽快适应专业发展的新态势。值得注意的是，各高校应从专业设置整体出发，研究出符合自身发展特色、契合本校新文科发展方向的教师核心素养标准，并使其成为考评文科专业发展水平的重要依据。而且，高校应根据上述标准，细化出专门的有关教师核心素养培育目标、培育形式、培育内容的方案，并精心谋划和设计路线图，以实现新文科高校教师核心素养的养成为目标，使教师尽快成为新文科建设的重要推动力。

① 张华：《论核心素养的内涵》，《全球教育展望》2016 年第 4 期，第 6 页。

（二）规范新文科教师培训体系及流程

在教师培训体系，最早可以追溯到高校师范生的教育机制上。在高校师范生的职前培训中，目标是在培训方向、培训内容、培养方式上都加以精进。在培训方向上，要把以前乐于倡导的知识型教师转化为适应新形势发展的反思创新型教师。就培养内容而言，要把之前单纯以学科知识素养为关注点转变为将重点放在创新素养与反思素养上。在培训机制上，要强调教师终身学习习惯的养成。

在新文科建设背景下，高校的教学理念和教学观念不断翻新，此时更要注重教师走上教学工作岗位后的在职学习。教师职业教育的制度化、常态化非常重要，高校应当认识到其引领、组织职业教育的责任与使命。要培育教师树立终身学习的信念与目标。通过高校培训，新文科高校教师能够不断学习，不断完善提高自己，让其自身的知识储备和学术素养得到完善。新文科高校教师通过定期培训，可以有计划地、有的放矢地参与到社会实践中，借助教学实践来拓宽视野，增加知识储备，提升学习能力。另外，通过在职培训和更高阶段的进修，进一步提升自己的教学素养和职业素养。①

（三）形成新文科课程思政新思维

新文科专业建设的重要立足点即情怀教育，传导优秀传统文化及时代精神，而课程思政建设又是落实立德树人根本任务的战略举措，也是全面提高人才培养质量的重要手段。② 因此，在新文科建设的新态势下，课程思政应该整合好跨专业融合、信息技术和创新能力的人才培养作用，把价值塑造、知识传导和能力养成三者融为一体。总的来看，应系统地推进新文科学科体系及专业课程思政的科学化、专业化路径建设，为新文科课程思政改革奠定学科和课程基础。同时，逐步细化新文科课程思政的评价体系，完善课程思政建设成果认定标准与细则，唤醒教师自身进行课程思政建设的积极性，充分发挥其主观性与原动力。尤其应关注课程思政主体评

---

① 李海健：《新文科高校教师核心能力建设发展与平台构建》，《教育观察》2016 年第 8 期，第 40－41 页。

② 刘翔：《新文科思维与课程思政路径创新》，《中国教育报》2021 年 11 月 22 日，第 6 版。

价、过程评价和绩效评价，形成科学评价体系。

（四）实现校内外合作交流常态化

高校教师的核心素养培育应该要展开校内外合作交流，校外开展的交流与合作，可以是跨地区的，甚至可以是跨国家的国际性交流与合作。高校可以根据实际情况，定期组织不同层次的教师有针对性地开展交流与合作。交流、合作的形式可以多样，包括参与研讨、形成跨专业联盟、线上分享、成立虚拟教研室等。新文科高校教师在交流合作过程中可以分享自己的教学成果和学术成就。在交流合作过程中，进一步吸取并引进其他新文科高校教师的成功经验。学校也可以依托互联网资源，搜集各种优质教育资源，供不同学校的教师进行资源共享。通过倡导不同学科、不同高校教师之间的交流与合作，让个体的知识学习演变为集体创造的共享过程。

校内教师的核心素养交流，可以是高校本院系的，也可以是各学院之间的，高校可以定期组织教师参与集体备课、集体授课、集体评课等活动，组织教师共同参与跨专业科研活动。① 高校可提供平台以方便教师展示优质课件、优质论文。高校还应定期举办新文科学术讲座，让新文科高校教师不断接触学术前沿，提升教师的专业素养。高校在各项实践过程中，要注重教师之间分享经验、解决问题的意识养成，综合发展核心素养。②

（五）建立新文科教师核心素养评价机制

为有效提高新文科高校教师的核心素养，学校应建立有关核心素养的评价机制，以检验教师是否达到核心素养的培育标准。③ 这有助于教师对自身核心素养进行自我检查与自我完善，一整套科学的新文科高校教师核心素养评价应当包含以下三点：一是有效的评级标准，应当立足于学生，通过检验学生的自主学习能力以及教学目标的完成度来进行评判；二是评级主体应该具有多元性，评价的主体不应只包

---

① 王岚、王永会、计然：《教学学术能力视域下新文科高校教师教学培训改革研究》，《河北科技大学学报》（社会科学版）2018 年第 1 期，第 95 – 100 页。

② 韩延伦、刘若谷：《教育情怀：教师德性自觉与职业坚守》，《教育研究》2018 年第 5 期，第 83 – 92 页。

③ 刘丽强、谢泽源：《教师核心素养的模型及培育路径研究》，《教育学术月刊》2019 年第 6 期，第 9 页。

括有关职能部门,还应主动吸纳学生、同行等其他主体,也可邀请校外专家等进行评价。三是对于评级结果,应当注重客观性,在客观中评价,促进教师在客观中发展。① 只有具备科学的评价机制,才能不断提升教师的专业发展能力,才能形成人才培养、学科专业发展的强大推动力。

本文系教育部首批新文科研究与改革实践项目——新文科教师专业发展能力培养路线图的研究与实践(项目编号:2021170003)阶段性成果。

陈丹,天津商业大学法学院教授,法学博士。

① 李涛、谢燕:《有效教学视域下教师核心素养结构及其发展路径》,《教师教育论坛》2017 年第 12 期,第 28 – 30 页。

新文科视域下高校经济类教师专业发展能力评价及提升策略

梁学平

一、新文科视域下高校经济类教师专业发展能力的需求

2018 年《中共中央　国务院关于全面深化新时代教师队伍建设改革的意见》明确指出，教师是教育发展的第一资源，着力提高教师专业能力，推进高等教育内涵式发展①。2020 年《教育部等六部门关于加强新时代高校教师队伍建设改革的指导意见》提出，聚焦高校内涵式发展，建设高校教师发展平台，着力提升教师专业素质能力②。高校专任教师是我国高等教育实现可持续发展的核心资源，更是提升高层次专业人才培养质量的关键力量。作为教育教学活动的设计者、参与者和促进者，高校专任教师的专业发展能力对教育教学质量有重要影响③，教师的专业发展决定了高校的人才培养质量、学术研究水平和社会服务能力④。可见，高校教师的专业发

① 新华社:《中共中央　国务院关于全面深化新时代教师队伍建设改革的意见》，http://www.gov.cn/xinwen/2018-01/31/content_5262659.htm，访问时间:2018 年 1 月 31 日。

② 教育部:《教育部等六部门关于加强新时代高校教师队伍建设改革的指导意见》，http://www.gov.cn/zhengce/zhengceku/2021-01/27/content_5583070.htm，访问时间:2021 年 1 月 27 日。

③ 马建宏:《高校教师专业发展能力影响机制与引导策略研究》，《宁夏大学学报》（人文社会科学版）2018 年第 6 期，第 163 页。

④ 李娜:《高校教师专业发展过程中组织支持的缺失与应对》，《现代教育管理》2016 年第 8 期，第 79-83 页。

展能力决定了教育教学质量和人才培养目标的实现，是促进高校可持续良性发展的关键因素。目前，如何提升教师的专业发展能力已成为各高校加强教师队伍建设工作的核心内容。

新一轮科技革命和产业变革，特别是大数据、人工智能、云计算、区块链、物联网、虚拟现实等新技术的迅速发展和广泛应用，不仅对高校的人才培养产生了深刻影响，更是对高校教师专业发展能力在宽度上和深度上都提出了新的要求①。“新文科”建设2019年启动、2020年全面实施，引致了文科专业、课程、人才培养模式的更新换代②，对高校教师的专业发展能力产生了重要影响。就高校经济类教师而言，其担负着培养新时代高层次的复合型、应用型创新创业经济类专业人才的重任，其专业发展能力直接关乎高水平经济类人才培养的效度。新一轮科技革命、产业变革叠加“新文科”的建设，对经济类专业高层次人才培养的目标及体系提出了新要求、新任务，这些新要求、新任务直接反映到经济类教师的专业发展能力上来。最直接的反映就是，经济类专业教师所具备的专业发展能力不仅要随着高层次人才培养目标和要求的变化进行拓展（具有扎实的经济学理论基础、极高的专业素养、丰富的学科前沿知识、较强的产学研实践能力、较高的学术水平），还要在经济学学科与其他学科交叉融合中进行拓展（具有跨学科的知识、较强的知识创新能力）。除此之外，高校的经济类教师面临着教学理念的创新、教学模式的转变、教学方法的改革、教学技术的更新等多重挑战。因此，如何快速适应新文科建设的新要求，正视差距并积极提升经济类教师专业发展能力，成为当前财经类高校师资队伍建设的重要环节与核心要素。

---

① 崔延强、唐小琴、陈艳：《构建新时代高质量教师教育体系的应然逻辑与实践路向——基于新文科建设的视角》，《新文科教育研究》2021年第2期，第104－105页。

② 樊丽明：《凝心聚力　创新建设　开创文科教育新未来》，《中国高等教育》2020年第24期，第4－5页。

二、新文科视域下高校经济类教师专业发展能力的构成

教师专业能力发展的过程具有多样性、阶段性①,新文科建设对经济类教师的专业能力发展产生了实质性影响。新文科建设强调构建跨学科、文理融合的人才培养体系,旨在增强学生开展探究、实践的能力,这就需要教师的知识结构更加融通、教学能力更加专业化。经济类教师的专业发展能力和水平是经济类专业人才培养的基础,经济类专业人才培养的质量和目标的实现取决于经济类教师的专业发展能力。基于我国新文科建设的内涵及要求,本文从课程思政能力、课堂教学能力、教学学术能力、科学研究能力、知识创新能力、综合实践能力、信息技术应用能力、社会服务能力等方面对经济类教师的专业发展能力重新进行解构。

(一)课程思政能力

习近平总书记在2018年9月10日召开的全国教育大会上强调,培养一代又一代拥护中国共产党领导和我国社会主义制度、立志为中国特色社会主义奋斗终身的有用人才,这是教育工作的根本任务。落实立德树人是高校教师的根本任务,高校经济类老师必须具备课程思政教育的本领,通过科学设计教学模式、挖掘思政元素,实施课程思政教育,对经济类专业学生的世界观、人生观、价值观产生重要影响,培养出适应中国特色社会主义需要,具有坚定理想信念、爱国主义情怀、良好品德修养的复合型、应用型创新创业经济类专业人才。

新文科建设背景下,高校经济类教师应时刻牢记立德树人的课程思政意识,不断提升思政元素提炼、课程思政设计、课程思政评价的能力。具体来说,主要包括:分析本学科专业课程的知识点,从中挖掘和丰富课程思政元素;对课程思政的教学方法、教学知识点、教学环节进行科学设计,把社会主义核心价值体系、爱国主义精神、马克思主义政治经济学最新成果等融入经济类专业课程教学的全过程;结合课程思政的教学目标,客观评价课程思政的效果。

① 徐本锦:《高校青年教师专业发展途径和影响因素分析》,《山西大同大学学报》(社会科学版)2016年第5期,第87-90页。

（二）课堂教学能力

教师是课堂教学的主体，教师的课堂教学能力直接影响着学生对专业知识的掌握程度。《中共中央　国务院关于全面深化新时代教师队伍建设改革的意见》明确提出，全面开展高等学校教师教学能力提升培训，为高等学校培养人才培育生力军。

新文科建设背景下，高校经济类教师应不断提升教学设计、教学模式创新、教学评价、教学反思的能力。(1)在教学设计方面，高校经济类教师应在融通学科知识体系的基础上，科学设计教学目标、教学计划、教学过程和教学情境。(2)在教学模式创新方面，高校经济类教师应逐步从以“教”为本的模式向以“学”为本的模式转变，从知识满灌向精准滴灌转变，从照本宣科向学生自主学习转变。(3)在教学评价创新方面，高校经济类教师应不断创新对学生的过程性评价和自我评价的方式，能够借助智慧教学平台采取线上线下、课前课上课后相结合的方式开展综合评价。(4)在教学反思方面，高校经济类教师应经常对专业课教学活动过程中的教学设计、教学方法、教学效果、教学经验进行系统性、合理性的反思，主动收集分析课堂教学相关信息，多渠道验证教学目标是否实现，重点分析教学过程中的新问题、新情况，科学分析自身存在的短板弱项并提出解决方案，只有这样才能形成“教学反思→过程分析→查找问题→解决方案→新的教学反思”的良性循环。

（三）教学学术能力

教学学术能力是高校教师融合学科专业知识与教育学知识，开展教学活动并发现、分析、反思、改进、创新教学实践问题的科学研究能力。卡内基教学促进基金会主席欧内斯特·博耶将传播知识的学术称之为教学学术，认为没有教学支撑的学术发展难以为继。斯坦福大学第八任校长唐纳德·肯尼迪认为大学教师的学术责任包括了教学学术责任，大学教师应该崇尚教学学术。高校经济类教师应把教学学术作为首要的学术责任，自觉追求教学学术水平的提高，致力于经济学课程的教学教法研究，有效提升经济学课程的教学质量。①

① 王永斌:《教学也是学术》,《中国教育报》2020 年 3 月 5 日,第 7 版。

（四）科学研究能力

科学研究的过程是教师探究学科领域知识、探索科学真理的真实过程，这一过程中要求教师基于客观事实客观、公正地开展科学实验，如实报告研究成果。新文科建设背景下，高校经济类教师需要强化科研成果转化、科教融合创新的能力。

（五）知识创新能力

知识创新的过程实际上就是教师通过科学观察、知识学习、实践总结、创新分析等方式提取教学科研行动中的新知识、新信息并科学化建构的过程，知识创新能力全面体现了教师在知识方面学习、分析、总结、研究、创新的水平，也体现着对学科前沿知识、实践创新知识变化的明锐洞察力。高校经济类教师不仅是经济学学科专业知识的承载者、传承者，还承担着为国家和经济社会发展培养复合型、应用型创新创业经济类专业人才的重要任务，其在教学科研中的知识创新能力直接影响着复合型、应用型创新创业经济类专业人才的质量。

新文科建设对高校经济类教师的知识创新能力提出了新的要求，新的要求意味着高校经济类教师需要不断强化知识创新能力，重构知识结构。高校经济类教师的知识结构应包括学科基础知识、学科前沿知识、跨学科知识、实践创新性知识和条件性知识。学科基础知识、学科前沿知识是高校经济类专任教师所具有的本学科专业知识。跨学科知识是经济类专任教师所具有的与经济学学科专业交叉或融合的统计学、公共管理学、工商管理、法学等学科领域的知识。实践创新性知识是经济类专任教师在运用本学科基础知识、前沿知识和跨学科知识的实践过程中通过改革创新积累起来的知识。条件性知识是经济类专任教师具有的保障人才培养、课程教学、实践教学、科学研究、社会服务等工作顺利推进的基础性科学知识、背景性知识、方法性知识和程序性知识。

（六）综合实践能力

新文科教育要求优化学生的知识结构，强化学生的实践能力培养，这对高校经济类教师的综合实践能力提出了更高的要求，具体体现在实验教学能力、实习实训能力、创新创业实践能力的提升上。高校经济类教师应熟悉所授课程的实验教学内容、流程和方法，积极与实训实习单位沟通合作，能够积极组织和落实实训实习计划。

（七）信息技术应用能力

2018 年《中共中央　国务院关于全面深化新时代教师队伍建设改革的意见》明确要求“教师主动适应信息化、人工智能等新技术变革，积极有效开展教育教学”，《加快推进教育现代化实施方案（2018—2022 年）》也明确提出“大力推进教育信息化”“促进信息技术与教育教学深度融合”“加快推进智慧教育创新发展”。为培养更能满足社会发展需求的新型人才，高校教师必须提升自身信息素养。①

新一代信息技术在高校经济类课程教学过程中的大量应用，推动了教学模式和学习模式的创新，不仅为经济类专业学生带来了更新的学习体验、更宽的学习途径和更好的学习环境，也为高校经济类教师提供了更多的智慧教学工具、教学软件和教学平台。与此同时，信息技术与专业教学的深度融合，对高校经济类教师的信息技术应用能力提出了更高的要求。

新文科建设背景下，高校经济类教师积极适应信息技术与专业教学的融合，主动完成信息技术应用能力的重构，不断提升教学软件平台操作、信息化教学、在线教学资源应用等方面的能力。具体来说，能够熟练操作常用多媒体教学设备、教学工具、教学软件及网络教学平台，熟练运用信息技术并不断优化课堂“教”“学”方式，熟练运用教学资源、录制教学视频和管理在线教学资源，深度融合信息技术，开展个性化教学和教学评价。

（八）社会服务能力

新文科建设背景下，高校经济类教师的社会服务能力包括公共服务能力、决策咨询能力、技术服务能力。具体来说，积极参与人才培训、科学普及、成果推广、文化传播、志愿服务等公共事务，积极参与政府部门的决策咨询，在新闻媒体及网络发表

① 杨爱军：《高校教师信息素养提升策略》，http://www.cssn.cn/gd/gd_rwhd/gd_ktsb_1651/rgznbjx-dgxjsnlts/202106/t20210625_5342630.shtml，访问时间：2021 年 6 月 25 日。

对策性文章，积极为各类企业提供技术诊断、技术支持。

三、经济类教师专业发展能力的评价——基于地方应用型本科院校的考察

地方应用型本科院校经济类教师普遍接受的是学术型教育，具有扎实的学科知识、较为系统的专业理论体系，科研能力较强，但是实践知识储备不够，课堂教学、教学学术、知识创新、综合实践等方面的能力明显不足，影响着复合型、应用型创新创业高层次经济学人才的培养质量。总的来说，专业发展能力体系与新文科视域下人才培养的需要还不相适应，这是当前地方应用型本科院校经济类教师面临的主要问题。

（一）信息技术应用能力不高

目前教育部制定了中小学教师信息技术应用能力标准，但是还没有制定高校教师信息技术应用能力标准，尤其是没有出台高等学校专业课程在线教学的教学评价标准，这在一定程度上不利于提升高校经济类教师的信息技术应用能力。地方应用型本科院校经济类教师在信息技术应用方面的能力还有待提升，主要表现在：(1)教师虽有一定的信息化教学应用意识，但是将信息技术与教学内容设计、教学形式拓展有机融合的能力还有待加强；(2)教师虽能熟练利用教学资源和应用教学多媒体软件，但是将信息技术与教学任务分类设计、教学效果评价、教学反思融合的深度还不够。

（二）教学能力不足

地方应用型本科院校经济类教师普遍重视提升科研能力，主要精力放在科研工作上（为学术而学术），而在教学能力提升上投入不够。很多教师在实际教学过程中熟练运用高等教育理论知识、教育教学基本技能的程度还不高，对学情的了解尚有不足，对教学重难点的把握不够清晰准确，教学设计的创新性也不强，教学方式还不能适应从以“教”为本的模式向以“学”为本的模式转变。对教学反思的重视程度不够，对教学效果反馈改进（尤其是学生自主学习过程形成性考核评价）的能力还

不高。

（三）教学学术研究能力不高

地方应用型本科院校经济类教师大多具有较为丰富的专业理论，但是“教学即学术”的教研意识还不强，将教学“真”问题转化为学术“真”选题的驱动力还不足，抓住教学中的实际问题开展教学研究的深度不够。在教学改革研究方面，投入的精力还不足，教学学术研究对教学改革创新的支撑力度还不足。

（四）综合实践能力不强

新文科建设重视培养经济类专业学生理论联系实际，分析、解决现实经济问题的能力①，因而对教师的实践能力提出新要求。目前，地方应用型本科院校经济类教师存在着重理论轻实践的倾向，理论教学的水平相对较高，但是专业领域的实践应用知识和实践技能比较缺乏，因而实践教学的效果还不够理想。由于未受过系统的实践培训，加之现有的教师考核评价体系中对实践能力的考核评价导向比较薄弱，地方应用型本科院校经济类教师普遍存在着实践经验欠缺、实习实训能力不强的短板。

（五）知识创新能力不强

新文科建设不仅要重视培养经济类专业学生掌握交叉学科与跨学科的知识方法，如基础数学课程、大数据分析技术和计算机科学、心理学、生物学等学科知识②，也需要鼓励经济类教师自主学习新知识并不断进行积累与创新。目前地方应用型本科院校经济类教师在知识学习、知识创新方面的自主性不强，对本学科专业领域知识创新的关注度不够，对学科基础知识、学科前沿知识、跨学科知识、实践创新性知识和条件性知识变化的认识、学习、分析、总结、研究的能力还不高，尚未达到新文科建设对高校经济类教师知识创新能力的要求。

（六）服务社会能力不足

由于研究方向比较狭窄，地方应用型本科院校经济类教师相关研究领域的创新

---

① 洪永淼：《“新文科”和经济学科建设》，《新文科教育研究》2021 年第 1 期，第 80 页。

② 洪永淼：《“新文科”和经济学科建设》，《新文科教育研究》2021 年第 1 期，第 78－79 页。

意识不强,对经济类学科前沿理论的跟踪研究和钻研不够,对行业、产业、经济发展趋势及特点的洞察力还不强,很难将自己的科研成果与国家、地区的经济发展需求相对接。加之参与社会服务的意识不强、参与政产学研协作交流的平台及渠道有限,地方应用型本科院校经济类教师的社会服务效果还不够明显。

四、新文科视域下高校经济类教师专业发展能力的提升策略

2018 年《中共中央　国务院关于全面深化新时代教师队伍建设改革的意见》指出,坚持兴国必先强师,大力振兴教师教育,不断提升教师专业素质能力。2020 年《教育部等六部门关于加强新时代高校教师队伍建设改革的指导意见》提出,建设高校教师发展平台,着力提升教师专业素质能力。

(一)引导教师树立创新性的培养理念

作为高校经济类教师,要深入了解新文科建设对复合型、应用型创新创业经济类专业人才培养的深刻影响,对新一轮科技革命、产业变革下经济类专业人才需求的变化保持敏感性。高校要全面加强经济类教师有关国际国内经济形势政策、新文科教育发展方向、经济学教育改革等内容的学习教育,更新经济类教师的人才培养理念,扩展经济类教师的教育视野,激发经济类教师提升专业发展能力的内生动力。

(二)构建激励教师专业发展的政策体系

2020 年《教育部等六部门关于加强新时代高校教师队伍建设改革的指导意见》明确提出,高校要健全教师发展体系,营造有利于教师可持续发展的良性环境。高校应出台激励教师专业发展能力培训、政企实践、信息化教学等方面的制度措施,例如把专业发展能力培训纳入教师的岗位聘任、职称评聘、综合考核,建立教师专业发展能力培训电子成长档案,实施信息化教学培训、教师实践方面的专项资助,健全教师挂职或产学研实践的支持措施,完善“双师双能型”专兼职教师聘用制度等。

(三)构建特色化、可拓展、分层式的教师专业发展能力培训体系

经济类教师的专业发展能力具有明显的学科特点,高校应结合经济学学科特性的“小视角”和学校学科发展规划的“大视角”,瞄准经济类教师的专业发展能力短板,积极培养符合新文科建设要求、具有较高专业发展能力的高素质复合型经济类

专业教师。

一是构建特色化、可拓展教师专业发展能力培训体系。根据经济类教师的专业基础、能力素质、个人发展定位的不同，注重构建“岗前普适性培训 + 主题式校本培训 + 专题式网络研修 + 工作坊教学观摩 + 定制式个人研学”的教师专业发展能力培训体系，培训主题拓展到师德师风、学术规范、现代信息技术、课程思政、教学方法、教学改革创新、前沿经济科学、科研创新、社会服务等方面。在培训方案上，可以对应教师专业发展的共性问题和个性需求，分别开展“普适性培训 + 个性化培训”；在内容形式上，聚焦教师专业发展的系列突出问题，采取“专题式 + 主题式 + 定制式”；在学习形式上，根据教师的不同需求，采取“校本培训 + 网络研修 + 集中观摩 + 个人研学”的形式。

二是构建分层式教师专业发展能力培训体系。从“校、院、系、教研室、学习共同体”五个层面开展经济类教师的培训活动，校级培训以“教师需求”为导向，院级培训以“学科建设需求”为导向，系级培训以“专业建设需求”为导向，教研室级培训以“课程建设需求”为导向，学习共同体培训以“项目需求”为导向。

（四）为经济类教师提供多样化的专业发展能力提升机会

教师专业能力提升的动力主要来源于教师本身的内在驱动力，取决于教师的内生需求①，教师的内生驱动力来自职业价值观、个人能力和教师个人的成长需要②。

遵循经济类教师专业发展的内在规律，提供访学研修、项目资助、交流协作、挂职实践、国际交流合作等机会，逐步提升教师的专业发展能力。例如，分批次选派教师到企业、科研院所、政府部门开展产学研实践或科研协作，有助于教师在实践中突破能力提升瓶颈，不断提升综合实践能力和科研创新能力；选派骨干教师到行业企业的生产、科研第一线进行实践，有利于教师明确教学改革的方向，进一步提升课堂论教学、实践教学的效果；实施中青年骨干教师出国研修计划，有助于提升教师教学

① 章亚骏：《教师专业发展的影响因素研究》，《教育探索》2016 年第 1 期，第 27 – 29 页。

② 马建宏：《高校教师专业发展能力影响机制与引导策略研究》，《宁夏大学学报》（人文社会科学版）2018 年第 6 期，第 160 – 166 页。

科研能力，不断拓宽学术视野。

（五）构建可持续的服务支持体系

一是着力于健全建强教师专业发展组织体系。以教师需求为导向，积极健全校院两级教师发展中心，统筹研修返学、发展咨询、教学研究、教学指导、科研辅导、资源服务等职责，推动建设院级示范性教师发展中心，全面促进教师专业发展能力的提升。

二是构建共建共享的教师培训基地体系。《中共中央　国务院关于全面深化新时代教师队伍建设改革的意见》明确提出，鼓励高校与大中型企事业单位共建教师培养培训基地，提升教师实践能力和创新能力。高校应从培养具有递进式核心能力的复合型、应用型高水平经济类专业人才着手，积极牵手政产学研不同主体，共建教师培养培训基地，将政产学研资源引入高校，协同开展职业培训，合作建设产业导师工作室或协同创新团队，最大限度地实现校内师资“走出去”、校外师资“走进来”，实现理论教学端与实践教学端链接、学科专业前沿与行业产业动态链接、经济理论研究与产业应用研究链接，促进专业理论与行业实践、知识理论创新与成果应用共融共进。

三是健全传帮带体系。《中共中央　国务院关于全面深化新时代教师队伍建设改革的意见》明确提出，加强院、系、教研室的学习共同体建设，完善传帮带机制。教师所在的组织或团队是影响其专业发展能力的关键载体，健全教研室、专业课程组或建设跨学科跨学院的学习共同体，能为经济类教师提升专业发展能力提供可持续的组织环境。加强经济领域的学科团队、专业团队、名师工作坊的建设，有助于发挥学科带头人、专业负责人、教学名师的传帮带作用。

四是健全资源投入体系。资源投入是支撑教师专业发展能力提升的物质基础，学校要多渠道加大教师专业发展能力提升方面的人员、资金、场地等资源的投入，创新资源投入机制，不断提升资源投入的适用性、有效性。

（六）构建层次性的教师能力考核评价体系

实施层级性的考核评价体系，可以起到以评价促进高校教师专业发展能力的作用①。高校应对不同学科门类、专业类型、发展阶段、层级的教师实施分类分层考核,发挥考核评价政策的“红绿灯”作用和资源配置的“指挥棒”作用,引导教师树立正确的专业能力发展观。

一是充分考虑经济类学科专业教师的能力构成要求和不同发展阶段的能力目标差异,科学设计经济类教师专业发展能力的考核评价指标,让教师具有“方向感”。教学能力评价指标应充分考虑理论教学的成果、教学贡献,科研能力评价指标应充分考虑理论创新成果、社会服务贡献及支撑人才培养的效果。

二是充分考虑经济类教师的个体差异和发展特性,采取激励性、发展性评价为主的多元化评价方式,让教师具有“成就感”。

三是完善教师专业发展能力考核评价结果的分级反馈机制,校、院、系根据考核评价结果对经济类教师实施精准性的激励政策,让教师具有“获得感”。

在新文科建设背景下,只有积极营造教师专业发展能力提升的良好环境,不断提升教师的专业发展能力,才能形成经济类人才培养、学科专业发展的强大推动力。

本文系教育部首批新文科研究与改革实践项目——新文科教师专业发展能力培养路线图的研究与实践(项目编号:2021170003)阶段性成果。

梁学平,天津商业大学经济学院教授,经济学博士。

① 王松丽:《基于专业发展阶段的教师评价体系构建》,《教育测量与评价》2017 年第 4 期,第 1 – 19 页。

新工科建设过程中教师职业能力体系构建策略及实践研究

咸立印

伴随着我国改革开放的不断深入，人民日益增长的物质文化需求越来越丰富，国家的产业布局和结构亟待进行升级和创新。新工科建设的出现就是为了迎接我们国家第二个百年建设的诸多挑战，一定程度上解决我国经济发展中的问题，助力产业调整和升级。新工科建设的需求对当前高校人才的培养和教育提出了更高的标准和要求，需要多方合力，共同推进新工科建设。具体到高校层面，为了加强新工科建设，需要优化资源配置、培养优秀的教师队伍、促进新学科建设，其中一个关键的切入点便是培养优秀的教师队伍。

一、新工科背景下教师职业能力的要求

（一）新工科建设的内涵和要求

新工科建设是主动应对新一轮科技革命与产业变革的战略行动，以新技术、新产业、新业态和新模式为特征的新经济呼唤“新工科”。国家一系列重大战略深入实施呼唤“新工科”，产业转型升级和新旧动能转换呼唤“新工科”，提升国家硬实力和国际竞争力呼唤“新工科”。要把握好新工科建设的内涵，统筹考虑“新的工科专业、工科的新要求”，加快培养新兴领域工程科技人才，改造升级传统工科专业，主动布局未来战略必争领域人才培养。要探索建立新工科建设的新理念、新标准、新模式、新方法、新技术、新文化，实现从学科导向转向产业需求导向、从专业分割转向跨

界交叉融合、从适应服务转向支撑引领。①

我们可以从新工科的概念得出新工科主要是两个方面的建设:一是新型工学学科的建设,二是传统工学学科的创新。二者其实是统一的,新兴工学学科可以看作传统工学的延伸和拓展,例如新能源、材料学、信息工程、生物制药、智能制造业和飞行器专业,这些与其说是新工科,不如说是传统工学的专业化。很多学科都是传统工学大学科的延伸和创新,是以往传统工学学科下的二级学科或者某一个专业领域,但是因为社会经济发展的需求,需要国家和社会投入更多的人力、物力资源进行深入的、专业的、持续的研究,争取能够在固定领域取得新的成就和突破。回到传统工学,其实传统工学是所有工学学科的基础,例如飞行器制造专业离不开传统制造业的支撑,一个国家传统制造业的基础越厚重,越能够刺激各种专业领域的创新和发展。建设新工科时,也许加强传统工科的建设和人才培养,会为新工科的建设提供各种理论、技术和人才保障。传统工科的创新其实就是向新工科的精细化和专业化的过渡,传统工科的创新其实更多的在于将理论和实践相结合,将科研和教育相结合,将过去和未来相结合,让理论、科研能够积极地转化为生产力,转化为经济增长的动力。②

具体在国家层面,主要需要进行战略规划和总体布局,具体的新工科建设的实践仍需在高校层面开展,这就对教师的职业能力提出了更高的要求。要求我们的教师有宽阔的视野、充足的能力和高昂的斗志,才能共同和国家、社会应对新的挑战和未来发展的机遇。

(二)教师职业能力体系的概念

教师的职业能力主要指教师顺利完成教育教学任务的能力。这种能力是综合的,不是几种能力的简单叠加,而是有机高效的融合,最大限度地发挥教师自身的价值和作用。学界从多个角度和层次对教师职业能力进行了分类,例如按照能力高低

① 《"新工科"建设复旦共识》,《高等工程教育研究》2017 年第 1 期,第 10 – 11 页。

② 《新工科建设指南("北京指南")》,《高等工程教育研究》2017 年第 4 期,第 20 – 21 页。

程度,分为基本能力和高级能力;按照教学活动,分为教学能力、教育能力、科研能力和管理能力等;按照功能机构,分成信息能力、语言能力和交际能力。

不同的层级、不同的学科对教师职业能力的要求不同,这就对教师和高校提出了更高的要求。对于教师,必须保持不断学习和进步的思想意识,积极寻找自己的短板,将短板补齐,更要将自己的长处更好地发挥出来,扬长避短,要对自己的能力和职业发展有明确的规划和目标;高校方面则要为教师提供良好的平台和资源,能够持续地为教师职业能力的培养、职业能力体系的建设提供全方位的支持,定期组织培训课程、召开学术交流研讨会议、邀请专家进行培训、组织校企共建,为教师提供各类资源。当然其中最重要的仍是教师思想观念的作用。教师职业能力的培养,不仅是教师职业工作的需要,更是教师安身立命的根本,国家和学校能够提供的仅是平台和资源,更多的还是需要教师发挥主观能动性。

(三)新工科建设背景下对教师职业能力的要求

综合对新工科建设的具体要求和特点,以及教师职业能力的相关分析,我们可以对新工科建设背景下教师职业能力的要求进行初步归纳和总结。新工科建设对教师职业能力的要求异于传统的教师职业能力需求,需要我们进行传承和创新,创建一套符合新工科建设需求的高校教师职业能力指标。

综合上述分析和研究,我们可以将教师的职业能力体系建设要求细化成四个指标,即思想素质能力、科学实践能力、教育教学能力和科研深化能力。这四个指标内部是按照发展的不同阶段进行的分类。①

思想素质能力。这里的思想素质具体包括三个方面:一是高尚的思想道德情操,二是教书育人的师德品质,三是忠党爱国的家国情怀。高尚的思想道德情操要求教师能够恪守原则和底线,对自己有正确的认识和规划,认真做好每件事;教书育人的师德则是要求教师能够牢记自己的使命,对教书育人有孜孜不倦的追求;家国情怀主要指习近平总书记在全国高校思想政治工作会议上的要求,我们的高校教师

① 王欣:《地方本科高校教师教学能力探析》,《科技视界》2018 年第 6 期,第 75 页。

要具备“三全育人”的本领，将自己的家国情怀融入教学中，加深学生对国家各方面的认同。

科学实践能力。科学实践能力具体包括科学思维和实践操作两个方面。科学思维是指对整个工科项目的概念、流程和未来发展有一个整体性、前瞻性、科学性的理解和把握，能够让学生理解一个工程项目的开端、经过和未来发展趋势，有一个既宏观又细致的认识；实践操作主要指教师有丰富的实践经验和实践意识，能够积极指导学生进行科研实践、工程实践，独立或者共同解决教育教学中出现的各种理论或实践问题，能够在实践方面给学生起到表率作用。

教育教学能力。教育教学能力是教师的基础和关键职业能力，这决定了一位教师能够多大程度上将自身的认知、学识和经验传授给学生，达到最佳的教学效果。教育教学能力主要包括教育理念和教育方法。教育理念要求教师能够正确认识教学工作的价值和意义，能够践行新工科建设的各种理念，对新工科建设有自己的理解并能够付诸实践。教育理念的正确与否关系到教师能否端正教学态度，能否采用科学的教育方法。教育方法具体指教师的业务能力水平，教师是否有能力和方法将自己的学识和经验高效地传授给学生，让学生能够学有所成、学有所感、学有所悟，这是对教师的一个极大的考验。

科研深化能力。教师在具备了以上三种能力的基础上，仍然需要强大的科研深化能力来做支撑和保障，需要教师对自己的专业领域有深入的了解，对相关领域也能触类旁通，既要有专业领域的深度，也要有相关领域的广度。同时教师还要加强对前沿领域的了解和认知，进而激发自身的创新能力，发挥教学中的启迪和引导作用。①

这四个能力指标共同构成了新工科背景下的教师职业能力体系，其中思想素质能力是基础，教师只有有正确的思想认识，意识到新工科建设对国家、社会、人民的重大意义，才能积极主动地提升自己的科学实践能力，才能彻底投入到人才培养和

① 孙晓雅、徐鑫：《高校教师教学能力与科研能力协调发展研究》，《科技视界》2018 年第 5 期，第 92 页。

学科建设中去。同时，也需要教师具备一定的教育教学能力，将自身的价值最大化，将自身价值转化为全体学生的价值，将自己的学识和经验转化为全体学生的学识和经验，最终教师能够进行深入的科学研究，不断在相关领域进行深入的研究和创新，了解前沿科学的发展和未来走向。

二、教师职业能力的现状和问题

根据新工科建设的特点和要求，以及教师职业能力体系的相关概念分析，结合当前高校教师的现状，对目前高校教师的职业能力现状进行分析，从宏观到微观，从集体到个人。具体内容如下：

（一）高校相关制度欠佳

教师主观能动性发挥的主要载体在于学校的平台和资源。其中主要涉及学校的制度和架构，具体在于教师来源、培训制度和考核制度三个主要方面。

师资来源单一。高校的师资来源主要集中于从学校走出来的硕士和博士研究生，这些高层次人才精于理论、综合素质良好、具备较强的科研能力，但是在新工科建设的要求下，缺乏一些实际的操作经验，尤其是一些工科学科的实用性和创新性不足，这也是他们的主要短板，在一定程度上限制了教师在教学和实操方面的发展。

考核机制不完善。关于高校对教师考核机制的讨论一直是国家和社会关注的焦点，也是很多学校和教师共同关心的话题，因为这不仅切实关系到教师的利益，也影响教师的积极性和主动性，同时也对学校的学科建设影响巨大。国家和学校层面一直在尝试搭建一套科学合理的考核制度，达到教师和学校之间的平衡，为此不断进行创新和尝试，具体到新工科建设方面，这便加重了完善考核机制的难度。

培训体系落后。传统的高校教师培新体系在新工科建设的要求下已经有些过时了（课程周期的长短、内容的选取、授课的形式等），特别是近年来受新冠肺炎疫情的影响，线上培训的需求越来越多，传统的培训模式需要进行全方位的创新。传统的教师培训重理论轻实践，校方流于形式，教师疲于应对，已经部分违背了教师培训的初衷。而新工科建设的要求，需要高校加强对新工科教师的业务能力培训，与时俱进，开拓创新，实时把握社会经济和科技的发展脉搏。

（二）教师自身能力欠缺

教师自身存在三个维度的问题，一是基础能力欠佳，二是创新能力不足，三是思想观念落后。

基础能力欠佳。其根本原因在于高校教师的来源，这些教师从学校进入学校，在学校主要接受了理论和实验室的培养，相对缺乏实际的工程项目经验。此外，即便部分高校教师拥有一定的项目实操经验，但又缺乏高校教师应当具备的教学能力，不能有效地将学识经验转化为教学资源，由此可见高校教师职业能力培养的重要性。

创新能力不足。新工科建设对教师有创新能力要求，是因为新工科的发展需要教师能够有效地将相关知识和项目经验与具体的科技和现实结合起来，这对教师的业务素质和业务技能有较高的要求。但是，当前部分教师的创新能力不足，教师缺乏将科研和实际工程项目相结合的机会和经验，也就缺乏一定的转化能力和机会。加之进入高校后各种教学和科研压力，教师创新的主动性降低。①

思想观念落后。这一点才是核心和关键的因素，内因是根据，外因通过内因起作用。高校教师的思想观念是最重要的，只有认识到新工科建设的重大意义，对国家、社会的贡献，对学科建设、学科发展的积极效应，才能对学生培养和自身发展问题端正态度，才能牢记初心、克服困难。

（三）校企合作制度不完善

社会层面，具体涉及新工科领域里的高新技术企业。高新技术企业的发展离不开高层次的人才，但是当前二者之间存在一定的割裂，高校不能积极主动助力企业技术的转化和应用，企业没有渠道和能力反哺高校学科建设和人才培养。传统的校企合作模式已经不能适应新工科建设的发展需求。

综上分析，教师的职业能力现状堪忧，虽然可以通过教学实践和学校培养使教师迅速成长起来，但是要达到新工科建设的发展要求，仍然存在一定的差距，这个差

---

① 李建法：《地方高职院校“双师型”教师队伍建设研究》，《职教通讯》2019 年第 6 期，第 65 页。

距不仅是个人层面的,也是国家和学校层面的。

三、策略和途径

根据上面的分析,我们可以深入了解到新工科建设的特殊性和相关教师职业能力体系建设的必要性。新工科建设需要优秀的教师队伍,优秀的教师人才需要各方共同的努力培养。本文将从国家、社会、高校和教师四个角度对新工科建设背景下教师职业能力体系建设方法和路径进行分析和研究,提供相应的对策建议,为新工科建设下的教师能力体系建设提供借鉴和参考。

(一)国家层面

首先,国家要保证政策的延续性和权威性。新工科建设属于百年大计,是国家未来百年建设的一部分,只有国家层面的持续推进,才能见到产出和成效。其次,国家层面不仅要在宏观战略布局角度坚持新工科建设的持续性,并且要在具体层面优化各方资源,让高校资源、科研院所资源、社会企业资源进行融合,搭建相关的信息和资源分享平台。再次,国家要进行积极的舆论宣传和引导,在全社会营造良好的社会氛围,建设学习型社会、学习型国家,增加各种"新工科"人才的基数。最后,国家仍需进行及时的调整和改善,进一步完善新工科建设的内容和步伐,紧跟时代脉搏。

(二)社会层面

社会层面具体指各类高新技术企业、传统工业和制造业以及相关的支持辅助类企业。因为最终科技转化为生产力,还是在工厂和车间里实现的,实践才是检验真理的唯一标准。《国家中长期教育改革和发展规划纲要》明确提出,要组织安排高校教师到企业单位中进行轮岗或顶岗锻炼,以此来提升教师的业务能力水平,增加实际操作经验。所以在校企合作和校企共建方面,仍需进一步进行调整和改革。

虽然教师进入企业进行了轮岗或顶岗,但是存在缺乏规划、缺乏监管等情况,因此降低了教师在企业工作的实践效果。完善校企共管制度可以从以下三个方面着手:一是明确岗位工作要求,制定相关的工作任务书。教师在进入企业前要了解当前行业的布局和发展情况，对企业的实际情况进行深入了解。企业也要根据自己的需求深入参与到教师岗位工作和职责的设定，参与到任务书的编制中来。二是校企双方加强对教师的监督管理。在企业工作期间，由企业对教师的各种情况进行监管，校方则可以采取抽查的形式参与进来，而且校企双方要形成交流和反馈机制。三是将工作实践纳入教师的评价考核。企业可以根据教师在企业的实际表现，进行综合评价，反馈给校方进行参考，将工作实践情况纳入教师的工作考核中。

（三）学校层面

从学校的角度出发，能够切实关系和影响到教师职业能力体系建设的维度主要是培训和考核两大方面，本文仅从新工科建设出发，对教师职业能力体系建设进行分析。

完善培训体系建设。传统的教师培训已经不能满足新的时代发展需求，尤其是新工科建设提出了更高的标准和要求。具体的教师培训可以进行以下创新探索：一是进行有针对性的培训。为高校教师量身制定培训方案，从专业角度出发，针对自身领域和相关领域进行培训模块的有机组合，摒弃以往的程序化和规模化培训，有针对性地设立培训方案。二是设立导师培养制度。教师从学校走出来，既然回到学校中去，仍然要接受专业导师的指导，用老带新的模式全面增强青年教师各方面的能力，让校内外的"导师"发挥模范作用。

优化教师评价体制。在当前"破五唯"的形势下，要跨越的一个障碍就是评价标准的单一性和片面性，应该从更多的维度对教师学术水平和社会贡献进行考评，由此我们可以进行以下三个方面的工作：一是加强教学实践的考评。教学实践方面考评的维度和标准需要更加细化，能够真实和全面反映教师各方面的水平和能力，突出实践性、应用性和综合性。二是突出对研究成果的考评。尤其是工科教师的考评机制，需要侧重研究成果方面的比例，不能仅拘泥于论文发表情况，还需要考虑解决实际问题的情况、校企合作方面的成果等。三是增加教师实践工作的考评。既然已经安排了校企共建和共管，这部分内容也要纳入考核范围内，破除高校的唯学历论、唯论文论，优化教师的工作背景和结构。

（四）教师层面

教师自身才是发挥主观能动性的关键，各种外在客观因素都要综合作用在教师才能产生相应的结果，所以在教师层面，需要教师增强新工科建设的积极性和主动性，强化自身的实践意识和创新能力。从这个角度而言，国家、社会和高校只能通过各种方法和制度进行引导和激励，更多的是需要教师产生内驱力和行动力。

结语

综上所述，新工科建设是为了更好地满足国家社会经济的发展，应对产业结构布局的升级和调整，这就对培养新型技术人才产生了巨大的需求，也对高校教师的职业能力提出了更高的要求。事实上，新工科建设和教师的职业能力体系建设不是一日之功，需要各方持续性投入，共同努力和探索，甚至要几代人进行奉献。所以，无论从国家、高校、社会还是教师层面，仍要不断进行学习和创新，持续开展生产和教学实践，更好地为新工科建设和教师职业能力发展助力。

本文系教育部第二批新工科研究与实践项目——“双师双能型”教师培训体系的研究与探索（项目编号：E-SZNL20200704）阶段性成果。

咸立印，天津商业大学党委教师工作部助理研究员，教育学硕士。

教师专业发展能力提升的机制研究与构建

“四新”背景下教师专业发展能力提升的激励、制约和保障机制研究与实践

——以天津商业大学为例

张志超　咸立印

近年来,我国全面推进“四新”建设,对高等教育提出了更新、更高的发展要求。“四新”建设为今后一个时期我国高等教育改革、发展,尤其是强化内涵建设提供了新理念和新引领,也为我国加快建设高等教育强国注入了顺应时代发展的新动力和生机勃勃的新活力。在此背景下,高校教师更快地适应、顺应时代的发展,不断提升自身专业发展能力的现实意义不断凸显。

一、“四新”背景下提升教师专业发展能力的重要性

2018 年党中央明确提出,要推动高质量发展,进一步提升教育服务能力和贡献水平,发展新工科、新农科、新医科、新文科。高等教育进入以创新为特色的“四新”建设时代。“四新”建设以提升国家的元实力——经济硬实力、文化软实力、生态成长力、全民健康力为目标,是高等教育“质量革命”的战略举措,是高等教育人才培养的“中国方案”,是高等教育高质量发展的战略布局。①

① 吴岩:《积势蓄势谋势　识变应变求变》,《中国高等教育》2021 年 1 期,第 5 页。

“四新”建设是一盘棋，交织融合，引领发展，既有共同的理念和基本遵循，也有各自的特点和发展路径。随着“四新”建设探索和研究的逐步深入，高校对“四新”建设的认识越来越深刻，“四新”建设的时代意蕴进一步凸显。新工科、新医科、新农科、新文科的共同之处在于以体现时代发展的新理念为指导，面向科技革命、扎根中国大地、推动学科和产业变革、促进社会进步和新经济发展、面向未来发展需求、培养时代新人。“融合”和“创新”是当今时代发展的潮流，也是“四新”建设最基本的特征。新工科建设直接促进产业结构的调整，正在改变产业的国际国内竞争格局；新医科建设服务健康中国行动，着力实现从治疗为主到生命全周期、健康全过程的全覆盖；新农科建设助力乡村振兴实现，瞄向绿色生态、践行“绿水青山就是金山银山”理念，推动以现代生物科技改造传统农林专业；新文科建设用中国理论、中国范式、中国标准、中国自信讲好中国故事。加大现代科技尤其是人工智能信息技术的融入，加强学科专业与社会的结合，用中国理论科学阐释中国制度、中国道路，壮大和弘扬文化软实力。“四新”建设是我国顺应时代和应对世界百年未有之大变革，在高等教育内涵建设理念、内容、途径等方面进行的最具影响力的改革与创新。①

新工科、新医科、新农科为新文科提供新的命题、新的方法、新的技术、新的手段等，新文科为新工科、新医科、新农科提供方向、标准、价值判断以及未来所需要的职业综合素质。②

高校“四新”建设归根结底需要解决的是人才培养问题，逐步解决教师专业发展能力与“四新”建设相匹配的问题，才能建立一支在知识、能力、经历、素质等方面均能够胜任学科专业建设和人才培养工作的教师队伍，为“四新”建设健康蓬勃发展提供源源不断的师资资源保障。

二、“四新”背景下教师专业发展能力发展面临的问题与挑战

目前，绝大多数高校教师是“刚走出校门就走进校门，离开课桌就走上讲台”，并

① 高一鹏等：《“四新”背景下高校一流学科专业建设的思考》，《通化师范学院学报》2022 年第 1 期，第 136 页。

② 吴岩：《积势蓄势谋势　识变应变求变》，《中国高等教育》2021 年第 1 期，第 6 页。

且,其虽然经历了高等教育的培养,但是距成为一名合格的高校教师还有一定的差距,仍然需要对其进行严格的科研能力、创新能力和实践能力方面的系统培养和训练,不断提升现代化科研生产、工程设计和组织管理等社会实践经验。这就导致目前高校普遍存在师资力量固化、知识结构和能力结构一成不变,纯理论派教学与科研、教师素质与社会需求严重脱节的问题。高校培养的专业人才也就无法满足社会需求。具体而言,教师专业发展能力发展也存在以下问题。

(一)评价标准不科学

评价标准是培养目标的具体表现,对教师专业能力的发展起到引领作用。目前对于"四新"建设过程中教师专业能力结构标准尚未形成统一的评价标准体系。因此,教师专业发展能力发展的评价标准,亟须结合"四新"建设的内涵,加以总结凝练。

教师评价是对教师教学工作的综合考量。通过教师评价,促进教师提升教育教学工作和专业发展的水平,最终达到不断提高教育教学质量的目标。近年来,高校为了提高学校整体的科研水平,打造自身核心竞争力,提升社会影响力,往往在评价中注重短期效应,片面重视各种指标和数据,在设定评价指标体系时,往往主要将科研成果与个人工作水平等挂钩,突出强调评价教师的科研能力,对教师教学水平和成果重视程度不够,忽视教师专业成长的科学规律。"过于强调教师专业发展对教师晋职、评优等利益方面的价值和影响,最终导致教师仅仅依靠外部利益驱使参与专业进修和教育培训,没有发展的积极性和能动性。"这种专业发展评价模式不能体现教师职业教书育人的特点,使得不少教师不能正确地自我定位,对教师职业性质、功能的认识产生错位,不利于教师专业发展。

(二)教师培养模式滞后

虽然面向"四新"建设,针对教师专业能力发展的培训资源已经形成规模,高校也在组织教师开展实践能力培养方面不断尝试,但是还存在不系统、针对性不强的问题。培训资源的引入应综合考虑学科建设、专业发展、人才培养和学术研究等。针对教师专业能力发展的培养应同时要制定清晰的职业发展规划,通过教育教学培训、社会实践活动等，有计划地培养和提升教师的专业发展能力。教师职业发展中所采取的教育教学培训培养方式必须有的放矢，有明确的针对性。针对性主要基于教师所承担的任务和职责的需要，和教师自身发展的缺陷与不足。教师开展社会实践活动时，所进入的行业企业或科研院所，应该优先考虑国内外与“四新”学科专业相关的、在产业和行业发展处于领先地位的高新技术企业或是具有国际领先水准的科研机构。

高校教师发展能力的培养，不仅要进行科学文化和学科专业知识培养，还要进行教育专业和实践性知识培养，只有二者兼顾才能培养出合格的高校教师。在当前背景下，从事大学教师职业的基本都是学术型硕士、博士毕业生，且高校博士化的趋势越来越明显。这种以学术研究为主导的人才培养定位，以科学研究为定位所培养出来的毕业生，在知识结构上必然存在着重理论性知识、轻应用性技能知识的倾向，有的甚至严重欠缺应用性技能知识。加之目前高校教师评价模式亦是过分强调科学研究，导致本科高校教师将主要时间和精力投放在科研上，甚至是挤占用于教学工作的时间和精力。并且，科研成果反哺教学工作的能力也在日渐减弱，很多科研成果不能用于提升人才培养质量和水平。这种教学工作与科研工作的分化和错位，不利于教师专业发展能力的培养。

（三）教师培养方案缺乏

现行的高校教师职业发展政策体系，以鼓励教师开展教学、科研活动为主，虽然同时也鼓励教师开展社会实践和社会服务，但是鉴于教学研究、科学研究更容易产出成果，以满足教师在职业上的发展，因此，健全与优化相关的激励、保障机制势在必行。

当前大部分高校对高校教师的专业发展能力培养给予了重视，但是政策支持力度不够或是效果不明显。高校教师专业发展能力发展的内驱力也不足，长期下去，会直接影响到高校能否培养出适应社会发展的人才。目前，大学师资队伍培训机制同样存在一些亟待改进之处。国家出台的各种有关高校教师发展的政策，宏观性较强，不同地区、不同层次的高校在进行政策落地时，不能充分实现政策实施的目标；

学校内部制定的有关政策，特别是教师专业发展能力培养制度，同样存在着缺陷和不足。

三、“四新”背景下教师专业发展能力提升的机制研究与实践

（一）建立教师专业能力发展评价标准指标体系

天津商业大学结合自身实际情况，从构建新工科教师工程实践能力评价标准体系、新文科教师专业发展能力评价指标体系两个方面，进行了研究与实践。

在深入研究新工科发展新形势新要求、成果导向的工程教育理念、《工程教育认证通用标准解读及使用指南》中对师资队伍的具体要求以及其他国家工程发展战略等的基础上，通过问卷调查，了解我校工科教师工程实践能力现状，提高教师对于工程实践能力的重视程度及提升实践能力的紧迫性，使广大教师能够真正厘清新工科建设内涵、廓清人才培养目标，真正将培养目标落实在日常教学工作中。

在深入了解新时代新文科对教师能力要求的基础上，基于职业素养、基础能力、专业核心能力和拓展能力四大模块，结合学科和专业从政治素质、人文素养、职业道德、行为规范、教学能力、科研能力、信息技术应用能力、综合实践能力、融合能力、学习能力等方面进行能力内涵的研究，确立新文科教师应具备的专业发展能力。

（二）建立教师专业能力培养体系

依托天津商业大学教师发展中心，搭建名师工作坊、专家大讲堂、专题研习营等平台，围绕师德师风建设、教育评价改革、工程实践能力培养、课程思政等主题，面向教师开展专业能力培养。同时，关注教师的学习主体性和建构性，整合校内外资源，形成普适性培训和个性化培训相结合的培训方案，通过以赛促培、研修访学、校企校政合作等方式开展“校、院、系、教研室、共同体或功能型党支部”层面的培训，结合学校实际情况，建立“校、院、系”三级联动管理体系。在当前新冠肺炎疫情肆虐的大形势下，拓展思路，守正创新，探索线上培训的新形式和新方法，提高教师的授课技能，线上线下相结合，做到“停课不停学，停课不停教”。

（三）健全教师专业能力培养效果评价、改进机制

运用 PDCA 循环的方法，按照 Plan（计划）、Do（执行）、Check（检查）和 Act（处

理)的顺序,对教师专业能力培养全过程进行评价,促使培训体系不断改进与提升。

1. P(Plan)计划。论证并确定培训的目标和培训的计划。本阶段的考核内容是本轮培训的目标与实施计划。培训目标的设定要和当前我们社会经济发展的需求紧密相关,能够紧密跟随未来社会、经济和科技发展的趋势,带动传统产业的升级改造。

2. D(Do)执行。根据培训的目标和培训的计划,确定具体的培训内容和培训形式,以及单项培训的考核标准。本阶段的考核内容是培训内容和培训形式,以及单项培训的考核标准是否契合培训的目标。

3. C(Check)检查。检查总结培训计划执行的情况,明确效果,总结经验,分析问题。本阶段的考核内容是培训计划执行情况是否达到了预期的目标,在此基础上,总结经验,分析问题。

4. A(Act)处理。对检查阶段产生的结果进行处理:对优秀经验加以固化和推广,对产生的问题提出解决方案,用于指导下一个循环目标的设定及计划的制定。本阶段是总结本轮培训与开启下一轮培训的重要衔接点,也是整体培训质量提升的重要环节。

通过实施PDCA循环,对培训的目标、计划、内容、形式、效果进行全面管理,总结经验,分析问题,推进培训质量螺旋式上升。

(四)出台有效的政策激励体系

1. 将教师专业能力培养纳入教学单位绩效考核指标体系,鼓励教学单位结合学科、专业建设,积极主动融入教师专业能力。

2. 鼓励教学单位搭建“企业家论坛”“创新创业论坛”“业界新视角”等旨在提高师生关注及了解行业发展的平台。

3. 鼓励教学单位开展校企合作,建立行业、企业培训基地。通过校企合作,使教师深入企业生产实际,企业、高校、教师三位一体,发挥企业、高校和教师各自的优势,形成校企合作深度融合;夯实共同合作、协调联动的机制,推动课程体系改革,促进教育教学内容的更新,将应用性技能知识和当前新时代最新理论成果写入教材、引入课堂，积极探索跨新兴学科跨专业的交叉课程，培养学生科研实践能力和创新创业创造能力，培养能够服务区域经济发展的跨知识领域融会贯通的复合型、应用型人才。

4. 实施“产学研实践”计划，鼓励教师开展产学研实践活动，引导和鼓励教师利用业余时间实际到企业或行业挂职锻炼，体验一线实际工作，了解和掌握理论知识在企业和行业的实践应用，积累实践经验，了解企业或行业最新动态。

（五）天津商业大学的实践探索

一是建立了较完善的人才培养体系。在人才强校战略的指导下，天津商业大学实施了“智汇天商”人才队伍建设工程：通过实施“青年英才百人计划”，提升青年教师培养质量，优化教师队伍结构，为学校内涵式发展奠定人才基础；通过天商学者支持计划、天商名师支持计划建设成一支高层次人才队伍；通过天商荣誉学衔聘任计划建设一支高层次外援队伍；通过成长计划、引进计划和招聘计划，促进师资队伍整体数量和质量的提升。

二是建立了国际化实践及产学研融合平台。以提高天津商业大学中青年骨干教师教育教学、科研工作水平，拓展国际视野，培养具有创新能力和发展潜力的教学、科研骨干人才，造就高水平、高素质的教师队伍为目标，实施了中青年骨干教师出国研修计划，拓展教师的国际化视野。以全面推进“双师型”师资队伍建设，优化教师的能力素质结构，促进教育教学改革和人才培养模式的转变，更好地实现培养应用型人才为目标，在教师队伍中开展教师产学研创新实践活动，培养教师产学研创新实践能力为目标，资助教师或教师团队到政府或企业开展创新实践活动，通过参与合作研发、技术服务、管理等方面的工作，获得实践经验，提高创新意识和专业技能。通过了解行业、企业发展需求，为人才培养提出建设性意见。通过加强与政府或企业的沟通和联系，成为校企、校政合作的纽带和桥梁。

三是建立了日趋完善的教师培训机制。自 2017 年教师发展中心成立以来，学校秉承“引领、指导、服务、研究”的教师职业发展理念，构建多层次、全方位教师发展与服务体系，逐步形成了常态化、专业化、科学化并具有校本特色的教师培训体系。

根据培训内容、培训层次及培训需求，教师发展中心创设了“专家进校园”“校本定制研修班”“名校课堂观摩”“清华定制研习营”“新入职教师训练营”“名师面对面”等多个培训品牌，以精准分析、精心设计、精致服务为工作理念，在构建教师培训培养体系、规范青年教师入职培训、大力传播先进的教学理念、提升教师教育教学能力、建设“一流专业”“一流课程”等方面做了大量卓有成效的工作。

2018 年起，教师发展中心同学堂在线合作，正式开启了“企业牵头、学校管理”的校企合作师资培训项目探索与实践。立足我校教师需求，结合学堂在线优质教育资源优势，大力开展各级各类优质培训项目。带领我校骨干教师多次走入清华大学深度研习，科学制定培训计划，培训形式除特邀报告、专家讲座、工作坊之外还多次到清华大学基础工业训练中心参观访学，使教师进一步树立创新实践的教学理念，学习优秀的工程训练方法。此外，学校每月邀请国内知名专家进校做报告，传播先进的教育教学理念、分享宝贵的教学经验方法、传授前沿的教育技术手段，专家专业背景覆盖人工智能、信息科学、机械设计制造、教育信息技术等多个前沿领域，引导教师树立“新工科”教育思维，促进教师综合素质提升。

本文系教育部首批新文科研究与改革实践项目——新文科教师专业发展能力培养路线图的研究与实践(项目编号:2021170003)阶段性成果

张志超，天津商业大学党委教师工作部助理研究员，管理学硕士。

咸立印，天津商业大学党委教师工作部助理研究员，教育学硕士。

教师能力提升的激励、制约和保障机制研究与实践

——基于院级层面的聘期绩效考核制度

王志娟　刘建福　鲁晓翔

“人才是第一资源。”2021 年 4 月 19 日，习近平总书记在清华大学考察时指出：“党和国家事业发展对高等教育的需要，对科学知识和优秀人才的需要，比以往任何时候都更为迫切。”①大学承担着人才培养、科学研究、社会服务以及文化传承与创新等重要使命。② “教育大计，教师为本”，教师承担着传播知识、传播思想、传播真理的历史使命，肩负着塑造灵魂、塑造生命、塑造人的时代重任，是教育发展的第一资源，是国家富强、民族振兴、人民幸福的重要基石。③ 大学教师是大学使命的践行者，是推动大学发展的核心人力资源以及主要内生动力，其工作成果是高等教育水平的重要外显指标。④ 在高校中，全面提升师资队伍整体素质与能力，对于推动学校事业高质量发展，实现学校的战略目标至关重要。

普通高等学校教师普遍存在教师能力不强的问题，主要表现在教师队伍呈现年

---

① 伏鑫：《习近平总书记关于高等教育的重要论述研究》，硕士学位论文，上海师范大学马克思主义学院，2019 年，第 1 页。

② 郭明顺：《大学文化引领职能的哲学思考》，《沈阳工业大学学报》（社会科学版）2012 年第 2 期，第 97－100、105 页。

③ 陈雅璐：《廖世承教师队伍建设研究》，硕士学位论文，上海师范大学教育学院，2019 年，第 68 页。

④ 姚翔：《助推“双一流”战略发展的高校教师绩效管理体系探讨》，《国家教育行政学院学报》2017 年第 2 期，第 57－62 页。

轻化特征，总体教育教学经验不足，教学效果欠佳；缺乏教研意识；科研创新能力不足等方面。① 研究教师教学科研能力提升的制约机制，分析教师能力提升的激励机制与保障机制，对提升教师能力具有重要的理论和实践意义。

高校教师能力包括师德践行能力、教学实践能力、综合育人能力、科研创新能力等多方面。中共中央、国务院印发的《关于全面深化新时代教师队伍建设改革的意见》，对教师专业素质能力提升做了详尽的设计和规划，指明了提升教师专业素质能力的目标和实现路径。② 教师专业素质与能力提升的过程是从一名新手逐渐成长为具备专业知识、专业技能和专业素养的成熟教师并实现可持续专业发展的过程。③

教师能力的提升受到多种因素的影响，如培训与进修体系、教学和科研氛围、晋升和奖励政策、绩效考核评价机制等。自 2006 年人事部与财政部发布《事业单位工作人员收入分配制度改革方案》以来，绩效工资制度成为高校人事制度改革的重点，绩效考核评价制度成为调动高校教师工作积极性和主动性的主要“指挥棒”。④ 本文研究了科学、合理的绩效考核评价制度，对于提升教师教学、科研等工作能力，挖掘教师潜力的影响。

一、学院教师教学科研能力的现状分析

（一）教学能力弱、教学效果差

教学组织能力差，表现在学生的学习兴趣不高；教学研究与创新能力弱，表现在教改项目、教改论文发表数量上。学院近五年引入大批青年教师，他们大部分是刚参加工作的毕业生，缺乏教育教学工作经历，没有接受过教师教育专业训练，教学能力总体较弱，因此教学效果欠佳，且缺乏教研意识。

---

① 虎保成：《论新时期高职院校教师队伍建设的途径与措施》，《中国科教创新导刊》2012 年第 10 期，第 35 – 36 页。

② 《全面加强新时代教师队伍建设》，《北京教育》2019 年第 1 期，第 18 – 21 页。

③ 赵成丽：《浅议“互联网 + ”环境下的高职教师专业发展途径》，《教育现代化》2018 年第 26 期，第 84 – 85 页。

④ 操太圣：《“五唯”问题：高校教师评价的后果、根源及解困路向》，《大学教育科学》2019 年第 1 期，第 27 – 32 页。

（二）科研能力弱

教师的科研能力及学术水平比较弱，表现在发表高水平论文、承担高水平项目的数量，以及高层次领军人才、科研获奖等方面。比如，学院目前有影响力的高层次领军人才还比较缺乏，高水平的科研团队偏少，具有竞争力的优秀青年学者数量不足。

二、教师能力提升的激励机制构建

高校的绩效考核是以教师为对象，按照一定的原则和标准对教师的业务能力和水平以及行为表现、工作成果等情况进行考察和评估，并以此作为教师薪酬、晋升、奖惩等依据。学院在制定考核政策时，将竞争机制引入绩效考核工作中，即在基础岗及绩效级薪酬方面设立不同的等级，教职工根据已取得的业绩成果，实行公开竞聘、平等竞争，最终确立个人的基础岗及绩效级等级。

（一）绩效激励构建的原则

学院制定绩效考核方案所遵循的基本原则如下。

师德为先。教师是人类灵魂的工程师，是人类文明的传承者，其承载着传播知识、思想和真理，塑造灵魂、生命和新人的时代重任。因此，在培养学生的过程中，教师自身的立德修身尤为重要。① 教育部于 2016 年发布《关于深化高校教师考核评价制度改革的指导意见》，提出了“师德为先、教学为要、科研为基、发展为本”的基本要求，将“师德”作为选聘教师、评价教师的首要条件。② 在教职工绩效评价过程中，学院坚持“师德”一票否决制，即教职工若年度内有违背“师德”的情况，则该年度考核等级为不合格。以此来规范教职工的职业行为，促使教师潜心教书育人，关心爱护学生，恪守学术规范，遵守教学秩序，坚持廉洁自律，认真完成各项教学任务，不断提高教育教学质量和水平。

坚持“岗绩兼顾”的岗位聘用原则。教职工的岗位由基础岗和绩效级组成，其进行岗位聘用时按照基础岗和绩效级分别聘用。绩效级依据聘期内的绩效任务聘用；

---

① 单瑞：《时刻把师德师风建设摆在首要位置》，《华兴时报》2021 年 4 月 13 日，第 3 版。

② 宋婧琳、张华波：《立德树人，为何首在立师德》，《人民论坛》2018 年第 2 期，第 122 – 123 页。

基础岗则依据教职工岗位类型、职称、职务和对学校发展的长期贡献聘用，即在基础岗竞聘时教职工的“任职年限”是关键因素之一，该项原则一定程度上保障了对学校发展长期贡献力量的“老教师”的权益。

坚持“责酬相符”的绩效分配原则。坚持责酬相符、奖勤罚懒，教职工收入与岗位职责及实际完成任务挂钩，多劳多得、优绩优酬；学院在制定本部门的绩效分配办法时，将教职工收入与其岗位职责及实际业绩挂钩，充分保障教职工多劳多得、优绩优酬。这种真正按贡献分配薪酬所得，是对教职工业绩成果的有效保障，能够极大地激发教职工，特别是青年教师的工作热情和积极性。

公开、公平、公正。考核工作的程序、过程及结果做到公开、公平、公正。

（二）以提高教师能力为导向的激励机制

激励对策是对人们在实际工作中行为的一种积极评价，能满足人的发展需求，充分调动人的主观能动性，不断提高人的全面素质，促进其全面发展。① 在高校系统中，教师作为教学、科研工作的主体，承担着将学生培养成适应社会发展需要的实用人才以及提高学校专业层次及核心竞争力的重任。因此，学院在制订考核方案时，结合国家相关政策、学校相关文件以及学院自身特点制定更为行之有效的激励对策，有效激发广大教师的主观能动性，这对于提升教师的专业能力以及学校的可持续健康发展具有十分重要的意义。

一是实施薪酬激励机制。薪酬管理体系，与每一名教职工的切身利益密切相关，最受关注，也最重要和复杂。② 在高校教职工能力提升激励对策中，薪酬激励是最基础的一种激励手段，也是最有效的一种方式。鉴于此，学院在进行教职工绩效考核管理时，实施薪酬激励机制，将教职工的工作成绩与其工资、奖金、课时津贴和科研奖酬相挂钩，让教职工对未来充满期盼，从而更加积极、更加努力地投入到工作

① 王振东：《高校教师人力资源管理中能力提升与“激励”对策巧妙应用的思考》，《教育现代化》2019 年第 41 期，第 66－68、74 页。

② 陈志亮：《高校人事制度的改革现状及创新措施探究》，《高教学刊》2017 年第 19 期，第 147－149 页。

中去，因此能够更好地促进高校教学、科研等各项事业的健康发展。①

二是提高学院高级别绩效级岗位数量比例。根据学校的人事分配制度改革实施意见，专任教师岗位绩效级级间比例的设置应按“基底比例 + 奖励比例 + 激励比例”的方式确定。奖励比例根据各教学部门为学校事业发展做出的贡献来确定，激励比例则由教学部门根据自身的实际情况、发展需要及承担的任务进行申请。奖励比例和激励比例可在教授级（A 级）、副教授级（B 级）中分配使用。学院在制定考核方案时，申请的激励比例为学校允许范围内的最高值，理由如下：（1）适当提高学院的 A、B 绩效级岗位数量比例，有利于激励更多教师为完成 A、B 绩效级的科研绩效分值而更加努力工作，从而提高学院科研任务的完成度；（2）有利于调动学院教师的工作积极性。在上一个聘期中由于学院 A、B 绩效级的数量有限，部分副教授聘到了讲师的绩效级，其工作热情受到了一定程度的影响。因此，增大高级别绩效级岗位数量比例，能够激励更多教师制订更高的工作目标，激发自身潜能，从而得到更好的发展。

三是对高水平业绩成果进行奖励激励。为了贯彻落实中共中央、国务院印发的《深化新时代教育评价改革总体方案》精神，激励教师切实把重点放在提高教育教学质量上，提升天津商业大学人才培养能力；激励教师主动聚焦国家发展战略和服务区域经济社会发展开展创新与应用研究，推进科技自立自强，天津商业大学分别制订了高水平教学成果及科研成果的奖励办法。这一办法的实施，将有效激励教职工在学科前沿进行高水平研究，促进其教学、科研水平的提高，使其尽快成长为学科带头人或教学科研骨干，带动学校教师队伍素质的整体提升，为建设国内知名、区域一流的高水平商业大学提供强有力的支撑。

四是建立分类管理和分类评价机制。高校教职工中，存在着教学为主型教师、科研为主型教师、教学科研并重型教师、以实验室管理为主的教师，以及从事组织领

---

① 王振东：《高校教师人力资源管理中能力提升“激励”对策巧妙应用的思考》，《教育现代化》2019 年第 41 期，第 66 – 68、74 页。

导和教学管理的党政人员等。他们的工作岗位、工作性质、工作要求和工作内容均有所不同,若对其进行简单、统一的管理和评价则会产生不科学、不公平、不合理等问题。因此,学院在制定考核政策时,具体问题具体分析,积极探索、建立分类管理和分类评价机制,根据不同岗位的工作性质、要求和特点将高校岗位分为教学岗、实验岗、管理岗等多种类别,教师岗又划分为教学为主型、科研为主型以及教学科研并重型教师,分别制订管理评价办法,实行有针对性的管理,进而实现科学设岗、人岗相适以及科学评价。这种分类聘任、评价、考核机制可以有效引导不同类型的教师向其侧重点发展,不仅促进了人力资源的合理配置,实现“人尽其才,才尽其用”,还能有效地鼓励和保障教师的个性化发展,提高其工作积极性和工作效率。

五是制定适宜的绩效工资保障性部分比例。高校教师具有高智力的资本特征,加之绩效评估体系的复杂性,因此高等学校的工资制度必须保证其在行业内具有较高的外部竞争力,即高校教师的最低收入也应高于社会各行业的平均薪资水平。此外,高校教师这一职业,在客观上具有寻求稳定性、保障性经济收入的需求,用以提供职业安全感和稳定氛围。这些都决定了高等学校的工资制度必须体现出“保障优先”原则。① 根据天津商业大学的人事制度分配意见,教职工绩效工资中除了体现当地经济发展、物价水平、岗位职责等的基础绩效工资能够按月发放,奖励绩效中高达70%的比例也是按月发放,充分保障了教职工的基本生存需求和发展需求,提高了教职工的工作满意度,使其心情愉悦,对生活的保障没有过多顾虑,才能够踏实地、全身心地投入到教育教学和科研工作当中。另外,教学与科研均是较复杂的脑力劳动,只有教师的主观意愿强烈,才能展现出高涨的工作热情、忘我的职业奉献精神和强烈的团队合作意识。② 这些对于提高教师教学与科研工作绩效、提升教师能力都是十分必要的。

---

① 袁本芳:《高等学校绩效工资战略及实施策略研究》,博士学位论文,华中师范大学经济学院,2011年,第55页。

② 李冲、张丽、苏永建:《薪酬结构、工作满意度与高校教师工作绩效关系的实证研究》,《复旦教育论坛》2016年第5期,第89－95页。

（三）绩效激励对教师能力的影响

一是能够营造竞争氛围，实现教师的比学赶超。竞争是社会生活中最常见、最普遍的一种社会现象，每个人都具有一定的竞争心理。积极的竞争心理会使个体产生适当的紧张感，有利于激发个体的潜能。在绩效考核过程中，我们引入竞聘机制，这种竞争激励的对策能够激发出教师积极争胜的心理，使其在良好规范制度的约束下进行良性竞争，相互监督和追赶，从而促进教学、科研等工作能力的提升。①

二是通过设定目标，激发教师的工作热情。所谓目标，就是一个人开展行动预期的结果，同时，目标也是一个人努力向上的动力源泉。在高校教师人力资源管理工作中，采用目标激励也是一种有效的方法，能够促使教师将自己的个人需要与该校组织的目标结合在一起，从而激发他们的工作热情。② 目前，在学院绩效考核过程中，教职工根据个人实际情况和以往业绩确定自身基础岗和绩效级等级，有效促使其明确自身的发展方向和目标，并明确自身的职责，从而更好地开展工作，促进自身未来的发展。

三、院级层面聘期绩效考核制度的约束机制

（一）通过"任务完成度"进行约束

学院对本部门教职工的基础岗和绩效级分别进行年度、中期以及聘期任务的考核，以此对教职工进行约束。在绩效级年度考核过程中，若教职工未达到所聘级别教学工作量的标准，则视为未完成任务；若未完成年度科研绩效标准，则根据学院制定的政策进行相应绩效工资的扣发。对于教职工中期考核未完成任务的情况，其后半聘期奖励性绩效工资则降档执行。若聘期期满考核未完成任务，则下一聘期只能在本聘期所聘绩效级档以下聘用。总之，通过聘期初教师确定自身任务、各考核阶段学院对教师"任务完成度"进行审核评定的方式，对教师施加适当的压力，激发老

① 王振东：《高校教师人力资源管理中能力提升与"激励"对策巧妙应用的思考》，《教育现代化》2019 年第 41 期，第 66－68、74 页。

② 王振东：《高校教师人力资源管理中能力提升与"激励"对策巧妙应用的思考》，《教育现代化》2019 年第 41 期，第 66－68、74 页。

师的工作动力，从而提高其业务水平。

（二）通过“责任追究制”进行约束

当由个人原因导致学校考核学院过程中学院的考核结果受到损失时，该损失由个人承担。学院该项条文的制定，一方面，体现了学校“职责清晰、人事相宜、责酬相符、协调发展”的人事分配原则；另一方面，也能有效促使教职工工作严谨，尽职尽责，尽可能减少或避免工作中的失误，从而确保各项工作任务顺利完成，促进个人与学校的共同发展。

四、教师能力提升的保障机制

提高教师的能力，需要建立包括制度、组织、薪酬等多位一体的相互协调的保障机制。

（一）制度保障

《教育部2022年工作要点》提出，“把教师作为教育发展的第一资源，打造高素质专业化创新型教师队伍”。天津商业大学坚持人才是第一资源的理念，大力实施“人才强校”战略。坚持以习近平新时代中国特色社会主义思想为指导，深入贯彻落实习近平总书记关于人才工作的重要论述，全面贯彻党的教育方针，落实立德树人根本任务，牢固树立师资队伍建设的学科导向，以人才培养为核心，不断健全完善育才工作机制，全面加强师资队伍建设：①实施师德师风建设强基计划；②实施师资队伍结构优化计划；③实施高层次人才培育计划；④实施青年教师成长培养计划；⑤实施教师发展能力拓展计划；⑥实施教师管理制度创新计划。从学校层面加强组织领导，强化经费保障，营造良好氛围。

（二）组织保障

教师培训工作是促进教师专业成长、提升教师自身素质的重要途径之一。为了全面提升天津商业大学师资队伍建设的质量和水平，学校于2017年成立以提高教师能力为核心，以教师需求为导向的服务型学术机构——教师发展中心。该中心不断创新机制，营造氛围，构筑多元发展平台，全面促进教师提升教育教学、科学研究、国际合作与交流等能力，同时兼顾其他系列岗位人员培训与发展，全方位构建天津商业大学师资创新能力与职业发展支持体系，为学校建设高水平大学提供强有力支撑。

（三）薪酬保障

首先，在教职工定岗定级时，坚持"岗绩兼顾"的岗位聘用原则，将"任职年限"作为基础岗竞聘的关键因素之一，保障对学校发展长期贡献力量的"老教师"能得到较高的岗位工资。其次，绩效考核中坚持"责酬相符"的绩效分配原则，充分保障教职工多劳多得、优绩优酬。再次，学校制定了高水平成果奖励办法，保障取得高水平业绩成果的教职工得到额外的薪酬激励。最后，教职工绩效工资中除了体现当地经济发展、物价水平、岗位职责等的基础绩效工资能够按月发放，奖励绩效中高达70%的比例也是按月发放，充分保障了教职工的基本生存需求和发展需求。

结论

通过实践与总结我们发现，奖罚分明、多劳多得、优绩优酬的绩效工资管理制度能够较为行之有效地激发教职工的工作热情、积极主动性以及创新精神，推动教职工的能力发展与潜能开发。通过对教师绩效的监测，并基于绩效评估结果给予教师反馈和提升的建议，能够有效激励和引导教师不断提高专业能力，起到通过绩效管理和考核评价促进教师发展的作用，最终促进学校战略目标的实现。

本文系教育部第二批新工科研究与实践项目——"双师双能型"教师培训体系的研究与探索（项目编号：E-SZNL20200704）阶段性成果。

王志娟，天津商业大学生物技术与食品科学学院助理研究员。

刘建福，天津商业大学生物技术与食品科学学院教授，工学博士。

鲁晓翔，天津商业大学生物技术与食品科学学院教授，农学硕士。

能力提升的路径及策略研究与实践

基于需求理论的教师能力提升策略研究

陈二培

一、理论基础与研究框架

(一)理论基础

1. 马斯洛需求层次理论

1943 年,心理学家亚伯拉罕·马斯洛在《人类激励理论》一文中提出"需求层次理论",即人的需求分为五个层次:第一层次,生理需求(Physiological needs),如食物、水、睡眠等;第二层次,安全需求(Safety needs),如人身安全、生活稳定、安全感等;第三层次,情感和归属(Love and belonging)需求,如社交、友谊、被关爱等;第四层次,尊重(Esteem)的需求,如自信心、成就感、被他人尊重等;第五层次,自我实现(Self-actualization)的需求,是最高层次的需求,达到这一层次的人,其理想、抱负和能力得到最大限度的发挥,自我价值得到充分实现。

通常情况下,人类以上五个层次的需求是按照从低到高的顺序产生的,当低层次的需求得以满足之后,就会产生较高层次的需求。生理需求、安全需求、情感和归属需求是较低层次的需求,尊重和自我实现的需求是高层次的需求。较高层次的需求得到发展后,对较低层次的需求的强烈程度会随之降低。

2. ERG 理论

1969 年,耶鲁大学克雷顿·奥尔德弗提出 ERG 理论,认为人的需求包括生存需求(Existence needs)、关系需求(Relation needs)、成长需求(Growth needs)三个层次。其中生存需求是个体在物质和生理方面的需要,用以维持基本生存,是较低层次的需求;关系需求是个体保持基本人际交往的需要,是中间层次的需求;成长需求是个体追求长远发展和进步的需要,是较高层次的需求。

较低层次的需求得到满足后,会引发较高层次的需求。但是与马斯洛需求层次理论不同,ERG 理论认为人们各层次的需求并不是绝对逐级产生的,多个层次的需要是可以同时存在的;并且在某种需求得到满足后,其强烈程度不会减弱,反而可能增强。同时,ERG 理论还包含一种“受挫 - 回归”的思想,即当一个人较高层次的需求受挫时,作为一种替代,其较低层次的需要会有所增加。因此,应该依据个人实际需求结构的变化调整管理方式并制定相应的管理策略。

3. 三种需要理论

20 世纪 50 年代,哈佛大学教授戴维·麦克利兰提出三种需要理论(Three Needs Theory):个人在工作情境中有三种主要的工作动机或需求,分别是成就需要、归属需要和权力需要。成就需要是通过努力达到目的、获取成功、追求卓越的需求;归属需要是建立并保持良好的人际关系的需求;权力需要是在某些方面或领域取得主导地位,影响并控制他人的强烈欲望。

成就需要高的人在工作中偏向于设定适当难度的目标,排斥特别容易或者特别困难的任务;归属需要高的人更倾向于与他人进行交往,主动为他人着想,积极寻求被别人接纳和喜爱;权力需要高的人喜欢对别人“发号施令”,特别注重争取更高的地位和更大的影响力。三种需要理论强调对不同的人采取不同的激励方式,以取得最佳的激励效果。

(二)理论归纳与研究框架

“仓廪实而知礼节,衣食足而知荣辱。”生理和安全方面的需求是人们维持正常生活最基本的需求,通常情况下是更高层次需求产生的基础和动力。教师职业本身的稳定性使高校教师在生理和安全方面的需求得以具备长效保障，因此基于需求理论探讨教师能力提升策略无须再围绕生理和安全方面的需求展开论述。结合马斯洛需求层次理论、ERG 理论和三种需要理论，高校教师在能力提升过程中的需要可以归纳为两个方面：发展的需要、归属的需要（如图 1）。发展的需要是教师能力提升的直接需要和根本需要，反映教师在教学、科研、育人等方面能力提升的迫切需求以及自我发展的强烈愿望，可以从优化提升的维度探索增强教师“实力”的策略和路径；归属的需要是教师能力提升的间接需要，是教师在发展过程中对“被接纳”“同伴互助”和“团队支持”等方面的诉求，可以从交流互动的维度明确互动内容、构建互动情境，注重教师参与，增强互动效果，进而切实促进教师能力的提升。

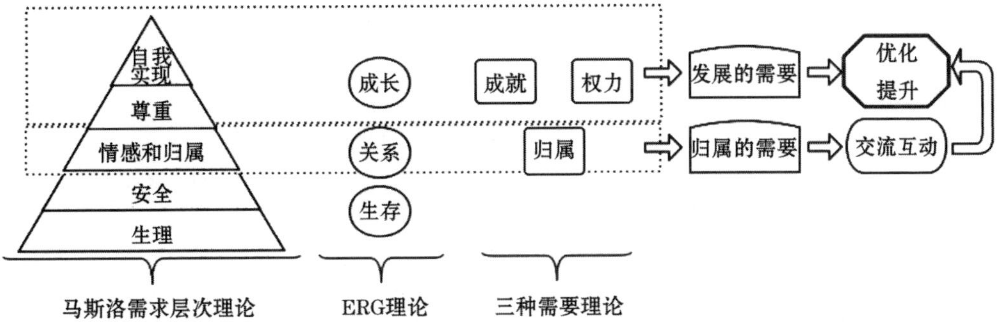

图 1　理论归纳与研究框架

二、交流互动——教师能力提升的间接策略

（一）教师交流互动的意义

1. 实现教师归属需要的满足

基于需求理论，归属的需要是教师的一种现实需求。教师在学校、在同事们中间希望自己“被接纳”“被喜欢”“被关爱”，希望建立起稳定的社交关系和友谊，尤其是新入职教师，其归属需要表现得更加明显和迫切。新入职教师刚刚进入一个新的工作环境，从学生的角色转变为教师的角色，对新环境和新角色的不适应使其在心理上承受着较大的压力，容易缺乏自信心和安全感，特别渴望情感方面

的支持。高校创设的多元化互动情境为教师交流互动提供了必要条件，有利于帮助新入职教师在交流互动过程中尽快找到“家”的感觉，对学校产生深深的认同感和归属感。

2. 助力教师发展需要的满足

个体的学习和发展发生在与他人进行互动的过程中，人们在互动中实现信息的传播，进而在心理和行为上互相影响、相互作用。教师能力提升的过程可以看作教师间交流互动的过程。学校教师教学发展中心为教师创设互动情境，搭建教师交流互动的平台，而教师群体在互动情境中凭借某些互动符号达到互动效果。教师之间围绕知识与技术、德行和情操的交流互动，会强化彼此的专业知识储备，增强彼此现代信息技术应用能力、课程思政能力，促进师德和人文素养的提升，即增强了彼此的“硬实力”和“软实力”，最终实现教育教学能力的优化提升（如图 2）。

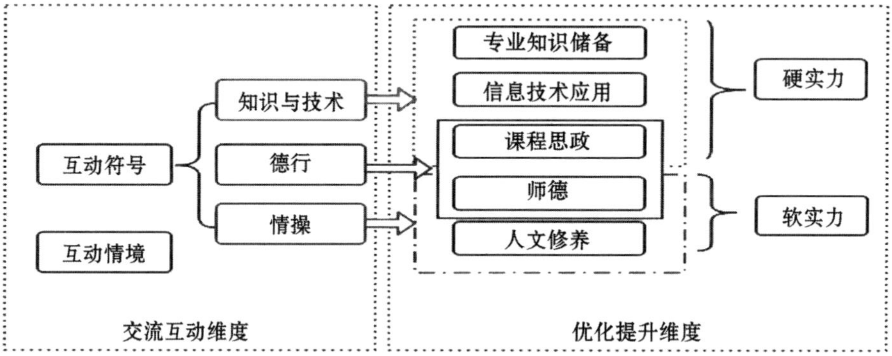

图 2　交流互动维度对优化提升维度的作用路径

（二）互动符号的设计

教师之间的交流互动是需要凭借一些媒介或者符号来完成的，明确了互动的符号，就明确了高校提升教师能力的切入点和着力点。笔者将教师间交流互动的符号概括为三个方面：一是知识与技术。可以具化为专业知识、授课技巧、科研项目申报、学术论文写作、教学改革课题申报与执行、课件制作、“慕课”设计、新媒体运行、资源整合、课程思政等。二是德行。可以具化为价值观、道德意识、品德、作风、文明素质、善与公正、伦理等。三是情操。可以具化为谈吐、礼仪、品位、艺术特长、眼界、审美、文化功底、气质、涵养等。

（三）互动情境的构建

1. 打造教师交流共同体

第一，发挥基层教学组织的职能。基层教学组织是高校落实教学任务、促进教师教学发展、组织开展学术研究、推进教学改革等为目的的教师教学共同体，是教师归属的基本单位。教师的交流互动常常是在自己所属的基层教学组织进行的，教师专业能力的提升有赖于基层教学组织职能的有效发挥。

第二，组建跨学科的教师交流共同体。基层教学组织内部教师在知识背景、研究领域等方面表现出很强的同一性，教师的交流互动不应该局限于基层教学组织内部，而应该打破学科和专业壁垒，实现不同学科、专业教师之间的多方面融合。跨学科多元互动为教师间的交流和学习注入了新鲜血液，丰富了教师间互动的媒介和内容，有利于激发教师的主观能动性和创新性。

第三，以学缘、地缘、兴趣、特长等为纽带探索成立全新的非正式教师交流共同体，鼓励教师自助组建“朋辈”群体，充分发挥朋辈在交流互动中的便利性和共通性，整合利用高水平朋辈群体优质教育资源。

2. 搭建教师交流平台

第一，坚持“引进来”和“走出去”相结合的原则。一方面，开展“专家进校园”系列活动，不仅邀请校外知名专家学者进校开展系列讲座，还要聘请专家为顾问并与学校建立长期合作关系，保证教师可以系统学习专家有关专业能力提升的经验和方法；另一方面，立足学校学科建设和师资队伍发展的实际需要，为教师创造外出访学的机会和资源，设立选派骨干教师出国进修访学项目，鼓励教师去高端学府进修，学习他山之石，并将学习到的知识切实应用于教育教学。

第二，高校要加强与政府、企业的交流合作，引导教师主动将理论与实践结合起来，并将在政府和企业的实践经验反哺教学和科研，切实促进教师实践性专业发展能力的提升。

第三，依托学校教师教学发展中心对教师开展形式多样、内容丰富的培训项目，立足教师专业发展需求构建立体多元的培训体系，打造普适性培训和个性化培训相结合的培训模式，保证教师积极主动参与培训和培训目标的达成。

3. 创设辅助性交流互动项目

第一，高校应针对新入职教师开展系列素质拓展活动，提高教师间交流互动的主动性和技巧性，增进新教师对彼此的了解，通过有效沟通促进自我成长，激发新教师团队合作意识。

第二，依托学校教师教学发展中心、工会、艺术类和体育类院系积极开展有益身心的系列文体活动，包括但不限于绘画、书法、摄影、棋牌、健身等，丰富广大教职工的业余生活，吸引教师主动参与并自觉形成关心健康、热爱文体、昂扬向上、团结奋进的良好精神风貌，提升教职工的向心力和凝聚力。

第三，立足教师专业能力提升的内容和要点，不定期组织开展内容丰富、形式多样的友谊比赛，如讲课大赛、知识竞赛等，使教师在比赛中发掘长处、弥补短处，达到“以赛促学、以赛促进、以赛促建”的效果。

三、教师能力标准与优化提升策略

“师者，所以传道授业解惑也。”教师作为知识的传授者、价值引领者、灵魂的塑造者，其专业知识水平和教学育人能力直接影响高校人才培养质量。教师能力的优化提升既是教师本人追求持续发展的强烈需求，也是高校切实提高人才培养质量的重要抓手和必然选择。笔者把教师的实力分为“硬实力”和“软实力”，“硬实力”体现为专业知识储备、教学和科研能力、融合创新能力、现代信息技术应用能力、课程思政能力等；“软实力”体现为师德和人文素养等（见图3）。从人才培养的机制和效果上来看，“硬实力”是教师的基本功，传授的是专业知识和技能，其标准是明确的、成果是具体可见的；“软实力”反映教师的教育境界，传授的是教师内修的品德和价值观，在育人过程中起着“润物细无声”的作用。因此，教师能力的优化提升既要注重“硬实力”，也要注重“软实力”。

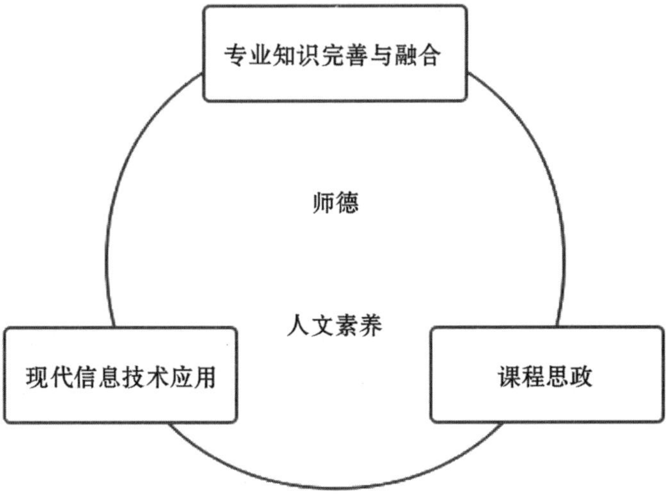

图 3　教师的“硬实力”与“软实力”

(一)硬实力

1. 专业知识完善与融合能力

教师专业知识的完善与发展。一是“严把入口关”。高校在教师招聘环节就增加对其学生时期研究经历和科研成果考量的权重,保证教师在任教之前就已经完成了良好的学术教育和较高水平的学术训练。这不仅可以保证教师具备扎实的专业知识,更可以保证教师具备长期专业发展的能力和潜力。二是选派优秀教师到国内外一流院校进修,学习更加科学、优质的教学和科研方法,更新教育教学理念,增强学术创新意识和创新能力。三是聘请校外相关领域专家学者通过多种方式为教师传授讲课技巧以及课程改革、基金项目申报、学术论文写作等方面的经验,为教师传授优化的教学设计和极具实操性的教学指导,从教学、科研、教学改革等多方面切实促进教师专业知识的完善与发展。

教师融合能力提升。在高校层面,一方面,打破专业和学科壁垒,积极组建跨学科的教师学习共同体,注重理论学习与“学科 + ”专业知识创新,培养“上得去”的学术研究型教师;另一方面,为教师打造校企校政合作平台,优化资源建设,鼓励教师加强与企业、政府的合作,注重引导教师将理论与实践联系起来,努力促进产教融合，培养“下得来”的应用操作型教师。在教师个人层面，教师要时刻具备团队合作意识，具备发掘专业和学科之间“融合点”的敏锐眼光，以开放的发展理念积极吸纳其他专业和学科的理论知识与研究方法。同时，自觉将教书和育人结合起来，将教学内容与学生对现实社会的认识结合起来，将传统教育模式和现代信息技术结合起来，多层次、全方位促进融合能力的提升。

2. 现代信息技术应用能力

教育部在《关于深化本科教育教学改革　全面提高人才培养质量的意见》中提出，积极推进“互联网 + ”教育模式，推动课堂教学革命。高校新文科建设也对现代信息技术的融入提出了更迫切的要求。提升教师现代信息技术应用的能力，既需要从宏观层面着重构建教育信息化环境，也需要从微观层面立足教师课堂教学需要，提高其办公软件应用能力。

在宏观层面，高校应加大力度促进教育信息化环境建设。一方面，规范信息化建设标准，制定信息化建设管理办法，加强信息化基础设施建设，提供安全可靠的基础网络应用服务平台；另一方面，信息化建设必须对接教师的教学和科研实际需求，搭建云计算、“互联网 + ”、人工智能平台，切实满足教师在工作中对信息资源的需求。

在微观层面，一是课件制作与应用。聘请课件制作的行家里手对教师开展培训，分享一份好的课件在动画、视频、图片、背景色彩和文字排版等方面的设计技巧，并开展“最佳教案奖”“最佳演示奖”等评选活动，以评促学、以评促优，切实提高教师课件制作和应用的水平。二是在疫情防控工作常态化的背景下，高校要适应线上教学的要求，组织开展关于慕课制作流程、课程设计原则和具体方法的培训，推进“混合式教学”，促进现代信息技术与教学过程的深度融合。三是针对年龄大、对现代信息技术吸收和应用水平比较低的教师，学校可以采取“一对一帮扶”的方式，发动年轻教师手把手帮助老教师学习必要的操作技术和软件应用方法，保证所有教师在利用信息技术方面不掉队、有进步。

3. 课程思政能力

课程思政在本质上是立德树人，在形式上是将思政元素与通识课、专业课有机融合,使德育和智育协同发挥人才培养的作用。“长期以来,大学生思政教育似乎自成一体,存在‘孤岛’现象,与通知教育、专业教育‘两张皮’现象未能根本改变。”①究其原因,在高校教师队伍建设方面就表现为教师课程思政的意识和能力不足。教师是教书育人的主体,是课堂教学的第一责任人,课程思政建设的关键就是在教师。提升教师的课程思政能力,可以从以下几个层面入手。

第一,高校应依托教师教学发展中心构建由思政课教师、其他专业教师和学校党委、团委、学工部等职能部门共同打造的思政资源共建、共享平台,打通各部门信息沟通的渠道,强化教师的主动融合意识,使学校的课程思政建设真正形成合力,发挥协同育人的效应。

第二,加强对教师的培训,增强教师的课程思政意识,强化其对课程思政建设重要性的认识。高校定期聘请学校思政课教师为其他专业教师展开有针对性和示范性的课程思政教学指导,充分发挥课程思政建设的辐射带头作用。② 组织教师参加“高校思想政治理论课骨干教师研修班”等培训,打造多层次、立体化的思政理论培训体系,切实提升教师的思想政治教育理论素养。

第三,做好课程思政,充分发挥课堂育人主渠道的作用,各个专业教师应该在课程教学中充分挖掘思政元素,立足自身研究领域优化设计与自己专业相契合的课程思政内容,保证专业知识和思政价值的有效衔接,实现“知识传授”和“价值引领”的有机统一,摒弃“两张皮”现象。

(二)软实力

1. 师德

《教育部关于建立健全高校师德建设长效机制的意见》(教师〔2014〕10 号)强调“将师德教育摆在高校教师培养首位,贯穿高校教师职业生涯全过程”。师德是教师能力提升的必修课,师德的状况直接反映教师队伍综合素质的高低,也会对高校

① 高德毅、宗爱东:《从思政课程到课程思政:从战略高度构建高效思想政治教育课程体系》,《中国高等教育》2017 年第 1 期,第 43 页。

② 高燕:《课程思政建设的关键问题与解决路径》,《中国高等教育》2017 年第 Z3 期,第 13 页。

的校风、学风和人才培养质量产生深远影响。因此,高校教师应该自觉坚守师德底线,坚定政治方向,爱国守法,传播优秀文化,爱岗敬业,潜心教书育人,为培养德智体美劳全面发展的社会主义建设者和接班人贡献自己的力量。高校可以从以下几个方面入手推进师德建设。

师德培训。高校应将师德培训纳入教师整体培训体系之中,立足教师发展的实际需要,培训内容上强调“贴近生活”,培训策略上注重“内化建构”。在培训内容上,既要注重培训教师的道德思维能力,保证教师在任何情境下都能做出正确的道德判断、道德推理和道德抉择,又要紧紧围绕教师专业发展需求,规避“又大又空”的英雄主义的抽象规训,设计出平凡化、生活化的培训内容。在培训策略上,既要加强教师和培训者之间的对话,打破传统的“我听你讲”的培训模式,增强培训效果,又要注重教师对培训的体验、反思和实践,通过情景模拟、角色扮演、换位思考等方式完成师德的内化,保证师德建设从“信”到“行”的转化。①

师德宣传。一要建立师德建设专家库,定期组织教师线上观摩高校师德重大典型、全国教书育人楷模的感人事迹,诠释社会主义新时期师德的内涵。二要开展“我心目中的好老师”“师德先进个人”等荣誉称号的评选,将本校优秀教师请进课堂,生动展现“学为人师,行为世范”的精神面貌。三要利用教师节等重要节假日,通过学校官网、微信公众号、微博等新媒体,集中宣传本校优秀教师的典型事迹,努力构建崇尚师德、争创师德典型的优良氛围。四要组织开展“谢师恩”系列活动,如通过学工部门号召学生为老师们“发一条祝福短信”,传递学生对老师的尊敬和祝福,积极营造尊师、敬师、爱师的校园文化,增强教师的职业自豪感,激发教师师德自我塑造的积极性。

师德激励。一是在制度层面,要立足学校实际,制定行之有效的师德评价考核标准、师德标兵评选办法、师德先进奖励方案、违反师德规范处罚条例等,明确教师的权利与义务,保证师德建设有据可依、有章可循。二是在精神层面,转变以往片面

① 缪剑锋:《建立发展取向的师德培训》,《福建教育》2020 年第 52 期,第 9 – 11 页。

要求教师无私奉献的传统观念,更加注重教师自我价值的实现。对教师进行充分的人文关怀,使师德建设在促进学生成才的同时,教师的个人价值也得到充分实现,达到"双赢"的效果。[①] 三是在物质层面,将师德状况直接与教师的各项待遇密切挂钩,在工资、绩效、津贴、岗位聘任、职务晋升和职称评聘等方面切实增加师德评价结果的权重。当然,对于违反教师道德的情形也要按照规定做出严肃处理,切实维护教师队伍的纯洁性和高尚性。

2. 人文素养

在高校新文科建设的大背景下,文科教育在价值引领、思想武装方面的价值更加凸显。人文素养在生活中表现为自我情操的陶冶,在工作中表现为对职业的尊重和热爱。教师的人文素养是教师自身所具备的人文精神,以及在日常活动中表现出来的思想、道德、性格、习惯、思维方式等方面的气质和修养。高校在提升教师专业能力的同时,也应该注重人文素养的培养。

教师人文素养的培育。人文素养培养的过程,也是知识体系完善的过程。在教师自我发展层面,教师要自觉加强对人文知识的学习和积累,通过阅读经典著作不断丰富自身在历史、哲学、美学等领域的知识储备,提升自己的文化涵养和审美情趣。在高校教师培育方面,高校应为教师搭建人文教育的平台,可以依托学校工会、教师发展中心和艺术类院系开设音乐、绘画、舞蹈、摄影、棋牌、书法等大众乐学乐受的兴趣班,也可以聘请校外专业人士为教师讲授印章篆刻等行为艺术,提升教师的艺术品位。音乐、绘画等看似与专业知识不相关的"无用"东西,经过长时间的积累和沉淀,可以在需要的时候转化为特别"有用"的东西。

人文素养须与科学素养相结合。教学是教师最基本的职能,因此作为教师软实力的一个重要方面,人文素养的培养绝不仅仅是人文知识的积累。脱离专业发展需要的人文素养,就如"镜中之花、水中之月",并不能切实提升教师的专业发展能力。

---

① 王敏、刘兆磊:《我国高校师德现状调查研究及启示——基于南京市三所高校的问卷调查》,《继续教育研究》2014 年第 6 期,第 56 页。

因此,高校教师人文素养的培养必须与科学素养相结合。一方面,教师应从自身学科特征和专业发展需要出发,选取人文和科学精神紧密结合的书籍或文章来阅读,并进行深入思考和反思,而不只是听取几场文化素质教育的演讲或培训①。另一方面,在实践中注重人文知识的吸收和内化,然后将内化的人文主义的价值情怀应用于教学和科研工作中,切实发挥人文素养在人才培养方面的指导价值。

结语与展望

马斯洛需求层次理论、ERG 理论和三种需要理论共同诠释了高校教师的普通需要:归属的需要和发展的需要。发展的需要是教师的根本需要,是教师职业能力发展和个人价值实现的永恒主题;归属的需要是教师情感和心理方面的基本需求,归属需要的满足助力教师发展需求的催生和实现。教师归属需要的满足依赖于互动符号的设计和互动情境的构建;发展需要的满足离不开“硬实力”和“软实力”的齐抓并进,从专业知识完善与融合能力、现代信息技术应用能力、课程思政能力和师德、人文素养入手切实促进教师能力的优化与提升。

教师能力的优化与提升并不是一蹴而就的,是一个动态的、发展的、循序渐进的过程。教师能力的不断提升需要高校和教师本人的共同努力,高校应从建设的层面为教师能力提升提供长效机制,教师也应该形成能力提升的自觉意识并将其转化为实际行动。基于需求理论的教师能力提升策略,既体现了宏观层面的机制体系,又体现了微观层面的实践探索;既注重普适性的培养路径,又强调个性化的发展模式;既涵盖有形的教师能力指标体系,又囊括无形的思想指导和价值引领,在“新文科”建设的大背景下为高校优化教师专业发展能力提供有益借鉴。

本文系教育部首批新文科研究与改革实践项目——新文科教师专业发展能力培养路线图的研究与实践(项目编号:2021170003)阶段性成果。

陈二培,天津商业大学教务处助理研究员,法学硕士。

① 张岂之:《大学教师与人文素养》,《中国大学教学》2000 年第 1 期,第 3 页。

新工科背景下基于产学研合作的教师能力培养路径研究

计宏伟　陈　诚　王怀文

一、新工科背景下教师能力培养亟需加强

“复旦共识—天大行动—北京指南”标志着新工科建设的开启和不断推进，是新时代工程教育改革的时代重任。① 新工科建设旨在面向战略新兴产业和未来需求，大力开展学科交叉融合，服务满足与支撑引领产业行业发展，培养造就一批具有较强的行业背景知识、实践创新能力、动态适应能力、高素质的新型工程科技人才。因此，对高校教师的素质和能力提出了更高的要求，需要教师具备一定的产业经历和较强的工程实践能力作为重要保障。② 高校教师能力培养和队伍建设是新工科建设的核心任务之一。③ 目前工科类专业很多教师都以理论教学为主，缺乏行业企业职业活动的融入，校企双方签订的合作协议往往拘泥于形式，校企双方在师资培养上缺乏双向融通的渠道，没有真正达到产学融合培养人才实践能力的目的。教师工程实践能力水平不能满足新工科建设的需要，制约了新工科人才培养质量的提升。

---

① 钟登华：《新工科建设的内涵与行动》，《高等工程教育研究》2017 年第 3 期，第 1 – 6 页。

② 修瑞仙、孙志敏：《“新工科”背景下“双师双能型”师资队伍建设研究》，《教师教育论坛》2018 年第 11 期，第 95 – 97 页。

③ 于杨、吕悦：《新工科教师胜任力模型的建构与分析》，《高等工程教育研究》2021 年第 3 期，第 32 – 38 页；易丽、夏建国等：《新工科“双师”队伍建设的诉求与探索》，《高等工程教育研究》2020 年第 4 期，第 61 – 65 页。

因而如何培养高校教师的“工程实践能力、工程教育教学能力、技术开发和产品设计能力”，是新工科教师能力培养的关键，也是新工科建设的重要一环。

目前在新工科师资队伍建设中存在以下几个突出问题。① 一是具有企业经历的教师不足。随着高校新工科建设的进一步推进，新工科专业数量不断扩充，加剧了对企业经历教师的需求。二是青年教师企业实践与培训薄弱。青年教师的优势是理论知识系统扎实，理论分析和基础研究能力强，但产学研合作经历欠缺，没有工程实践经历，实践动手能力相对较弱。② 三是目前高校对教师的评价和职称晋升仍存在重科研、轻教学现象。许多教师更注重理论研究、纵向课题申报和论文发表，而在工程教育实践能力培养方面重视不足。四是高校工程实践教育资源、校企合作平台与合作机制、企业兼职教师数量等均呈现不足。因此，针对以上问题，本文将结合我校机械工程学院师资队伍建设的实际情况，基于产学研合作，加强新工科教师能力培养，积极探索建设一支与新工科人才培养目标相适应的工程实践能力强、职业素养高的师资队伍。

二、通过参加企业科技特派员工作，锻炼教师企业实践经历

企业科技特派员制度为高校教师进入企业开展创新服务和科研成果转化提供了一条有效的途径。高校教师通过担任企业科技特派员，既能把高校承担的大批国家和省部级科研项目及技术成果在企业进行推广应用，参与企业课题研究和产品设计，推动企业科技进步，提供技术储备，又能深入了解企业生产销售经营等环节，学习到企业的价值观和发展理念，增加教师企业实践经历。

目前，企业科技特派员工作建立了较完善的制度保障和激励机制，能够确保企业科技特派员工作有效运行。一是天津市出台了科技特派员工作实施细则，并将特派员工作流程纳入天津市科技成果展示交易运营中心服务平台，进行信息化管理。

---

① 施玲：《“新工科”背景下应用型本科高校师资建设面临的机遇和挑战》，《汉字文化》2018 年第 19 期，第 153－154 页。

② 黄健、张华等：《基于新工科建设和“卓越计划”目标下的师资队伍探索与实践》，《赤峰学院学报》2019 年第 9 期，第 141－143 页。

科技特派员任期内为企业提供技术服务的内容、工作效果等工作都能在平台上进行记载和交流。同时，天津市科技局为鼓励支持更多科技人员参与特派员工作，每年都评选优秀特派员，并专门设立优秀特派员项目，择优支助优秀特派员申请立项。这些措施推进了企业科技特派员工作向纵深发展。二是天津商业大学成立了科技特派员协会，出台了科技成果转化及奖励相关管理文件，同时学校将科技特派员档案相关资料作为教师职称晋升、晋级、评优及项目申报的依据，从学校层面为落实好企业科技特派员工作提供政策保障和激励机制。

以我校机械工程学院为例，企业科技特派员工作在增加教师企业实践经历方面取得了很好的效果。近五年，机械工程学院选派到企业的科技特派员累计达 70 人，占全院专任教师总数的 70.7%，其中高级职称教师占 40%，中级职称或博士学位青年教师占 60%，平均年龄 41 岁，具有博士学位教师占 93%，从事专业领域涉及机械工程、包装工程、制冷及低温工程、测试计量技术、热能工程、工程材料等。服务企业近 70 家，涉及机械、包装、制冷、能源、新材料等行业企业，其中国家级或天津市级高新技术企业占 60%。这些教师作为科技特派员深入企业一线，以项目为牵引，加强了大学与企业直接开展产学研合作，促进企业特色发展和技术进步。

在作为科技特派员服务企业期间，高校教师能够很好地了解所在企业的科技需求，与企业专家和技术人员形成了一个互相学习和相互促进的良好局面，对高校教师科研水平的提高和科研视角的转变都将产生深远的影响。

三、搭建校企产学研合作实践平台，提升教师工程实践能力

以“校企、校研”协同合作模式，构建“产学研项目合作 + 教师培训 + 人才培养”一体化运行机制，搭建集人才培养、师资培训、产学合作于一体的工程实践能力培养基地。以基地为依托，推进教师工程实践能力和创新能力的培养和职业素养的提升。

天津商业大学机械工程学院与国内 27 家冷链能源行业知名企业、学(协)会搭建了集人才培养、产学研合作、教师培训于一体的产学联盟，该平台有助于深化产学研协同育人，助推新工科背景下教师工程实践能力培养。同时该学院还建立了近十个教师培训基地，通过深入企业现场一线、企业设计开发部门、企业技术研发中心、

工程研究机构进行实习或项目合作，推进了工程科学基础的巩固和教师工程应用能力的培养。通过“企业学习与实践”解决了高校教师理论联系实践不够、高校工程实践教育资源不足等问题。仅 2021 年该学院进行行业企业专家专题技术培训 40 余人次，开展产学合作活动与学术交流 60 余人次，参加科技特派员活动的教师达 20 人。许多教师纷纷表示，通过培训与产学研合作实践活动，在前沿技术知识、产业经历、产业能力、工程素养等方面收获颇丰，很好地支撑了学院“智能制造工程”“新能源科学与工程”两个新建新工科专业的人才培养，以及“能源与动力工程”“机械设计制造及自动化”和“包装工程”三个专业的新工科转型改造。“能源与动力工程”和“建筑环境与能源应用”专业获批国家级一流本科专业建设点，“机械设计制造及自动化”专业和“包装工程”专业获批天津市级一流本科专业建设点。

四、加强院系教师培训体系建设，强化教学能力培训

新工科教师培训需要根据社会经济发展新的需求，转变观念和思路，适应新形势，拓展新途径。高校教师专业性强、知识背景各不相同，将相同或相近教育背景的教师组织在一起，以学院或系为单位进行培训，能够很好地满足不同学科和专业教师培训的需求。因此，建立院级层面和系级层面的培训管理体系十分必要。如图 1 为机械工程学院院系教师培训管理体系框图。

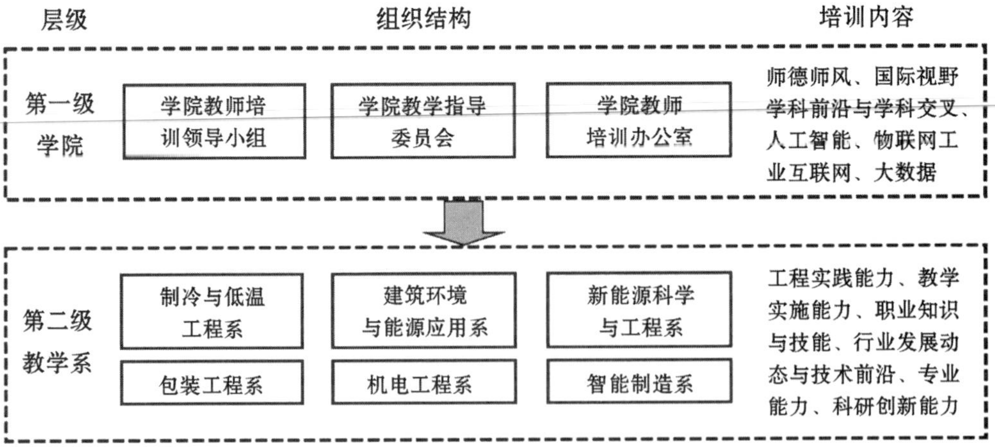

图 1　院系教师培训管理体系框图

在培训组织管理方面,学院教师培训领导小组全面负责学院的师资培训工作,学院教师培训办公室具体负责培训管理工作的组织实施。学术性、专业性培训由各系具体组织安排。培训质量和培训效果监控则由学院教学指导委员会把关。在培训经费投入方面,学校每年拨付给学院年度师资培训专项经费,主要用于校企合作挂职锻炼,邀请高校、研究院所、行业企业专家来校讲学,召开与参加学术会议,参加国际学术交流,开展信息化和网络化资源建设等。在培训方式设计方面,一是邀请专家进行讲学、报告或讲座;二是开展企业挂职锻炼、产学研合作、学术会议的交流;三是组织教师出国研修、访学,依托学院国际联合研究中心聘请国外专家授课等。在培训内容分工方面,学院层面负责组织师德师风、国际视野学科前沿与学科交叉、人工智能、物联网、工业互联网、大数据等内容培训;教学系负责组织工程实践能力、教学实施能力、职业知识与技能、行业发展动态与技术前沿、专业能力、科研创新能力等方面的培训。

新工科背景下,高校教师在知识结构、产业经历、实践能力、创新能力、教学水平和综合素质等方面都面临着较高的要求。因此,新工科教师的培训更需要依托校企合作和校研合作,积极构建“行业企业专家专题技术培训、实施校企协同育人项目、开展产学研实践活动和科技特派员活动、专家学术报告、组织学术研讨会、定制新工科专题培训、专家论坛”为途径的培训模式。培训内容要重点涵盖工程实践能力提升、前沿科学技术知识和学科交叉知识拓展等内容。例如,工程实践能力提升的培训可采用行业企业专家专题报告、科技特派员活动、产学研项目合作等培训方式;前沿科学技术培训可采用专家讲座、学术会议、外籍专家授课等培训方式;学科交叉知识培训可采用院士报告、新工科专题培训、专家学术报告、专家论坛等学术活动方式,以促进教师拓宽学科领域和学科交叉融合。表 1 给出了机械工程学院部分产学研合作基地的培训功能和作用。

表 1　机械工程学院产学研合作基地的培训功能和作用

序号	基地名称	类型	服务专业	培训内容
1	冰轮环境技术股份有限公司	校企	能源与动力工程 新能源科学与工程	师德师风、智能制造、工程实践、职业知识与技能、行业发展动态与技术前沿、专业能力、科研创新能力
2	中国科学院理化技术研究所	校研	能源与动力工程 新能源科学与工程	学科前沿与学科交叉、行业发展动态与技术前沿、科研创新
3	中国制冷空调工业协会	校协	能源与动力工程 建筑环境与能源应用 新能源科学与工程	行业发展动态与技术前沿
4	南京天加环境科技有限公司	校企	能源与动力工程 建筑环境与能源应用	师德师风、工程实践、职业知识与技能、行业发展动态与技术前沿、专业能力、科研创新能力
5	天津博容包装制品有限公司	校企	包装工程	师德师风、工程实践、职业知识与技能、行业发展动态与技术前沿、专业能力、科研创新能力
6	哈工大机器人（合肥）国际创新研究院	校研	智能制造工程 机械设计制造及其自动化	学科前沿与学科交叉、行业发展动态与技术前沿、智能制造
7	维克（天津）有限公司	校企	能源与动力工程 建筑环境与能源应用	师德师风、工程实践、职业知识与技能、专业能力
8	天津长荣科技集团股份有限公司	校企	包装工程 智能制造工程 机械设计制造及其自动化	师德师风、工程实践、职业知识与技能、专业能力、行业发展动态与技术前沿、智能制造

结论与启示

随着全球化进程的不断深化及新技术驱动力的增强，中国正处在由制造大国迈向制造强国的新阶段，急需培养大批具有国际竞争优势的工程创新人才，能够应用工程科技成果创造性地解决行业产业面临的各种复杂工程问题。新工科教育就是为顺应新经济发展趋势和应对未来科技挑战，而展开的教育组织模式变革，旨在造就面向未来需要的新型工程科技人才。这就必然要求高校师资队伍建设在学科背景交叉性、知识结构互补性、工作经历多样性等方面进行大胆创新与改革实践。本文就新工科背景下基于产学研合作的教师能力培养路径进行了初步探讨,对搭建校企产学研合作实践平台、增加教师企业实践经历、构建院系教师培训管理体系等方面提出了一些对策,为探索新工科师资队伍建设路径提供了有益参考。

本文系教育部第二批新工科研究与实践项目——“双师双能型”教师培训体系的研究与探索(项目编号:E-SZNL20200704)阶段性成果;天津市普通高等学校本科质量与教学改革研究计划项目——“智能+”背景下包装工程一流专业建设与综合改革(项目编号:B201006901)阶段性成果;天津市普通高等学校本科质量与教学改革研究计划项目——“四新”背景下工商融合课程体系构建与运行机制研究(项目编号:B201006902)阶段性成果。

计宏伟,天津商业大学机械工程学院教授,工学博士。

陈诚,天津商业大学机械工程学院教授,工学博士。

王怀文,天津商业大学机械工程学院教授,工学博士。

基于“四个四”的应用型本科院校教师能力提升体系的构建与研究

张立毅　姜书浩　张　勇

教育是国之大计、党之大计。教师是立教之本、兴教之源。[①] 教师承担着高校人才培养、科学研究、社会服务、文化传承与创新的历史重任，其素质高低直接关系着高等教育的发展和人才培养的质量。因此，教师能力和素质的提升是高校永恒的主题。其有效途径就是加强师资培训。目前，高等教育的毛入学率超过了50%，跨入了普及化阶段，人才培养也进入提质创新的新时代，教师培训变得更为重要。

一、教师能力提升的必要性

（一）时代发展的需要

习近平总书记高度重视教育发展和教师队伍建设，提出了“培养什么人、怎样培养人、为谁培养人”这一根本性问题，殷切希望广大教师要做“有理想信念、有道德情操、有扎实学识、有仁爱之心”的“四有”好老师，要做学生“锤炼品格的引路人、学习知识的引路人、创新思维的引路人、奉献祖国的引路人”，这就对新时代教师提出了时代重任和明确要求。

（二）应用型人才培养的需要

随着高等教育步入普及化阶段，人才培养目标和培养要求也随之改变，需要培

① 任成孝：《教师是立教之本、兴教之源》，《中国高等教育》2019年第17期，第19－21页。

养服务国家战略和经济社会发展,对接职场需求的急需人才。这不仅要求高校要修订完善人才培养方案,构建新的课程体系和实践体系,加大产教融合、校企合作的力度,而且更需要培养一支“双师双能”型(即具有教师资格证书和职业技能证书“双证书”、教书育人的技能和熟练的专业技能实操能力“双技能”)教师队伍。①

(三)信息技术与教育教学深度融合的需要

随着网络的普及和应用领域的拓宽,信息技术在教育领域的应用日益广泛,“学堂在线”“雨课堂”“智慧树”“中国大学慕课”“超星”等智能教学平台层出不穷,不仅改变了教学方式与手段,丰富了教学资源,有利于促进学生的学习和个性化发展,而且对教师提出了新的挑战。要求教师要紧跟科技发展,不断学习提高,熟悉新平台,掌握新技术。

二、教师能力提升的“四个四”体系

根据培训需要,构建了基于“四个四”的教师能力提升体系,如图1所示。

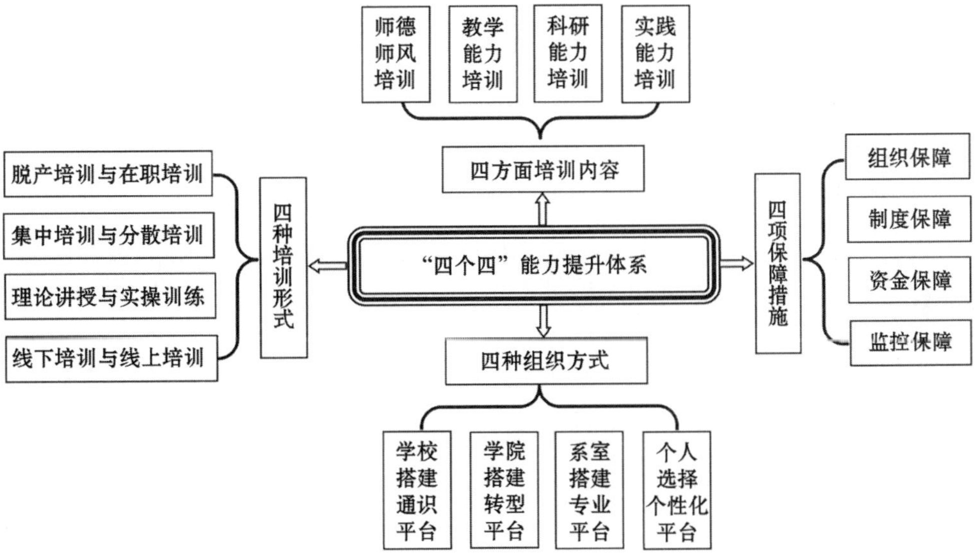

图1 构建的基于“四个四”的教师能力提升体系

① 韩美凤:《新工科背景下“双师双能型”教师队伍建设探索》,《现代商业》2019年第11期,第177-178页。

（一）四方面培训内容

教师的培训内容应涉及教师的方方面面，主要包括四个方面。

师德师风培训。加强师德师风建设主要是落实习近平总书记在北京大学考察时强调的“建设政治素质过硬、业务能力精湛、育人水平高超的高素质教师队伍”的重要举措，是对教师教书育人的底线要求和根本遵循。培训内容应包括教师的职业规范、师德规范、职业素质要求等，重点是习近平总书记关于高校教师的重要指示批示精神、教育部的相关文件规定等，引导教师坚持立德树人、爱岗敬业，树立正确的教育观。

教学能力培训。教学能力是对教师的基本要求，也是教师的基本功。针对教学而言，主要包括课程内容的理解能力、课堂教学的设计能力、教学过程的执行能力、教学总结和反思能力等核心要素。① 培训内容应包括教学思想和育人理念、教学流程和基本规范、教学技能和教学方法与手段等。在目前信息化技术广泛应用的背景下，还应重点进行各种网络教学平台的使用培训，指导教师运用平台提升教学质量。

科研能力培训。科研能力是教师在其所从事的专业中，以科学的思维和适当的方法，对未知领域进行科学探索的能力。② 教学和科研是高校的两项基本职能，相互促进，相互支撑，教学促进科研，科研提升教学。培训内容应包括科学思维与科学素养、科研方法与科研技巧、科研规范与学术道德等。对于青年教师，还应重点进行学术道德教育，引导他们遵守学术规范，恪守学术道德，反对学术不端，养成严谨治学的科学态度。

实践能力培训。实践能力是培养应用型人才的基本要求，教师实践能力的强弱直接关系学生水平的高低。目前高校新入职教师均为博士毕业，普遍具有扎实的基础理论和专业知识，但缺乏工程实践能力的训练。而新工科建设和应用型人才培养需要的是“双师双能”型教师，因此培训内容应包括工程教育理念与素养、工程实践

① 王春姣：《教师课程实施能力的结构模型构建》，《社会科学战线》2022 年第 1 期，第 269 – 274 页。

② 何志杰：《专业化教练员的素质要求及其实现对策》，《体育科技文献通报期刊》2011 年第 2 期，第 124 – 126 页。

能力与创新能力、工程伦理与项目管理、职业规范和职业道德等,并鼓励青年教师深入企业挂职锻炼。

(二)四种组织方式

教师培训的组织方式应主要包括学校搭建的通识培训平台、学院搭建的专项培训平台、系室搭建的专业培训平台、教师选择的个性化培训平台四种方式。

学校搭建的通识培训平台。主要是依托学校教师发展中心,对教师进行的通识性培训。如每年进行的新入职教师岗前培训,包括新入职教师教育教学专题培训、新入职教师职业素养及教学能力提升专题培训、新入职教师科研能力提升专题培训、新入职教师学术道德及学风建设专题培训等。

学院搭建的专项培训平台。主要是结合学院近期开展的专业建设和课程建设工作,有针对性地开展培训活动。如根据一流专业和一流课程建设的需要,组织开展一流专业与一流课程培训交流会、研讨会;结合工程认证,组织开展专题培训讲座;结合课程思政建设,组建课程思政建设与研究中心,组织研讨学习等。

系室搭建的专业培训平台。主要针对新办专业和新开课程,派出教师参加相关培训活动。如信息工程学院 2020 年新开设智能科学与技术专业,派出教师学习取经;针对目前大数据、云计算、人工智能、机器学习等新开设的课程,安排教师外出培训学习等。

教师选择的个性化培训平台。主要是教师依据兴趣爱好和发展需要,有选择性地学习培训,提升自身的水平和能力。如有的教师作为优秀科技特派员,深入企业挂职锻炼,既服务企业发展,又增强自身的实践创新能力;有的教师专注线上教学,学习各类网上教学平台的使用与开发,录制教学视频,潜心开发教学资源等。

(三)四种培训形式

教师的培训形式应是多渠道、分层次、开放式、立体化,内容丰富,形式多样,应做到以下四个结合。

脱产培训与在职培训相结合。脱产培训的最大优点是教师可以远离繁杂的工作,拥有充裕的时间,安心提升自己的专业能力,但不足是会耽误工作。因此一般用于教师的岗前培训、访问学者以及出国研修等短期行为。在职培训是教师学习新知识、新理论、新技术的常用形式。

集中培训和分散培训相结合。集中培训具有培训目的明确、计划周密、针对性强等特点,一般适用于学校组织的专项培训和学院、系室安排的外出培训等。教师的自身提高大多是根据兴趣爱好,采用灵活便捷的分散培训形式。

理论讲授与实操训练相结合。理论讲授侧重于教育理念与规范标准、教学理论与技巧方法、专业理论与专业知识等的培训;实操训练侧重于教学演练、教学研究、教学实践、案例分析,以及校企合作和产教融合等。在实际培训中,可以交叉进行,相互补充。

线上培训与线下培训相结合。线上培训方式灵活、资料丰富,具有自主性、开放性、灵活性、延伸性等特点①,但同时也存在着培训时空分离、培训内容碎片化、培训应用性不强等不足②。因此,应将线上和线下培训有机衔接,形成一个完整的共同体培训体系。

(四)四项保障措施

为保障教师培训工作扎实、有序、高效运行,需建立和完善四项保障措施,即组织保障、制度保障、资金保障、监控保障。

组织保障。要构建学校、学院、系室三级组织管理体系,成立组织机构,明确工作职责,制定培训计划,确保教师培训工作落到实处。

制度保障。要不断完善培训制度,将培训工作纳入制度化、常态化轨道。如《天津商业大学信息工程学院教师培训管理办法》明确了"培训学时要求、培训形式、培训内容和培训管理"等,形成了行之有效的培训模式。

资金保障。经费支撑是最基本的物质基础,要建立学校、学院、系室(系室安排资金支配、学院统筹管理)三级资金保障体系,将培训经费纳入年度预算支出,确保

① 徐玉林:《线上培训助力教师专业成长》,《湖北教育》2021年第6期,第23-24页。

② 刘洋:《互联网背景下教师线上和线下培训衔接问题研究》,《成才之路》2021年第36期,第70-72页。

教师培训工作按计划正常开展。

监控保障。要建立计划、实施、评价和反馈四位一体的全过程质量监控和质量管理体系,做到科学制定培训方案,规范实施培训过程,客观评价培训效果,相互提供反馈意见,持续提升培训质量。

结束语

提升教师能力和素质是高校永恒的主题,是提高人才培养质量的基础和保障,而教师培训是提升教师专业素养和教学水平的有效途径。教师培训作为一项持续长期的系统工程,需要科学规划、创新机制、精心组织、全员覆盖,努力培养造就一支师德高尚、业务精湛、结构合理、充满活力的高素质教师队伍,为推动学校教育事业高质量发展提供根本保证。

本文系教育部第二批新工科研究与实践项目——“双师双能型”教师培训体系的研究与探索(项目编号:E-SZNL20200704)阶段性成果。

张立毅,天津商业大学信息工程学院教授,工学博士。

姜书浩,天津商业大学信息工程学院教授,工学硕士。

张　勇,天津商业大学信息工程学院教授,工学博士。

新商科理念下应用型本科院校教师能力提升的路径研究

安建业　韩莉莉

随着互联网、大数据、人工智能等为代表的数字技术的发展和更新迭代，新技术、新产业、新模式、新业态成为经济社会发展的主旋律，我国已进入"新经济"时代。新经济颠覆了传统的商业模式，改变了人们的思维、生产与学习方式，对大学生的知识、能力与素养提出了新要求，对高校教师的能力也提出了全新的提升指标。新商科就是在这种时代背景下，对传统商科进行学科重组、融合创新而产生的教育新理念。探索新商科理念下教师能力提升的有效路径已成为应用型本科院校广大教育工作者研究的重要课题。

一、应用型高校教师能力提升的时代诉求

（一）新经济时代呼唤多元创新人才

在新商科理念下，产业结构纵深推进供给侧改革，数字经济和数字技术成为金融、制造、服务等领域的驱动力量，单一学科的人才已不能适应当前经济社会发展的需求。传统商科课程设计是按照工具型人才培养标准的教育理念来设置①，具有较

① 陈强：《"专创融合"人才培养模式构建及推进策略——以新商科专业群为视角》，《中国高校科技》2019 年第 11 期，第 73 - 76 页。

强的知识本位属性。创新思维、创造能力的人才成为新商科的重点培养方向。具体而言,多元创新人才指的是拥有全球视野、数字商业价值观、知识技能跨界复合的融合创新型应用人才。作为应用型本科院校,应担负起培养这种具有鲜明特征人才的使命,并将新商科思维、知识、技术与能力融入人才培养全过程之中。

(二)数智技术催生教师核心能力转向

新一轮产业、科技革命的崛起,工业 4.0 时代的到来,互联网、云计算、大数据等新型技术成为驱动新商业模式兴起的重要力量。与新商科人才的培养相对应的教学理念、培养目标、教学方法等需要优化和创新。①

对教师而言,仅掌握专业理论知识、传统教育教学方法,已不能很好地胜任新商科复合型、创新型应用人才培养提出的新要求。有较强的自主学习、研究创新、行业实践以及数据决策与分析等方面能力的“双师双能型”教师才能不断弥合人才培养的鸿沟。“双师双能型”教师既要具备创新人才培养能力,同时又能担负起地方经济社会需求发展的能力。一般认为其具备双职称或双证书,双职称为教师职称和行业职称;双证书为教师资格证和相关资格证书。在职业生涯中形成双素质(“教师职业素质”+“相关指导行业实践素质”)。

二、教师能力发展的瓶颈及原因剖析

随着我国应用型本科院校建设的不断推进,教师能力发展取得了很大进步。然而,面对新商科的建设要求,教师能力的提升仍存在较强的滞后性,主要表现为如下几个方面。

(一)教师对新商科理念下自身定位认知不清

受传统教育思想和教学模式的多重影响,许多教师仍执着于传统的教育观、教学观。对新产业、新科技带来的教育变革置若罔闻,对新技术融合、新教学手段不关心。部分教师虽然了解新商科,但是自我定位较浅显,认为通过增加新教学案例、使用数字技术、参加相应的学术会议就是迎合新商科。这说明教师对自身定位转向认

① 万芳:《新商科高职教师专业素质的解构与重构》,《职教论坛》2019 年第 2 期,第 94 – 98 页。

知不清。如何围绕新商科复合型、创新型应用人才的培养目标重塑教师角色,使教师具备跨学科知识体系与能力要求及终身学习的理念成为当务之急。为此,教师应强化数据思维、美学、计算等新商科理念训练,学习数字技术下经营管理、新经济商务运营方法、新商业模式等新商科理论知识,掌握商业数据、商业智能、数据可视化等新商科技术,具备数智管理、数据咨询、商业智能等新商科决策能力,提高新商科综合素养。

(二)教师对数字技术的创新应用能力不够

教育部《关于数字教育资源公共服务体系建设与应用的指导意见》指出,要“基本建成覆盖全国、共治共享、协同服务的中国特色的数字教育资源公共服务体系”①。作为一种新型的教育模式,数字教育将以信息技术为载体,伴随着人工智能、大数据等新技术不断发展。

如今,随着以“数字技术”为核心的现代教育技术应用的不断深入,数字教育逐渐成为教育发展的主旋律,熟练掌握并应用数字技术是教师必备的基本能力。数字技术的发展也让教师体验到教学改革的新模态。课上,教师利用数字技术展示抽象原理,演示复杂现象;课下,教师利用基于数字技术的线上教学平台,加强与学生的互动交流,及时了解学生的学习情况,解答学生学习中遇到的问题;同时,还可以有针对性地开展个性化教育。2020 年以来,新冠肺炎疫情的爆发倒逼教师采用各种教学平台、信息手段进行直播、录播教学,客观上提升了教师的新技术素养。西南大学教务处开展两轮调研,结果显示:线上教学工作开展有序,教师能使用多种教学平台及工具开展教学工作。然而,线上教学也存在教学平台操作障碍、学生学习适应性差异大等问题。② 通过对天津市部分应用型高校教师进行调研发现:随着在线教学的不断深入,教师基本掌握了数字教学技术,能够通过使用教学平台来应对突发

---

① 《教育部关于数字教育资源公共服务体系建设与应用的指导意见》,http://www.moe.gov.cn/srcsite/A16/s3342/201802/t20180209_327174.html。

② 徐宏凯,谢洁,杨挺等:《新冠疫情期间高校在线教学情势解析及提升线上教学质量的策略分析》,《西南师范大学学报》(自然科学版)2021 年第 11 期,第 10 页。

性的教学环境的改变;但是,如何进一步有效利用数字平台,开展诸如联合开发课程、个性化学习需求分析、课程推送、基于教育大数据技术进行学习推荐、预测学生学习诉求、预警学生在线学习行为等教育教学改革,成为当前教师创新数字技术应用能力的瓶颈。

究其原因,一是由于传统思维和教学惯性,中老年教师对新技术、新手段的主动性学习不足,教学理念没有转变。同时这也反映了高校在推广和培训新技术方面存在漏洞,宣传不到位。二是新平台的推广使用需要前期投入较多的精力进行课程资源整合、建设,学校的考核、激励与保障措施还不够到位。

(三)教师的行业实践教学能力不足

当前,应用型高校教师的行业实践教学能力不足,知识本位现象严重,教学创新能力不强,反映了应用型本科院校教师培养和机制方面存在不足。

高校教师主要是校际流动,缺少行业工作经验。从天津市 2021 年应用型高校博士教师招聘进行分析,除了部分学校的酒店管理专业需要教师有 2 年的企业实践经验之外,其他专业对教师的行业实践没有提出要求。因此,应用型高校教师的先天不足导致其在实际教学中刻意避开行业需求,或是对行业实践泛泛而谈的现象屡见不鲜。

教师行业锻炼驱动力不足。随着绩效改革的不断深入,应用型高校教师特别是青年教师群体压力较大,教学、科研等方面的绩效考核接踵而来,实践精力被压缩。教师尽管意识到产学研融合能促进教学发展,实际中也是走过场,甚至心有余力不足。

三、应用型本科院校教师能力提升的具体路径

(一)优化人才引育体系,改革职称评审制度,支持“双师双能型”教师成长

优化人才引育体系,分类引导教师发展政策落地。一是实施“天商青年英才百人支持计划”,引导青年教师对接产业的前沿阵地,开展创新性研究,提升青年教师创新创业队伍的创新能力;二是通过岗前培训、挂职锻炼等途径,提升教师的创新创业指导能力;三是加强创新创业教育的考核评价,引导教师积极投身于创新创业教

育;四是实施“教师创新能力提升计划”,鼓励全体教师主动参与企业关键技术攻关和自主研发。

改革职称评审制度,倾斜创新创业实践教学。教师职称评审制度是优化教师队伍的指挥棒,关乎教师的切身利益和发展方向,影响教师队伍素质和结构。学校将学科竞赛、大创计划项目等育人效果,纳入教师绩效考核、职称评审的业绩成果认定范围。例如,学生在教育部认可的学科竞赛中获得省部级一等奖以上奖项,可视为专业教师职称评审的重要成果之一;指导学生获得“互联网+”大赛金奖的指导教师,可申请直聘教授岗位等。

(二)深化校企院企合作,打造“双师双能型”教师培训基地

双师型教师既是讲台上的专家,又是实训场上的行家。这种职业身份使得校企、院企合开展产学研协同育人成为必经途径。为了助力双师型教师成长,应消除校内外教师成长的障碍,建立双向渗透的师资培育模式,让企业成为双师型教师的培训场。如图1所示,展示了理学专业“双师双能型”教师“双向互动”的师资培养模式。

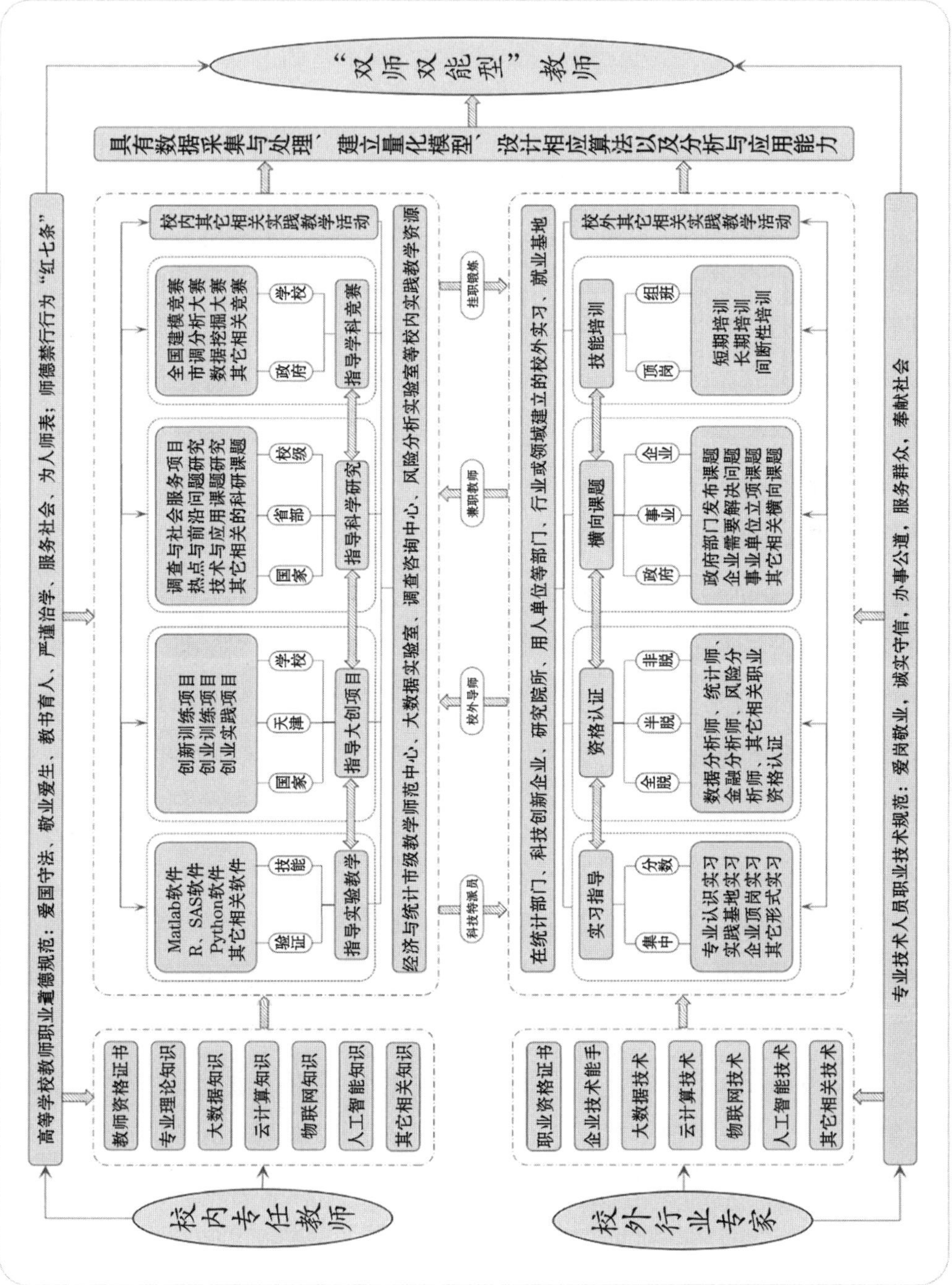

图 1　理学专业"双师双能型"教师"双向互动"的师资培养模式

其一,基于“实验教学＋项目指导＋学科竞赛”的校内技能实训模式。学院针对校内专任教师,在掌握大数据、人工智能等基本知识的基础上,通过在校内指导实验教学、大创项目、科学研究、学科竞赛等实践教学,并在企业担任科技特派员或挂职锻炼等形式,提高校内专任教师的实践能力。

其二,完善“实习指导＋资格认证＋横向课题”项目实战模式。面向校外行业专家,通过在校外实践基地开展学生实习指导、职业资格认证、横向课题指导、专业技能实训等活动,并在学校担任兼职教师或校外导师等形式,提升专家的实践育人能力。

其三,校内外双向深度聚合的协同育人模式。专任教师以科技特派员项目、创新能力提升计划等为载体,赴政府或企业挂职锻炼,借助大学生创意、创新与创业实践平台,指导学生学科竞赛、项目研究,提高专业实践创新能力;通过柔性人才引进制度,将产业行业专家“请进来”,聘任知名学者、企业家等校外导师;借助创意产业园区、科技园及众创空间,校外教师指导学生实习实践教学,增强产业行业专家的专业理论知识。近年来,学院与中经数(北京)数据应用技术研究院共同开展数据分析师培训,编写资格证书教材。与中软国际等公司开展多项产学研项目。同时多次组织天津鑫茂青年创业孵化器有限公司、光电高斯通信工程技术股份有限公司等专家来学校交流座谈。

(三)跨学科融合共建研究团队,提升“双师双能型”教师实战能力

当今世界信息化、全球化形势不可逆转,行业融合趋势明显,劳动者工作的复杂度和不确定性日趋显著。单一的专业知识、技能难以适应现代信息社会的高速运转,跨学科融合教育成为当下教育教学的必然趋势。① 新商科理念下,应用型高校要在人才培养中打破学科界限,注重跨学科资源整合,强化文理融合,培养学生多学科角度思考问题、解决问题的能力。从知识结构看,既要具备“商科”的知识结构,又要掌握计算机技术、数据编程、数学算法等知识体系②,实现工商、理商、经商结合。

① 韩莉莉、安建业:《基于核心素养的应用型高校人才培养路径分析》,《黑龙江教育(高教研究与评估)》2020 年第 10 期,第 90－92 页。

② 张国平:《新商科人才培养模式与实现路径》,《中国高等教育》202 年第 2 期,第 43－44、50 页。

这种结合不是学科的拼凑与混搭,而是学科知识的融会贯通与能力结构的深度融合。因此,人才诉求急需跨学科融合共建教学研究团队。

新商科理念下需要不同研究方向、行业领域的专家、教师、学生组成复合型团队,目的是通过创新创业项目、产学研项目为载体,围绕国家重大发展战略、区域经济需求开展研究,同时带动教学改革,使学生不仅具备专业能力、通用能力,更应具备创新创业能力以及跨界发展的能力。同时,多学科教师共建"知识融合、技能跨界"研究团队,集智攻关,推动人工智能、大数据等现代信息技术与行业的交叉融合,促进产业转型升级。另外,不同年龄段、学科教师的传帮带,解决青年教师经验欠缺的问题,使青年教师尽快向双师型教师转变,避免教师工作压力大引发的教学惰性。①

(四)与现代数字技术相融合,提升教师数字技术胜任力

尼古拉·尼葛洛庞帝(Nicholas Negroponte)认为人类赖以生存的数字空间正在实现。数字化生存时代,生活是随选(按需选用)信息的天下。比特,作为"信息的DNA",正迅速取代原子而成为人类社会的基本要素。比特可以由无限的人使用,使用的人越多,其价值越高。② 全欧洲学会(ALLEA)主席彼得·德伦斯(Pieter Drenth)推断,所有的学术分支都将从现代电子和计算机技术的发展所带来的机遇中大大受益。数字技术正在重新定义社会生活,教师应运用互联网思维和数字技术,对教学内容进行数字化的改造,才能使教师职业焕发新的生命力。

我国当前网民年龄主要在30~39岁、40~49岁、20~29岁,分别占到网民总数的20.3%、18.7%、17.4%(见图2)。截至2021年6月,我国6~19岁网民规模达1.58亿人,占总量的15.7%。由此可见,青年群体已成为当前网络的主力军,这也促使教师提升网络使用能力和数字技术能力,以适应青年学生智慧教学的诉求。

① 韩莉莉等:《课堂革命视角下"金课"建设的五个着力点——以M学院为例》,《宿州教育学院学报》2020年第23卷第6期,第7-11页。

② [美]尼古拉·尼葛洛庞帝:《数字化生存》,胡泳,范海燕译,海南出版社1997年版。

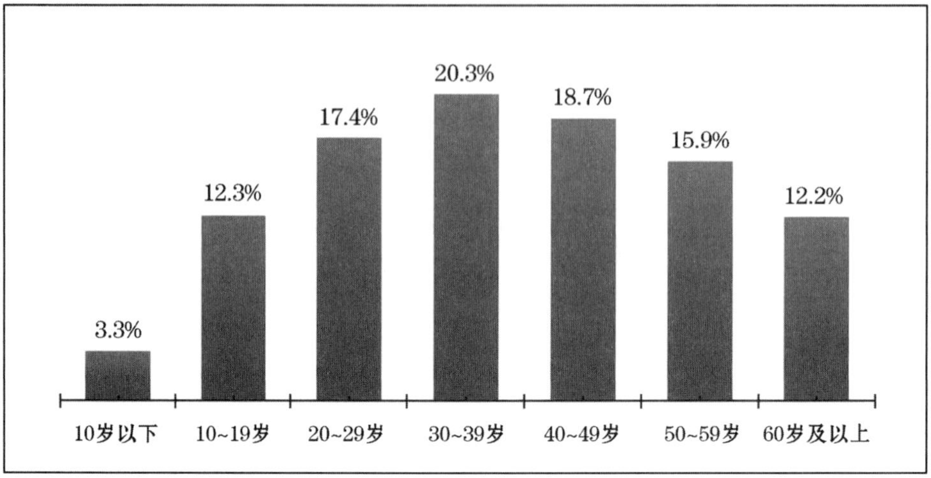

图2　我国当前网民年龄结构图

资料来源:2021年中国互联网络发展状况统计调查。

新商科理念下,教师数字技术胜任力包括:数字化教学资源建设能力、数字平台互动能力、数字平台使用能力、数据分析与预测能力、数字技术学习能力等。随着慕课、微课等在线教育形式的异军突起,在线学习成为高校教育教学的重要组成部分。因此,教师应抓住新技术和互联网的强大优势,研发在线课程资源,提高数字化资源建设能力;通过熟练使用超星学习通、中国大学MOOC(慕课)等在线学习平台进行课程讲授、资源分享、学习过程互动、为学生答疑解惑及进行教学预警与监控等,提升数字平台使用能力;通过学生在线学习的数据分析学生的学习状况、各章节遇到的问题及改进学习效果等,增强数据分析与预测能力;通过适应数字社会的需求,不断学习新技术、新手段,改进教学效果,强化教师数字技术学习能力。

四、新商科理念下应用型本科院校提升教师能力的实践

为了提升我校教师的跨界融合能力和创新创业教育教学能力水平,学校立足新商科、新文科与新工科建设,依托教育部新工科研究与实践项目《“双师双能型”教师培训体系的研究与探索》以及新文科研究与改革实践项目《新文科教师专业发展能力培养路线图的研究与实践》,提升教师能力。学校与银行、冷链、能源等多个行业签约,共同

创新人才培养模式。在大学生创新创业训练计划和“挑战杯”等竞赛中，教师鼓励学生选题要聚焦社会热点问题，在生产、工程、设计等方面确定选题研究；服务地方经济社会发展和建设商科特色鲜明、对接社会需求的高水平大学的需求，注重“产、学、研”融合，支持学生与企业需求对接，解决生产、管理中的实际问题。2017 年以来，学校大创项目立项 1393 项，培养了本科生的创新、研究和实践能力。2021 年，学校制定《高水平科研成果奖励办法》，引导教师主动聚焦国家发展战略和服务区域经济社会发展，开展创新与应用研究，激发教师自主创新。奖励办法突出对科研成果转化与应用服务的引导，体现学校办学特色，将应用服务类和成果转化类成果列入奖励。

完善制度建设，纵深推进院校两级治理模式，发挥基层教学组织在师资培养上的主动性，取得明显成效。以理学院为例，2019 年学院获评天津市三全育人综合改革试点院（系）实效奖和天津市教育系统先进集体。自 2018 年以来，学院共选派 23 名中青年骨干教师参加企业科技特派员项目，参与企业产品研发、数据分析、软件开发、管理咨询等行业实践，积累人才培养的优秀案例（其中 4 名教师获优秀特派员项目）；以大学生创新创业训练项目为载体，搭建大创育人平台，学院分别获得国家级、市级、校级大创项目为 18 项、27 项、35 项，每年参与项目的学生占学生总数的 65%（其中 10 个项目成果获天津商业大学“大学生创新创业训练计划”项目优秀奖）；14 名教师获得优秀教师称号，学院 70% 的教师积极参加大创指导工作；学院与中经数（北京）数据应用技术研究院、天津开发区中软卓越信息技术有限公司等企业共建实习基地 20 余个，为师生提供了院企共育平台；引入校外数据分析、信息技术等行业导师 30 余名，为学生开设行业前沿讲座、指导毕业论文、创新训练项目；学院教师完成企事业单位委托项目 12 项，等等。

本文系教育部第二批新工科研究与实践项目——“双师双能型”教师培训体系的研究与探索（项目编号：E-SZNL20200704）阶段性成果。

安建业，天津商业大学理学院教授，理学硕士。

韩莉莉，天津商业大学理学院科研与学科办公室助理研究员，管理学硕士。

新工科背景下高校创新创业教育师资队伍建设路径研究

姜书浩　张立毅　张　勇

一、新工科建设对高校“双创”教育队伍建设提出新要求

新工科建设以立德树人为引领,以应对变化、塑造未来为建设理念,以继承与创新、交叉与融合、协调与共享为主要途径,培养未来多元化、创新型卓越工程人才。① 我国已形成世界上规模最大的工程教育体系,以“新技术、新产业、新业态和新模式”为特征的新经济形态,不断激励着“四新”特别是新工科的发展和前进。新工科体现了新一轮科技革命和产业革命发展的需求、高等教育创新发展和服务国家战略转型的需求、高等教育实现自身变革以培养未来多样化人才的需求。

新工科建设对于推动高校专业结构动态调整、提升专业内涵建设、构建符合新经济形态需求的高水平专业人才培养模式发挥着不可替代的作用,其中人才质量提升是新工科建设的最终目标。② 创新创业能力是新工科建设背景下高等教育人才

① 钟登华:《新工科建设的内涵与行动》,《高等工程教育研究》2017 年第 3 期,第 1 - 6 页。
② 张炜:《新工科教育的创新内涵与美国工科教育的观念演变》,《中国高教研究》2022 年第 1 期,第 1 - 7 页。

培养的新质量要求,而创新创业教育是培养符合新质量要求人才的有力抓手之一,是践行以学生为中心、提高学生的实践能力、拉近高校教育与社会需求距离、引导各学科交叉融合最有效的手段。双创教育的目标是培养学生的创新意识,提升学生综合运用学科交叉融合知识的能力,提高学生的实践应用水平,这些教学目标与新工科建设不谋而合①。

培养学生的创新意识和实践能力,其根本在于教师。如何在创新创业中有机融合专业培养,促进各学科知识的交叉融合,使大学生真正成为复合型、应用型人才,其关键因素是双创教师的教育能力。因此,高校应该把创新创业师资队伍建设作为双创教育的首要任务,围绕新工科建设中出现的新需求、新问题,深入分析并有效规划创新创业教师队伍的建设路径。

二、高校双创教育师资队伍存在的现实问题

第一,高校的双创教师大多是专业教师转型或者兼任,缺少系统和专业的知识体系培训,对于创新创业教育的本质理解不深入,教育目标不清晰。

第二,近年来高校课程思政建设进行得如火如荼,但是双创教师对于创新创业教育尤其是实践环节的思政育人的重要性理解得不够深入,落地举措不多。

第三,部分高校的职称晋升、工作考核大多与双创教育关联性不强,这样双创教师就需要承担更多的工作任务和压力,在完成教学和科研任务后,用于指导双创教育中的精力和时间势必受到影响。

第四,双创教师的知识更新与科技发展和行业发展前沿存在时间差,个人专业知识结构相对单一,造成指导水平的局限性,往往很难取得较高水平的双创成果。

三、新工科建设中高校双创教师队伍建设

在信息化、智能化的时代背景下,高校创新创业教育还面临着新业态、新需要带来的挑战,如立德树人、深化教育改革、行业新需要、新业态发展需求等。

---

① 肖建卫:《新工科背景下理工科本科生创新创业素养培养的路径探析》,《高教学刊》2021 年第 36 期,第 38－41 页;林健:《面向未来的中国新工科建设》,《清华大学教育研究》2017 年第 2 期,第 26－35 页。

教师在人才培养中发挥主导性作用,新工科背景下要求双创教师具备敬业精神、勤业责任、精业素质和创业能力。其中敬业是立德树人的基础,勤业是传道解惑的责任,精业是对工作能力的不懈追求,创业是立足本职的专业能力。因此高校双创师资队伍建设应围绕培养教师“四业”,健全保障机制、整合教育资源,探索一条适应新工科背景下的高校双创教育师资队伍建设之路,如图1所示。

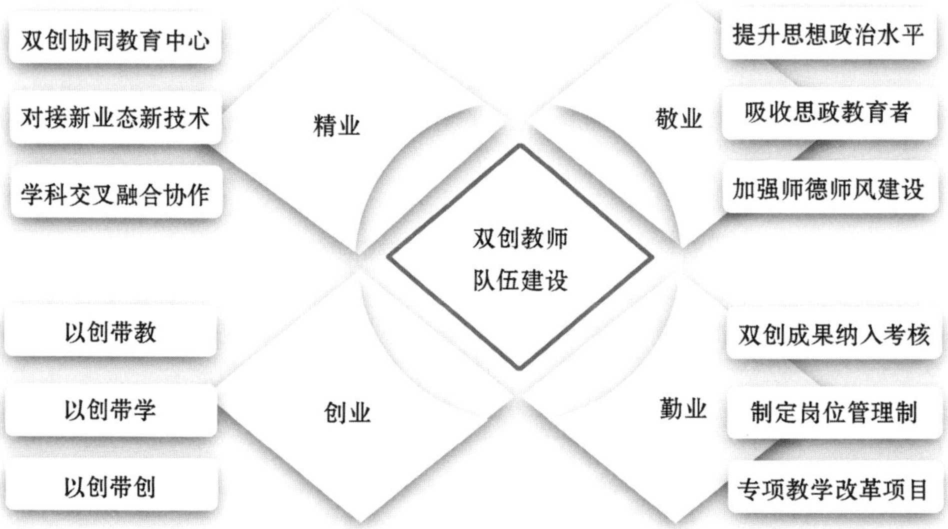

图1 新工科背景下双创教师队伍建设图

(一)提升思政育人能力,培养教师敬业精神

强化价值引领是新工科建设的根本要求①。双创教师思政育人能力的提升可以从两个方面开展。一是通过培训提升创新创业教师的思想政治水平,帮助教师树立立德树人、爱岗乐教的理想与情怀,在言传身教中培养学生正确的人生观和社会责任感,同时鼓励教师有意识地在教学过程中进行课程思政教育,引导学生形成正确的创业价值观。二是培养和吸引优秀的思想政治教育者(辅导员)进入创新创业

① 许勋恩:《高校创业指导教师能力提升路径研究》,《教育评论》2017年第3期,第114－117页。

教师队伍。思想政治教育者本身也是创新创业教育的践行者,更重要的是,其丰富的思政育人经验,能够在创业动机、创业的人生价值以及社会责任感方面给予学生更专业的引导。示范引领是最好的教育,因此双创教师的师德师风建设和敬业精神的培养在人才培养过程中发挥着重要作用。①

(二)完善机制建设,落实教师勤业责任

不论新工科建设还是创新创业教育,合理有效的评价和激励机制对于效果的达成发挥着至关重要的作用。激励机制主要包括三个方面:一是将双创教育中学生取得的成绩和成果纳入指导教师的考核,合理设置权重指标,定量与定性相结合,正确评价教师的付出和取得的成绩。同时将成果与职称晋升、评奖评优挂钩,强化双创教师的角色意识和责任意识。二是制定创新创业教育岗位管理制度,出台专门的管理制度和监督机制,由学校教师发展中心和教务处制定长期规划,使教师能够长期和可持续的接受系统的创业学理论教育和行业前沿知识培训。三是设定专项教学改革项目,以立项的形式深入推动创新创业教育改革,激发教师对创新创业教育的热情,让创新创业成为双创教师的专业,吸引有特长和爱好的高水平教师进入这一领域并长期任职。

(三)搭建协同创新平台,提升教师精业素质

新工科建设背景下的创新创业教育更加强调多学科之间的交叉融合、强调人才培养与经济发展新需求之间的对接,因此各学科教师之间以及教师与新技术、新业态企业之间的协同创新显得更加重要。目前所有创业类竞赛和实践创业类项目所涉及的知识领域都不止一两个学科专业,而教师之间因其所学专业不同以及个人经历的差异性,任何教师都无法独立指导一个项目团队。因此学校和学院层面都要成立类似协同教育创新中心的跨学科跨学院的教学交流平台,其中院级中心主要培养教师的协同创新意识,提倡教师之间的跨学科协同合作,共同协作指导双创活动,提

① 张爽:《新时代高校教师创新创业教育教学能力提升路径探究》,《创新创业理论研究与实践》2021 年第 3 期,第 178 – 180 页。

高教师队伍学科交叉融合的双创指导能力。协同教育创新中心的关键在“协同创新”,工作抓手在“教育”。

校级中心不仅是校内教师交流的平台,同时也要成为学校与企业之间交流的窗口,要主动帮助教师对接行业技术前沿企业的新需要,帮助教师了解企业需求,提升教师对新技术、新业态的把握和理解能力,构建高校人才培养与区域经济发展、社会经济发展需要紧密结合的协同创新发展体系,形成校企双赢的“新工科+创新创业”教育模式;以客座或兼职的模式吸引社会、企业以及其他高校优秀人才,主动使其成为学校创新创业教育的社会和外在支撑力量,提升学校师资队伍的合力优势。

(四)整合资源提供保障,强化教师创业能力

作为双创活动的指导教师,高校创业指导教师应该具备丰富的理论知识和实践经验,才能避免创新创业教育过程中的空洞说教。新工科背景下,对于双创教师在工程理念、职业素养等方面提出了更新、更高的要求。因此,学校应从两个方面入手,强化教师的创业能力,来适应双创教育的新要求。第一,加强顶层设计,为双创教师的创业能力提升提供有效保障,定期开展基于新工科的创新创业师资队伍培训,加快教师的理论知识的迭代速度,适应新工科建设的需要。第二,鼓励有能力的教师带头进行创业实践,推荐产学研转化,整合学校资源,为教师创业活动提供有力和高效的保障,在实践中培养教师的创业实践能力,以教师的创业实践带动学生的创业实践活动,形成良好的创新创业氛围。

同时也要加强教师的创新创业团队建设,以教师创业团队带动双创教学团队,对这支队伍进行有效的管理与组织,定期开展双创经验交流和教学研讨,以创业实践活动带动创新创业教育,达到以创带教、以创带学、以创带创的效果。

结束语

教师队伍建设是新工科建设和双创教育的关键。本文分析了高校双创教育师资队伍的现状,探讨了新工科对于高校双创教育的新要求,从教师的精神、责任、素质、能力四个角度提出了新工科建设背景下高校创新创业教育师资队伍的建设路

径。高校要把握新时代的发展机遇,不断拓展思路,完善体制机制建设,打造一支敬业、勤业、精业、创业的创新创业师资队伍,为推动国家创新改革的发展输送优秀人才。

本文系教育部第二批新工科研究与实践项目——“双师双能型”教师培训体系的研究与探索(项目编号:E-SZNL20200704)阶段性成果。

姜书浩,天津商业大学信息工程学院教授,工学硕士。

张立毅,天津商业大学信息工程学院教授,工学博士。

张勇,天津商业大学信息工程学院教授,工学博士。

智能信息技术促进高校教师专业发展新路径研究

张　勇　张立毅　姜书浩

智能信息技术是人工智能与现代信息技术融合的产物，已在各行各业得到广泛的应用，其有效地推动了现代社会信息化的发展，也激发了教育信息化变革的动力。国家在2018年先后出台了《中共中央　国务院关于全面深化新时代教师队伍建设改革的意见》和《教育信息化2.0行动计划》等相关文件，进一步明确提到高校教师作为国家高等教育的主要实施主体，在教育信息化和人工智能赋能高等教育教学改革方面具有关键作用。① 智能信息化时代背景下，高校教师专业发展将面临众多新问题和新挑战，作为高校教师要从思想上积极改变，在日常的教学和专业发展过程中准确认知智能信息化技术在教育教学中的应用价值，主动适应智能信息技术的发展和变革，积极有效地创新智能信息化教育教学手段，同时借助智能信息化手段进一步提升自己的智能信息素养和专业能力。②

---

① 余胜泉：《人工智能教师的未来角色》，《开放教育研究》2018年第1期，第16－28页。

② 李栋：《人工智能时代教师专业发展特质的新定位》，《中国教育学刊》2018年第9期，第87－95页。

一、智能信息化背景下高校教师专业发展概述

高校教师专业发展是指教师作为高等学校的专业人员不断学习新知识，掌握新技能，提升专业能力，胜任教学科研和社会服务等工作的过程。① 对于高校教师来说，其专业发展不仅包括专业知识的积累，还包括专业教学科研技能的提升，同时涵盖教师教育理念的与时俱进、综合素养的持续提高等。② 教师专业发展的内涵、特点和发展路径受社会经济发展、教学条件改变、受教者需求转变和教师自我认知深化等方面的影响，这既是社会进步和高校教学质量提升的外部诉求，也是教师实现自我价值的内在需求。③

人工智能和大数据等智能信息技术的发展为高校教育变革创新带来了新的驱动力，也对新时代背景下高校教师专业发展和教育模式变革提出了新挑战，智能信息技术与高校教育教学融合创新赋予了教师专业发展新的内涵。④ 一方面对新时代高等教育下教师教学实践提出了新目标和新要求，倡导利用智能信息技术助推教育教学模式创新，提升教育教学质量，为达成人才培养目标提供新的保障；另一方面也为高校教师专业发展提供了新方法和新手段，利用智能信息技术更新教育理念、丰富专业知识、提升综合教学能力是智能信息化背景下高校教育改革的必由之路，也是促成教师自我专业发展的必经之路。⑤

针对以上两个方面，现有文献多从教学实践的视角出发，关注智能信息化背景下高校教师的角色变化、能力要求等，而从高校教师自身专业知识学习和专业能力提升的视角探讨教师专业发展的研究较少，而后者是高校教师能否适应智能信息化高等教育创新变革的关键。本文拟通过分析智能信息技术为传统教师专业发展带来新契机与新挑战，尝试针对所存在的新问题给出智能信息技术助力高校教师专业

---

① 张优良：《人工智能时代的教师角色再造》，《清华大学教育研究》2019 年第 4 期，第 39－45 页。
② 伍海云：《变与不变：人工智能时代教师专业能力重构》，《教育评论》2020 年第 2 期，第 108－114 页。
③ 冯晓英：《智能时代的教师专业发展：挑战与路径》，《中国远程教育》2021 年第 11 期，第 1－8、76 页。
④ 郭炯：《智能时代的教师角色定位及素养框架》，《中国电化教育》2021 年第 6 期，第 121－127 页。
⑤ 王宇：《人工智能助推教师专业发展的若干思考》，《中国远程教育》2022 年第 1 期，第 12－19、92 页。

发展的新路径。

二、智能信息化背景下高校教师专业发展问题探讨

近年来,国家对教育信息化的重视程度不断提升,各高校也采取各种措施积极倡导教师智能信息化专业发展能力提升,积极开展教师智能信息化教育教学能力培训和专业学习指导,但在推动高校教育教学实践和提升教师专业能力过程中还存在一些问题和挑战。

(一)教师自主学习智能信息技术意识不足

部分教师习惯于传统的教学模式,对智能信息技术教学应用存在误解,不愿尝试改变原有教学方法和教学理念,主动接受新鲜事物意识欠缺。智能信息化背景下高校教师应该秉持一种开放态度去看待智能信息技术对高校教育教学改革的促进作用,进一步意识到人工智能技术不仅会助力教学改革创新,更主要的是在创新教学的过程中人工智能技术可促进教师专业的发展。这样才能激发教师学习掌握人工智能技术的意愿,这也是应用智能信息技术的前提。

(二)教师综合掌握智能信息技术能力不够

由于各学科之间差异较大,高校教师多侧重于专业知识学习,掌握智能化信息技术的能力存在差距,也有部分教师由于教学压力大、教务工作繁忙,难以投入大量的时间用于学习提高,对于智能信息技术应用掌握不够灵活。这也导致教师的智能信息技术学习难以高质量维持,教师的专业学习成果难以转化落地,不能将智能信息技术有效转化应用到日常教育教学和专业发展提升中。

(三)教师参加智能信息技术培训动力不强

目前全国各大高校积极为教师提供各种各样的智能信息技术培训服务,也提供了众多智能信息化教学改革的实践项目,促进教学改革的同时助力教师专业发展。然而长期以来,“千人一面”的培训内容很难满足“千人千面”的教师专业发展需要,两者之间存在一定的错位,同时受限于教师发展部门在学校中的组织架构和定位问题,所开展的教师能力培训通常难以体现精准性与个性化。

三、智能信息技术提升教师专业发展路径

（一）树立教师专业自主发展意识

新时代教师要积极响应国家倡导，对人工智能赋能教育教学创新发展有一定的敏锐度和前瞻性，更要主动认知智能信息技术助力教育教学改革和教师专业能力发展的重要性，敢于变革，敢于挑战，树立专业发展自主意识，坚守专业学习终身理念。在实践过程中不断增进对智能信息技术的全面理解，明确专业发展过程中哪些地方可以借助智能信息技术提能增效，努力尝试人工智能与教育教学相结合，批判性地对待人工智能所做出的决策，促进自身专业发展。

（二）创新教师专业能力发展模式

在人工智能大数据等信息技术快速发展的背景下，智能信息技术不仅为新时代教师专业发展提供了新的教学环境手段，也提供了可以实现的教学实践场景，更从某种程度上赋予教师专业发展的新内涵。教师基于真实教学情境、真实教学任务、真实教学问题，积极使用智能信息技术提升自身的学科专业知识整合能力和技术迭代更新能力的同时，也从某种程度上阐释了新时代高校教师专业发展的本质规律和内在机理，通过进一步学习这些理论与实践经验，将进一步创新与变革教师专业发展模式，让教师自觉加强智能信息技术思维与自身教学设计理念的融合，提高教师对智能工具应用和数据分析核心能力，在数据中发现问题、解决问题，形成具有学科内容特色的教学策略和教学模式。

（三）完善教师专业能力培训机制

智能信息化背景下新时代高校教师专业发展创新离不开学校的顶层设计，学校教师发展部门应该动态调整培训目标和工作机制，进一步完善培训体系，设计更好的激励机制，激发教师自主学习意识，提高教师信息化创新能力等核心素养。同时要充分利用人工智能大数据等智能信息技术助力教师专业发展过程中的学习需求挖掘、专业能力支持、相关经验成果汇集等，上述经验成果可为教师教学创新与自身发展相融合提供决策与实践依据，以实现教师专业发展路径的科学性、客观性和真实性。

结论

教育信息化变革加速了教育教学和教师角色的转变，智能信息技术驱动下的教师专业发展模式创新是新时代对教师专业能力发展带来的新方法和新手段。智能信息技术与教育教学和教师发展的深度融合创新是新时代对教师能力和专业发展的新要求和新目标。智能信息技术不仅助力教师专业的发展，更赋能教师的专业发展，也为高校教师专业发展面临的困境提供了新的解决路径。

本文系教育部第二批新工科研究与实践项目——"双师双能型"教师培训体系的研究与探索（项目编号：E-SZNL20200704）阶段性成果。

张　勇，天津商业大学信息工程学院教授，工学博士。

张立毅，天津商业大学信息工程学院教授，工学博士。

姜书浩，天津商业大学信息工程学院教授，工学硕士。

新工科背景下青年教师面临的问题及其解决途径的探讨

吴子健　王素英

近年来，为了适应我国产业结构调整以及新经济产业发展的需求，国家和社会急需具有工程实践能力的复合型、应用型人才。在此背景下，教育部于2017年提出在全国高校，特别是理工科相关高等院校中建设“新工科”的要求，主要要求“依靠科教，通过产教融合以及创新驱动，扎实推进高等院校在学科、专业群以及课程方面的一体化建设”①。新工科以新经济、新产业为背景，既包含升级和改造传统工科专业，又包含工程教育新理念、人才培养新模式等内容，着重于构建“重实践、强能力”的工科教学目标。与此同时，新工科建设对高校教师能力的提升，特别是青年教师能力的提升，提出了新要求。另外，近几年随着高校扩招，学生规模逐年增大，相对应的青年教师的数量也在急剧增长。因此，构建以立德树人为基础的创新型与实践型相结合的青年教师队伍成为必然趋势。

---

① 肖剑荣、李明、王志勇：《新工科背景下地方高校物理学学科专业课程一体化建设探索》，《黑龙江教育（高教研究与评估）》2020年第6期，第25－26页。

一、新工科建设对青年教师的能力要求

提升高校学生的实践能力和创新能力是新工科建设对高校人才教育体系提出的首要教学理念和人才培养目标，而在实现这一目标过程中，提升高校教师，特别是青年教师的工科素养（包括实践性和创新性素养）是重中之重，这种素养涵盖知识基础、教学能力、实践经历、综合素质等诸多方面。尤其是党的十八大以来，坚决贯彻落实立德树人根本任务，是我国建设教育强国的必然要求。因此，青年教师首先需要树立为社会主义培养建设者和接班人的理念，围绕价值引领、知识传授、能力培养的教学目标①，为我国培养思想政治过硬、创新能力较强的工程实践人才。综上所述，坚定的理想信念、较强的学科专业能力、实践能力、良好师德师风，成为新工科背景下青年教师的必需能力。②

二、高校青年教师的特点及面临的问题

本科阶段的高等教育需要教师将其自身的学科知识，通过适当的学科教学法转化为学生能够理解的知识，也就是说，高等教育不仅需要教师有扎实的专业知识背景，也需要其能指导学生进行实践积累。青年教师队伍是高校师资的未来，是现有人才队伍可持续发展的保障。青年教师新入职时期即发展初期对于其后续的成长起着关键性作用，但就目前现状而言，高校青年教师群体面临诸多困境和问题，具体如下。

（一）知识结构单一

青年教师不仅要有扎实的专业基础知识，更需要掌握科学合理的教学方法将专业知识传授给学生，即教育教学方面的知识，这两个方面在整个教学过程中是同等重要的。③

青年教师在其学习阶段，特别是在硕博研究生学习阶段，基本以科学研究为主，

---

① 柯勤飞：《融合创新打造课程思政“金课”》，《中国教育报》2019 年 1 月 7 日，第 1 版。

② 刘坤、陈通：《新工科教育治理刍议》，《中国大学教学》2020 年第 1 期，第 37－41、64 页。

③ 叶晓莉：《民办高校青年教师专业知识结构的缺陷及优化》，《中国成人教育》2016 年第 1 期，第 143－145 页。

主要钻研的是与其所在实验室研究方向一致的内容，虽然其在某一学术领域内有一定的深度，但是高等教育也需要从教者有着较为宽泛的知识背景和更广阔的学术视野，避免其知识面狭窄的问题。而只掌握单一或某一专业的学科知识很难让教师将复杂的知识融会贯通，并准确地传达或教授给学生，造成青年教师课堂教学内容不够丰富，知识视角狭隘等问题。此外，大部分青年教师从硕博士毕业后就直接进入高校，也缺乏教育学、教育方法学以及教育心理学等有关教育理论的必要认知与知识技能积累，这也会使青年教师在教学过程中面临诸多困难。

（二）教学组织能力不足

高等教育的教学组织能力需要诸多方面经验与知识能力的综合，不仅要求教师具备扎实的专业知识能力，还需要教师具备课堂组织管理能力、分析处理教材能力、语言表达能力等。

青年教师的教学经历基本空白，欠缺课堂教学经验和教学技巧，同时对于所教授的内容和形式缺乏准确的把握，教学形式以教师讲授为主，教学缺乏实际的经验案例，教学形式不新颖灵活，造成“填鸭式”教学，忽视了受教育者的感受，课堂上缺乏良性互动，最终影响了教学效果。同时，很多高校的现有职称评审体系更偏向于科研，这也导致部分青年教师只把教学当作应付考核的手段，他们忽视甚至轻视教学本职工作①，缺乏对教学探索创新的勇气，这些都严重影响了高校培养人才的质量，与高校的人才培养目标背道而驰。

（三）实践能力不足

新工科人才培养过程中，不仅需要向学生传授专业基础知识及原理，还需要向学生传授相关行业职业行为规范、国家标准、生产技术要领、工艺流程以及设备操作方法等具体实践内容，进而要求工科高校青年教师具备更强的实践能力，才能满足新工科建设对教学的要求。然而对于新近走上教学工作岗位的青年教师来说，他们

---

① 赖松林:《浅谈工程教育背景下地方高校教师角色的转变》,《高教学刊》2019 年第 3 期,第 141 - 143 页。

的求学阶段正是我国高校人才培养模式以传统知识讲授方式为主的阶段，由于诸多主观及客观因素，高校教学重点多停留在基础理论知识的传授层面，以课程为导向，对于实践教学，特别是创新实践方面的要求较少，这也造成了高校青年教师缺乏必要的实践教育背景。同时，大部分青年教师是毕业后直接从学生身份转换为教师身份，缺乏在企业或公司的实践锻炼以及国内外科研机构的实践经历，这样青年教师错失了培养锻炼实践能力的机会。另外，高校教师缺乏，青年教师往往会在进入高校的第一或第二学期就开始担任教育教学活动，教学工作量大，工作任务繁重，使得青年教师缺少与有经验教师深入交流和学习的机会，这些都极大地限制了青年教师实践能力的提升，进一步影响了高校人才培养的效果。

（四）各方面压力较大

青年教师初入职场，首先面临身份转换的压力，需要重新适应新身份和新环境。此外，大部分高校师资缺乏，也会短期内就安排新进青年教师承担理论教学任务，而青年教师往往会花费更多时间来备课。① 此外，信息化技术的发展，推动了线上线下混合式教学活动的发展，以及多媒体教学技术应用的扩展，这些都促使青年教师必须快速掌握相应的多媒体技术以及不同教学平台和直播课平台的授课形式与要求。同时在实际教学过程中，青年教师还需要具备一定的课堂组织能力以及与学生有效沟通交流的能力，这样才能充分调动学生的主观能动性，减少“低头族”学生的比例，才能确保积极的课堂教学效果，提升教学质量。然而现实中，青年教师在教学中常常害怕出错，甚至害怕出现“教学事故”，导致其面临的教学压力更大。

新工科背景下，青年教师不仅要优化自身的知识结构，优化教学基本功，还需要开展一定的学术科研工作，紧跟学术的发展前沿，这是青年教师实现自身与学校，乃至社会共同进步的必经之路。加之近年来各个高校对青年教师的考核及职称晋升都有一定数量的高水平学术论文和高级别科研项目的要求，而青年教师入职初期，

① 蒋红玲：《应用型本科院校新进教师培养研究》，《当代教育实践与教学研究》2019 年第 24 期，第 124－125 页。

自身并没有完善的科研平台,实验设备不够齐全,科研经费明显不足,科研项目申请也具有相当的难度,多数青年教师不具备迅速进入科研工作的先决条件,这些都引发了青年教师对考核和晋升的焦虑。

同时,青年教师进入而立之年,面临的结婚、生育、买房等生活压力很大,这种压力往往隐于无形,且无处排解。

三、青年教师培养途径

在全面贯彻党的教育方针及新工科建设背景下,高校要培养社会主义事业的建设者和接班人,培养高素质的实践型、创新型人才,有效实现高校育人功能,教师的思想素质、教学能力、实践能力是关键,而青年教师在教书育人中的作用势必日益显著,因此如何培养一支思想政治过硬、教学能力、实践能力突出的青年教师队伍是高校需要重点关注的问题。近年来高校多采用助教岗位培养制度,可简单而直接地帮助青年教师快速熟悉岗位任务,熟悉教学流程。然而,对于青年教师的思想素质、教学能力和实践能力等方面的提升仍需要更多有效的方法,甚至是途径,因此,为最大限度地发挥助教岗位培养活动的优势,探讨创新、优化助教岗位任务意义重大。

目前高校对新引进青年教师或转岗青年教师等进行岗位培养时存在一些问题,包括:助教岗位任务不明确,且多集中于提高教师的教学能力方面;培训结果的评价流于形式;学校与学院不能形成合力,无法共同帮助青年教师成长。这些问题都亟待解决,而作为学校的基层学院解决方法大体可以从以下几方面进行优化。

(一)师德师风的培养

高校的育人功能归根结底需要依靠教师的辛勤工作来完成,而良好的学风、教风以及教师自身高尚的人格魅力都会对学生产生潜移默化的影响,甚至对于大学生的世界观、人生观、价值观的形成会产生深刻而久远的影响,因此,必须重视青年教师的思想政治素质以及道德行为规范的培养和师德师风建设工作①,将青年教师的

① 杨文苑:《"双一流"建设背景下高校青年教师发展路径探析》,《青年与社会》2020 年第 11 期,第 92 - 93 页。

思想政治教育摆在首位，强化青年教师立德树人的责任感和使命感，帮助青年教师树立积极、正确的教育理念，以及潜心育人的思想意识①，明确教师的教育地位和影响力，为青年教师发展提供充分的思想保障②。我们通过案例分析和集中讨论等形式实施课程思政教学技能培养工作，帮助青年教师树立起课程思政的教育理念，熟练掌握课程思政的教学技巧，增强时代感和责任心。师德师风培养有利于坚守马克思主义意识形态主导地位，推动高校立德树人任务的实现。③

（二）开展有针对性的教学能力提升活动

助教培养期间，我们根据青年教师各自学科专业的发展特点、青年教师队伍现状，采用灵活的培训方式，制定科学合理的培养目标、考核标准和方法步骤，对青年教师进行针对性培训。例如：青年教师可以和相对经验丰富的专业老教师形成“一对一”的培育团队，积极参与课程标准的修订以及教学教案的编写等各项教学活动，这有助于青年教师熟悉整个教学活动过程；也可选择较好的线上课程，灵活进行学习，有助于青年教师知识结构的改善；在独立授课之前，给予青年教师一些自由时间去广泛听课，学习有经验教师在课堂组织、氛围调动、内容传授等方面的技巧，有助于青年教师快速熟悉课堂教学；建立不同学科青年教师间的沟通机制，开展跨学科、跨专业视角的探讨，拓宽教师的知识面；开展青年教师听评课制度，在青年教师新开课或开新课之前，对其进行试讲的评议，在锻炼其上课技巧的同时，更聚焦其教学规范化。此外，可开展教育学、教育心理学培训，多媒体教学以及现代化信息技术培训，提升其基本教学能力。通过以上多种培训途径与模式，采取多管齐下的策略，能够有效促进青年教师教学理论和教学技能水平的提升。

（三）实践能力提升方面

在青年教师助教培养过程中，主动引导青年教师将理论知识应用到具体实践中

---

① 王雪梅：《“破五唯”背景下高校青年教师发展动力的培育路径》，《盐城师范学院学报》（人文社会科学版）2021 年第 1 期，第 100－105 页。

② 蒋家胜：《教学能力提升视角下高职思政课教师发展动力探析》，《中国职业技术教育》2020 年第 7 期，第 28－33 页。

③ 习近平：《决胜全面建成小康社会　夺取新时代中国特色社会主义伟大胜利——在中国共产党第十九次全国代表大会上的报告》，人民出版社 2017 年版。

去,提高其知识的应用能力,树立实践的理念。

学院积极寻求开展校企合作,共建科研院所或实验室等产学研基地,为青年教师搭建与企业沟通的桥梁,加强他们与专业领域内生产企业之间的联系,鼓励新进教师积极带队参与本专业认识实习和生产实习,学习企业的先进工程经验,提升实践教学能力。①

选派实践能力较强的导师与青年教师"结对子",鼓励青年教师积极参与实践导师的科研项目或企业横向课题,主动承担项目任务,参与解决企业在生产活动中遇到的技术和施工操作等问题,参与企业新产品开发、工程设计等项目。在这个过程中,青年教师不仅可以锻炼自己的科研能力,还有助于成果转化,提高科研的实用性,建立良性循环,进一步提高青年教师的实践能力。②

此外,学院目前正在着手统筹规划设立青年教师培养的各类实践平台,例如:去国内外高校访学,到企业挂职锻炼、实习,到科研院所借调学习等灵活的方式,开阔青年教师的教学视野,培养青年教师的工程实践能力。

(四)学校、学院为青年教师提供相关政策支持

目前,学院探索建立了符合新工科建设的系统、全面、规范的考核方式、方案以及内部激励机制,优化助教岗位评价指标,重视思想政治素质和教学与实践能力,鼓励青年教师在思政以及教学与实践方面的探索。引导青年教师树立"大思政""新工科"观念,重视自身综合素质的提升。

另一方面,学院也尝试制定一定的制度,给予青年教师一定的资源、机会支持以及试错空间③,减轻其负担。青年教师在实践上面临着前期投入精力多、成果不突出的沉重压力。高校应在其基础工作量考核方面适当放宽要求,在岗位工资、食宿

---

① 李文涛、卢艺:《工科高校青年教师实践教学能力培养体系的构建》,《实验室研究与探索》2021 年第 11 期,第 189 – 192 页。

② 江雨燕、尹莉、陶承凤:《新工科背景下高校青年教师工程实践能力的培养》,《对外经贸》2021 年第 11 期,第 136 – 139 页。

③ 郑开启、李国芬:《新工科教育背景下高校青年教师教学能力提升对策》,《科技文汇》(中旬刊)2019 年第 23 期,第 71 – 72 页。

等方面给予更多的支持，解决青年教师的后顾之忧，为青年教师的成长和发展提供时间和空间。

青年教师良好的师德师风、较强的综合能力是高校落实立德树人根本任务，为党培育人才的保证。工科类青年教师的培养，有别于文史类专业，应结合不同专业学科的特点，优化不同类型专业的岗位培训内容，对青年教师在工作中的不足与困惑，积极给予帮助和鼓励。青年教师培养是一项系统、长期且必要的工作，关系到高校未来的创新活力和竞争力，高校应以思想政治素质为基础，以教学和实践能力为导向，加快新进教师的角色转变，积极引导青年教师将理论知识与实践经验相结合，协调发展教学与实践能力，使之成为爱岗敬业、具有较强教学能力、注重实践性和创新性的优秀高校教师，为全员全程全方位育人贡献自己的力量。

本文系教育部第二批新工科研究与实践项目——“双师双能型”教师培训体系的研究与探索（项目编号：E-SZNL20200704）阶段性成果

吴子健，天津商业大学生物技术与食品科学学院教授，博士。

王素英，天津商业大学生物技术与食品科学学院教授，博士。

构建教学共同体：提升教师专业能力的一种途径

李增田

教师是教育的第一资源，是建设高质量教育体系、实施高质量教育的根本力量。实现高等教育高质量发展是一项系统工程，关键在于提高教师的专业能力。教师专业能力内涵丰富，在不同语境下有不同的解释。邓红章认为，教师专业能力是教师在遵循相关教育教学规律的前提下，运用一定的专业知识和技能开展教育教学工作，使学生获得全面发展，最终达到教育机构认可水准所体现出的个性心理特征。① 程桦等认为，教师的专业能力既包括最基本的素质要求，如较强的学科专业能力、以学生为本的理念等，也包括高等教育进入高质量发展阶段而对教育工作者的能力构成提出的新要求。② 胡卫平认为高校教师的教学教育能力、自我反思和发展能力以及教学设计能力构成教师的专业能力体系。③ 综合上述研究可知，教师的专业能力既包括教师的教育教学能力，即运用一定的教学方法将教学内容传授给学生并使其

① 邓红章：《混合式教学教师专业能力体系建构及支持策略》，《教育评论》2022 年第 3 期，第 106 – 113 页。

② 程桦等：《论高校教师教学能力的基本内涵和发展机制》，《扬州大学学报》（高教研究版）2016 年第 4 期，第 27 – 31 页。

③ 胡卫平等：《教师专业能力发展的理论与实践》，《陕西师范大学学报》（哲学社会科学版）2018 年第 2 期，第 139 – 145 页。

受益的技能，也包括就本领域进行科学研究的能力。教师专业能力事关高校教师队伍建设和人才培养质量，目前我国高校提升教师专业能力的体制机制普遍不健全、不完善，导致教师专业能力发展参差不齐，一些教师难以担当教育重任。因此，本研究通过分析当下教师专业能力培训存在的问题，提出构建一种由多元主体参与的教学共同体，旨在通过加强高校教师间常态化、经常性的沟通交流来提升教师专业能力。

一、理论审视：教学共同体的内涵及其特征

（一）教学共同体的内涵

“共同体”（Community）一词最早出现在古希腊时期，亚里士多德提出“城邦共同体”的概念。他认为城邦作为一个共同体，其成员间有着一致的目标和利益，共同体成员只有团结合作，才能实现个人利益。① 1887 年，德国哲学家和社会学家斐迪南·滕尼斯（Ferdinand Tonnies）在《共同体与社会》一书中提出“共同体”概念，他认为共同体是建立在目标一致、利益一致、身份认同基础上的特定社会关系网，其成员与共同体有着相同的目标和利益，因而具有一致对内对外的动力。② 从此，“共同体”作为学术概念频频出现在各学术领域。随着社会的发展和学科的交叉，“共同体”的内涵越来越丰富，当研究者将其运用到教育学领域时，“教学共同体”便应运而生。英国著名教育学家杜威在《民主主义与教育》一书中提出，共同参与、共同利益和相互合作、相互作用是制定教学共同体的两个标准。③ 国内学者韩松认为，教育教学共同体不局限于高校内部由管理层构成的行政化组织，也包括高校教师间因学术兴趣和个人利益而组成的共同体。④ 乜勇指出，教学共同体是“共同体”在教育学领域的运用，其既具有共同体的基本特征，也包含教育领域中独特的元素与关系，

① 王喜：《卢梭“道德共同体”思想的逻辑探微》，《社科纵横》2017 年第 8 期，第 116 – 120 页。

② ［德］斐迪南·滕尼斯：《共同体与社会》，林荣远译，商务印书馆 1999 年版，第 2 页。

③ 程亮：《学校即共同体：重返杜威的民主主义与教育》，《湖南师范大学教育科学学报》2016 年第 3 期，第 14 – 21 页。

④ 韩松等：《促进县域普通高中发展提升的有效路径——郑州市第一中学构建跨时空教育教学共同体实践研究》，《中国教育学刊》2022 年第 3 期，第 75 – 78、102 页。

旨在加强教师间的情感关联和学术关联。[①] 李志河认为,教学共同体是教师间基于一定的兴趣爱好和个人利益而建立起来的学术团队,共同体成员通过交流研讨分享学术经验和成果,教学共同体与教育环境具有相互作用的特点。[②] 此外,随着信息技术的发展,“教学共同体”的外延进一步扩展,如基于互联网技术构建的线上线下交流互动教学共同体。[③] 综上,本研究认为,教学共同体是教师间基于共同的兴趣和需求自愿结成的小型非正式组织结构,教师间通过多元化的沟通方式,就教学和科研中遇到的或感兴趣的问题进行经常性研讨与交流,旨在提升自身的专业能力。

(二)教学共同体的特征

在高等教育进入高质量发展阶段,信息技术快速发展,以及疫情防控常态化的背景下,与传统教学团体相比,新时代高校教学共同体具有成员目标一致性、沟通形式多样化、交流研讨常态化等特征。具体来说,一是成员目标一致性。根据组织行为学相关理论原理,拥有共同目标是组织存在的前提和基础。教学共同体之所以能够形成并成功运行,一个重要原因便是共同体成员间有着相同的目标和学术追求,即提升自身的科研能力和教学能力。只有共同体成员拥有共同的努力目标,并愿意在其中分享自己的学术资源,积极参与相关学术活动,多元化的教学共同体才能持续运行。二是沟通形式多样化。多元化教学共同体的优势不仅体现在多元主体的融合,还表现在沟通形式的多样且灵活,既有与校本培训相同的线下培训形式,也有以互联网为基础的线上交流方式。教学共同体成员间面对面的交流形式比较轻松,更能全面且详细地表达自己的学术观点,从而引发共鸣。信息技术不但能解构传统教学共同体的僵化结构,更能赋予教学共同体弹性灵活的空间特性。[④] 虚拟现实、全息影像等信息技术的运用

---

① 安富海:《信息技术支持的城乡教师教学共同体构建研究》,《电化教育研究》2019 年第 7 期,第 70－75、83 页。

② 李志河等:《新时代高校教学学术共同体的蕴意与构建》,《现代远程教育研究》2020 年第 6 期,第 44－51 页。

③ 梁静:《“互联网＋”背景下思想政治理论课教学共同体的构建》,《学校党建与思想教育》2019 年第 10 期,第 28－30 页。

④ 李志河等:《新时代高校教学学术共同体的蕴意与构建》,《现代远程教育研究》2020 年第 6 期,第 44－51 页。

为疫情防控常态下的正常教学研讨提供了可能。同时，信息技术及时、便捷、超越时空限制的特点，为不同高校教师间的学术沟通提供了便利，让学术信息和资源的即时共享成为可能。教学共同体将线上线下两种交流方式有机结合，有助于共同体成员随时随地开展学术活动并交流思想。三是交流研讨常态化。教学共同体多样化的沟通形式为其成员的常态化交流研讨提供了便利，同时，教学共同体是由多元教师以共同利益和兴趣爱好为基础而构建的，因此，经常性、常态化的交流研讨是教学共同体的本质特征。在常态化的交流研讨与思维碰撞中，共同体成员就科研和教学中存在的问题进行互动交流，从而获得相关的教学实践性知识和智慧。

二、构建动力：现实需要与内在要求

教学共同体为何会成为提升高校教师专业能力的一种途径？这主要得益于现实需要和内在要求两方面，即当下教师专业能力培训存在的问题，以及教学共同体本身具有的重要意义。

（一）现实需要：当下教师专业能力培训存在的问题

一是学校培训效果不佳。百年大计，教育为本。教育大计，教师为本。教师是学校发展和人才培养的关键力量，提高人才培养质量需要不断提高教师的专业能力。然而，当前高校对教师专业能力的培训存在诸多问题，难以达到培训的预期目标。具体而言，存在的主要问题有：首先，培训内容单一，难以满足教师个性化需求。校本培训内容过于笼统，操作性和实用性不强，对教师的专业化发展帮助不大。校本培训一般由高校行政部门组织，以政策文件和基础知识为主，培训内容陈旧且侧重理论知识，忽视了对教师实践能力的培养，难以满足个性化需求，这不仅难以提升教师的专业能力，还占据了教师的时间，加重了教学负担。其次，培训缺乏系统性和持续性。在高校不断扩招的背景下，师资队伍建设未受到重视，导致许多教师在投入教育教学工作前并未参加系统性的培训和学习，缺乏一定的专业能力。[①] 此外，校本培训多是按照上级要求进行组织，未形成制度化的培训体系，课程建设、教学研

① 孙亮：《高校教师培训中教师专业化发展探析》，《河北广播电视大学学报》2019 年第 2 期，第 87－89 页。

讨等时有时无，难以做到周期性和经常性，而间断性的培训容易使教师形成“应付”心态，最终使培训流于形式。最后，培训较为封闭，不具有开放性。校本培训以传统授课模式进行，以讲座和集中培训为主，培训者和参与培训的教师缺乏互动，进而导致教师参与的积极性不高，再加上很少与其他高校进行学术交流，阻碍了高素质复合型教师的培养。此外，青年教师虽然学历高、理论基础好，但与资深教师相比，其专业能力有极大的提升空间。然而，单一的校本培训方式不利于青年教师和资深教师之间的互动，难以发挥资深教师“传帮带”的作用。

二是自主学习缺乏动力。提升教师的专业能力，除了校本培训外，也离不开教师个人的学习。然而，教师个人独立自主的学习也存在诸多问题。首先，教师自主学习的自觉性和主动性不足。随着高校不断扩招以及教师考核逐渐量化，高校教师普遍面临着教学工作量大、科研任务重的双重困境，在此背景下，教师缺乏拓展学习的主动性和积极性。其次，科研能力和教学能力的提升失衡。为了评定相应的职称，高校教师普遍将课题申报、发表文章、联系项目等放在工作首位，忽视了日常的教育教学工作，导致教师的教学方式单一、教学案例陈旧、课堂氛围不活跃、教学效果不佳，不利于教师专业能力的全方位发展。最后，教师自主学习效果因个人学习方法而异。由于每个教师的学习方法和擅长领域各不相同，在缺乏沟通的情况下，教师很难全面了解自身存在的短板和弱项，难以对症下药。因此，教师独立自主的学习在很大程度上会造成教师专业能力参差不齐，不利于教师思维的拓宽和人才培养。

（二）内在要求：构建教学共同体的重要意义

一是促进教师教学能力的提升。多元化的教学共同体强调不同领域或同一领域的教师基于共同兴趣和需求自愿结成小型非正式组织，并通过经常性的研讨来提升自身的专业能力。教学共同体成员在研究方向、研究领域等方面各不相同，通过头脑风暴等学术活动形式，不同学科教师的学术观点相互碰撞与融合，不仅可以擦出学术火花，还可以增加教师的学术知识，扩宽其研究思路。此外，不同的教学方法影响着学生对不同理论知识的掌握程度，高校教师的专业能力很强，但如何使学生理解并掌握所学知识,在课堂教学中受益匪浅,这是每个教师都应该着重思考的话题。通过构建教学共同体,不同专业、学科的教师可就日常教育教学中出现的教学问题进行交流研讨,共同商讨解决办法,并分享不同的教学方法和学术观点,使教学共同体中的每位成员都能获益,从而不断提高教师的教学能力。这样教学发展共同体实质上变成了教师进行自我学习和经验交流的共同体,对于更好地促进教师专业能力的提升具有重要意义。

二是实现教师教学互动共生。正如英国著名教育学家杜威所指出的,教学共同体成员间应该是共同参与、共同利益和相互合作、相互作用的关系。在高校的育人体系中,教师教学互动共生是高校教学功能的基本要求。① 事物具有普遍联系性,作为教学主体,高校教师之间不是相互隔离、孤立的原子化个体,而是相互联系、相互作用的,高校教师间只有形成互惠互利的整体,教师队伍的发展才能更加科学、合理,高校人才培养的目标才能更好实现。然而,由于利益多元、培训机制不健全等因素的影响,当前高校教师队伍呈现碎片化发展状态,即教师间缺乏沟通交流,处于相互隔离、独自发展的状态,这不利于高校教师履行培养社会主义合格建设者和可靠接班人的教育职责。通过构建多元化的教学共同体,采取线上线下多元化的沟通渠道,促进不同领域、不同学科专业教师间的交流与合作,打破当前教师独自发展的状态,有助于实现教学的互动共生,为高校教师的情感性关联、业务性关联和发展性关联奠定坚实的基础。

三、行动策略:教学共同体的构建

(一)构建教学共同体的基本原则

在构建多元化教学共同体、提升教师专业能力时,应坚持一些普遍性的原则,保证教学共同体符合教育目标。一是坚持动态性原则。随着信息技术的发展,高等教育对教师专业能力的发展提出了更高要求,相互隔离的原子化个体难以满足教育高

① 高敏等:《基于共生理论下高校教师教学发展共同体的构建》,《河南工学院学报》2021 年第 6 期,第 45 - 48 页。

质量发展的要求。因此,在构建教学共同体时,要坚持动态性的原则,符合时代要求和教师个体需求,只有这样,才能在新时代更好地整合教育资源,使高校教师团结协作实现“1+1>2”的教育效果。二是坚持自由平等性原则。高校教学共同体的成员主要包括不同领域、不同专业学科以及不同职称的教师,因此,教学共同体要发挥提升教师专业能力的作用,就要坚持自由平等原则,不按资排辈,不搞特殊化,积极促进成员间基于自身发展需要而进行平等对话和自由合作,营造浓厚的学术交流氛围。三是坚持开放性原则。国家有界,教育无界。教学共同体要坚持开放性原则,实现跨学科、跨专业的融合交流,积极开展学术活动,加强与其他高校和企业组织的联系,从多角度增加教学共同体成员的专业能力。

(二)构建教学共同体的具体途径

一是构建多中心的主体结构。教学共同体旨在通过跨学科、跨专业教师间的学术交流研讨,提升教师的科研能力和教学能力,因此,教学共同体的成员构成尤为重要。首先,要选好学术带头人。没有领导者的组织不是真正意义上的组织,充其量只是一盘散沙,成员凝聚力更无从谈起。学术带头人兼具领导能力和学术能力,在教学共同体中充当“同辈中的长者”角色,起到“排头兵”“领头雁”的作用,在教学共同体的长期规划和短期安排、学术活动的组织和开展中发挥着重要作用。因此,高校要根据自身条件,通过内部培养或人才引进等方式为教学共同体配备好学术带头人。其次,要配备好其他共同体成员。教学共同体不仅需要学术带头人,还需要资深教师、优秀青年教师、博士或硕士研究生等人员的积极参与。不同领域和研究方向、跨专业和跨学科的人员构成有助于打破教师间各自为政的状态,从而构建多元化的教学共同个体。同时,多元化教学共同体,有助于共同体成员共享学术资源,取长补短,在实现共同体目标的同时促进教师个人的成长。最后,加强与外部力量的合作。与相对优质的同类型学校组建学术共同体,有助于提升地方高校教师的专业能力水平。① 因此，学校和学院要积极争取同类型高水平其他高校的支持，使不同高校的专家学者参与到教学共同体中，与共同体成员共同探讨学术问题，在实际活动中提升共同体成员的专业能力。

二是激励共同体成员的合作共享意识。确定好多元化教学共同体的主体结构后，如何激励共同体成员的合作贡献意识是教学共同体发展的重中之重。共同体成员的合作共享意识是构建教学共同体的前提和基础，只有共同体成员主动并积极地参与相关学术活动，并在其中共享学术资源，提供学术智慧，教学共同体才能实现可持续发展。具体而言，首先，高校管理层和教学共同体的学术带头人要及时将高等教育在新时代的新变化和新要求传达给教学共同体的每一位成员，引导教师自觉履行教书育人的职责，树立自觉提升教学能力和科研能力的意识，形成重视学术合作的紧迫感，从而提升其参与教学共同体相关活动的积极性和主动性。其次，教学共同体举办的相关学术活动要充分考虑教师的个人需求，破除教师对培训千篇一律的刻板印象。高校教师普遍面临着完成科研项目和教学任务的双重压力，若教学共同体组织的学术活动与校本培训类似，内容偏理论且流于形式，那么，这不仅浪费了教师的时间和精力，还会使教师对教学共同体产生抵触情绪，不利于教学共同体的良性发展。因此，教学共同体的构建要考虑到教师的个性化需求，在学术研讨、课程建设、科研项目交流等方面具有弹性和灵活性，以充分调动共同体成员的参与积极性。最后，给予相应的支持与奖励。适当的科研支持和教学奖励会强化教师采取行动提升自身专业能力的行为，因此，教学共同体要完善相关奖励机制，对为高校教育事业做出贡献的教师给予相应的肯定和奖励，进而提升教师在教学共同体中的合作共享意识。

三是采取多元化的沟通交流方式。教学共同体的运作应以教师科研能力和教学能力的发展需要为立足点，将面对面的沟通交流方式与基于互联网技术的线上交

① 董梓献等：《构建学术共同体：地方高校科研水平的提升路径探析》，《教育观察》2020 年第 29 期，第 12 – 15 页。

流方式有机结合，为教学共同体成员间的学术活动提供多元化的交流渠道。一方面，教学共同体要打破信息孤岛，实现资源共享。打破传统教师间相互隔离的状态，构建整体性信息系统，使共同体成员间建立起高效统一的信息共享机制，使跨学科、跨专业的教师间在信息共享的基础上增进了解，从而实现互促。具体来说，教学共同体要建立经常性的会面沟通机制，由学术带头人进行组织，可就某一科研项目或教学问题开展面对面的交流分享，这不仅有助于碰撞出思维的火花，还加强了成员间的认可与合作。另一方面，充分利用互联网等信息技术。新冠肺炎疫情不仅阻碍了经济社会的发展，对教育领域也产生了严重影响。在此背景下，互联网等信息技术不仅改变了经济和社会运作方式，还从根本上改变了组织的运作。因此，教学共同体要借助互联网等时代技术，充分利用远程视频、全息影像等互联网技术，将线上线下两种沟通方式有机结合，以此加强共同体成员间的资源共享，促进其专业能力的提升。

（三）教学共同体的运行模式

通过构建多中心的主体结构、激励共同体成员合作共享意识、采取多样化沟通交流渠道等方式构建起多元化的教学共同体之后，还要确保教学共同体能如期运行，而不是流于形式。

具体来说，首先，发现和诊断问题。当实际教学状况与所期望的教学状况出现偏差时，教学共同体可利用全息影像等信息技术还原真实教学情景，将教学或科研问题产生的过程真实地展示给共同体成员，使其尽可能地精准识别机会和问题。发现问题后，需在共同体中与其他成员进一步诊断问题，确认问题和问题边界，界定问题的性质和特征。其次，研究和讨论问题。当教学或科研问题的性质和特征已经清晰地展现在共同体成员面前时，当务之急是学术带头人引导共同体成员开展类似头脑风暴的活动，鼓励成员通过文字、视频、图画等多种形式表达设想，从不同角度提出多样化的解决措施，并对其进行详细分析和深入思考，通过一系列的交流、讨论和研究达成共识后，教学共同体可就此问题形成多种备选方案。再次，模拟和验证备选方案。实践是检验真理的唯一标准，备选方案的可行性和可操作性如何，只能在实际教学活动中才能得到验证。为了选出最佳解决方案,教学共同体成员可通过面对面模拟,或借助虚拟现实等技术构建虚拟教学或科研场景,对备选方案的可行性进行验证。通过模拟确定好最佳备选方案后,共同体成员还应就备选方案中出现的偏差进行讨论、分析,以便进一步改正。最后,实践并评价反思。将共同体成员商讨出的最佳解决方案运用于实际教学或科研场景中,根据教学对象、科研结果等的反馈对解决方案进行系统评价,并借助可视化技术将评价结果呈现给共同体成员,帮助共同体成员持续改进。此外,将在实践过程中形成的数据、案例等整理成系统性的参考资料,纳入教学共同体中的特定资源库,以便共同体成员遇到类似问题时有所参考。当然,多元化教学共同的运行模式和相应措施并不局限于上述几个方面,更多创新性的方法和手段还需共同体成员在实际交流研讨中进行探索。

结语

在新发展阶段,中国高等教育肩负时代重任,迫切需要在新的历史起点上全面提升教师专业能力。通过构建由多元主体构成的教学共同体,多措并举激励共同体成员的合作共享意识,使不同领域、不同专业的高校教师打破孤立化状态,实现跨学科、跨高校的学术交流,从而在教学实践中不断提升自身教学能力和科研能力,这不仅能满足国家教育现代化对于创新性师资的需要,也能为造就高等教育领域的教育家、杰出教师打牢基础。

本文是教育部首批新文科研究与改革实践项目——新文科教师专业发展能力培养路线图的研究与实践(项目编号:2021170003)阶段性成果。

李增田,天津商业大学公共管理学院教授,法学博士。

新文科视域下高校旅游管理专业教师专业发展能力提升策略探讨

王庆生　李修霞

2019 年 4 月，教育部“六卓越一拔尖”计划 2.0① 的启动，同时开启了新文科建设的序幕。2020 年 11 月 3 日，新文科建设工作会议发布了《新文科建设宣言》②。樊丽明教授指出，新文科是顺应时代需求，顺应新科技革命变化的产物，更是在重要历史节点上，对中国优秀传统文化传承和发展的必要。③ 张俊宗教授认为在学科维度上，新文科的特点体现为三方面，一是文科教育中的人文精神主题发生了变化，二是新文科的学科门类得到了外延，学科交叉和科际整合成为新文科的重要特点，三是要善于运用数字化工具改善我们的教育方法和学习方法。④ 因此，新文科之“新”主要体现在以下几个方面⑤：一是新文科的学科门类得到了外延，包含文、史、哲，

① 中华人民共和国教育部：《教育部启动实施“六卓越一拔尖”计划 2.0》，2019 年 4 月 30 日，http://www.moe.gov.cn/jyb_xwfb/xw_zt/moe_357/jyzt_2019n/2019_zt4/tjx/mtjj/201904/t20190430_380202.html，访问日期：2022 年 2 月 24 日。

② 中华人民共和国教育部：《新文科建设工作会在山东大学召开》，2020 年 11 月 3 日，http://www.moe.gov.cn/jyb_xwfb/gzdt_gzdt/s5987/202011/t20201103_498067.html，访问日期：2022 年 2 月 24 日。

③ 樊丽明等：《新文科建设的内涵与发展路径（笔谈）》，《中国高教研究》2019 年第 10 期，第 4 页。

④ 张俊宗：《新文科：四个维度的解读》，《西北师大学报》（社会科学版）2019 年第 5 期，第 5 页。

⑤ 徐飞：《新文科建设：“新”从何来，通往何方》，《光明日报》2021 年 3 月 20 日，第 10 版。

经、管、法，教、艺；二是新文科要注重重塑社会价值观，重新认识人与自然及人与新技术的关系；三是弘扬文化自信，树立中国新范式；四是学科交叉融合，文理融合、文工融合，突破传统文科思维，建立更广阔的文科视野；五是创新研究范式，以多学科知识开阔研究方法、研究思路。

一、高校旅游管理专业教师的使命与挑战

在新文科背景下，旅游管理类专业人才培养模式急需创新，专业课程建设急需改革。① 高等院校旅游教育工作者应该以新文科建设为契机，及时转变观念，以促进旅游教育发展和建设旅游学科为历史责任和使命②，以立德树人作为根本任务，以培养高质量旅游人才为目标。在信息化社会的大背景下，运用先进技术和设备，构建创新型旅游科研与教学环境，为社会培养具有交叉学科知识背景、个性化服务能力和数字化应用能力的新型旅游人才，探索现代旅游专业新文科建设之路。

（一）新文科建设对高等教育人才培养提出新要求

新文科建设的根本任务是培养新一代的高层次人才，这也是新文科建设最终的落脚点。③《新文科建设宣言》提出要"以培养未来社会科学家为目标，建设一批文科基础学科拔尖人才培养高地，聚焦应用型文科人才培养"④。

1. 高等教育要以立德树人作为根本任务

习近平总书记在全国教育大会上指出，教育工作的根本任务是"培养德智体美劳全面发展的社会主义建设者和接班人，归根结底就是立德树人"，"立德树人"即是关于"培养什么人、怎样培养人、为谁培养人"的根本性问题，要把立德树人的成效作为检验普通高等学校一切工作的根本标准。⑤ 因此新文科建设中"立德树人"作

---

① 黄震方、黄睿、侯国林：《新文科背景下旅游管理类专业本科课程改革与"金课"建设》，《旅游学刊》2020 年第 10 期，第 13 页。

② 保继刚主编：《中国旅游教育：发展、问题与挑战》，中国旅游出版社 2018 年版，第 12 页。

③ 刁生虎、高泽伦：《新文科研究的回顾与反思》，《高等教育评论》2021 年第 1 期，第 18 页。

④ 中华人民共和国教育部：《新文科建设工作会在山东大学召开》，2020 年 11 月 3 日。

⑤《习近平在全国教育大会上强调：坚持中国特色社会主义教育发展道路　培养德智体美劳全面发展的社会主义建设者和接班人》，人民网，2018 年 9 月 11 日。

为根本宗旨，即要求高校教师作为学生的“引路人”，不仅要“教书”，更要“育人”，引导学生树立正确的世界观、人生观、价值观，推动“人的现代化”①。

2. 高等教育要以培养高质量文科人才为目标

新文科建设要培养创新性的高质量文科人才，广大教育工作者要转变人才培养理念，强调理论与实践相结合，提升学生以文科知识解决问题的能力；要“以学生为中心”，精准定位新文科的培养目标，对人才培养全过程实现质量控制。②《新文科建设宣言》给高校工作者的任务中明确指出要建立专业、课程和基地的高质量标准，健全和完善系统的文科教育和人才培养的质量管理体系。高质量发展应贯穿教育的全过程，打造质量文化，建设高质量文科教育体系。

3. 高等教育要培养具备综合素质的多元融合式人才

从学科特性来看，新文科最主要的特点就是学科的交叉融合特征③，包括文文融合、文理融合、文工融合等。因此，多元融合式人才培养是新文科建设之路的必经点，也是重中之重。高校在培养融合人才时，要结合实际，充分利用校内外各种资源，多方协同培育复合型、创新型、应用型文科人才④，使文科专业人才具备扎实的专业知识和过硬的综合素质，同时具备理工科视野和逻辑思维，综合运用，提高解决问题的能力。

4. 高等教育要培养充满文化自信，传播中国文化的人才

自党的十九届五中全会提出“建成文化强国”的战略后，培养具有文化自信、传播中国文化、提升中国文化影响力的人才，也成为建设文化强国的重要一环。如今，中国的综合国力和国际地位举世瞩目，但学术水平和能力还需要进一步加强。因此，构建中国学科体系、学术体系、话语体系，也成为新文科建设的重担——立足中国，彰显中国特色，讲述中国故事。因此，高校在新文科建设的过程中，还要着力培

---

① 龚旗煌：《新文科建设的四个“新”维度》，《中国高等教育》2021 年第 1 期，第 3 页。

② 周毅、李卓卓：《新文科建设的理路与设计》，《中国大学教学》2019 年第 6 期，第 8 页。

③ 王铭玉、张涛：《高校“新文科”建设：概念与行动》，《中国社会科学网》2019 年 2 月 24 日。

④ 谢芹：《“新文科”专业多元融合式人才培养策略研究》，《中国石油大学胜利学院学报》2019 年第 3 期，第 46 – 50 页。

养学生的文化自信与家国情怀①,养成国际化视野,继承与弘扬中国文化。

(二)新时期高校人才培养的新变化

1. 搭建跨学科交流平台

面对新文科建设的需求,高校首先应该积极创造条件,以学科交叉融合为目标,建设跨学科交流平台、研究中心。学校层面要突破传统文科学科的限制,为文理、文工等范围内进行更大跨度的学科专业交叉提供便利条件。此外,高校还要从学校、学院、专业上,适时改变文科人才培养模式,制定新的人才培养计划和质量评价体系。在师资培养上,开展更多学科间的学术交流,以论坛、项目合作等形式,促进学术对话、合作,以此开阔教师的跨学科思维,培育跨学科产品。

2. 打造一流课程、一流名师

课堂教学是学校教育的主战场,课程建设是人才培养的核心要素和基本单元。新文科建设的核心任务之一就是建设一流课程。新时代背景下,无论是教育教学内容、方式,还是方法上都需要贴合时代需要进行创新。课程质量直接决定了人才培养的质量。以教师为中心的课堂已经逐渐转型为以学生为中心,课堂教学形态发生了根本性的变化。高校应充分认识时代要求、行业要求和产业要求,打造形式多样的“金课”,激发学生的自主学习潜力,建设会讲课、能讲课的一流名师,提高课堂教学质量。

3. 健全教育质量保障体系

打造质量文化,培养高质量文科人才是新文科建设对高等教育提出的要求。加强教育质量保障体系建设,要坚持“全过程”“全员性”②,还要从以下两个方面改善质量保障体系建设。一是优化学生参与教学评估和专业评估的机制,重视学生的反馈意见,形成以学生为主体的评价机制,将质量控制内化为学生和教师的自觉行

① 安丰存、王铭玉:《新文科建设的本质、地位及体系》,《学术交流》2019 年第 11 期,第 11 页。

② 邹建国、言捷智:《地方本科院校应用型人才培养质量监控体系的构建与实践》,《高教学刊》2017 年第 3 期,第 2 页。

为①,形成良性的质量评价氛围。二是充分利用大数据和互联网等信息化手段,建立电子评教系统,实现质量评价信息共享、实时交互②,畅通以学生为主体的课程评价、意见反馈渠道,实现对教学评价信息的全面收集。

(三)新文科建设对高校教师能力的新要求

1.“交叉复合+”专业能力

新文科建设要求的学科交叉融合,不仅是专业名目上的融合,还是新理论、新技术、新实践的融合。这就对高校教师提出了更高的要求,教师不仅要具备扎实的专业基础知识,还要具备跨学科视野和跨学科思维,及时学习交叉学科的相关知识,实践基于学科交叉融合的课程体系和教学方法。③ 同时,学科交叉带来了研究范式的新变化,进而要求教师具备更高的学术能力和学术水平。因此,精湛的“交叉复合+”专业能力,是新文科建设中教师必须具备的能力。

2. 实践能力

为适应社会市场的需求,旅游教育不仅要教授专业的旅游专业知识,更要培养学生的职业能力和旅游管理实践能力。实践能力的获取首先要依靠高校教育的第一资源——教师实践能力的提高,以达到更好的引领作用。因此高校一方面应将具备丰富实践经验的高级行业人才、专家引入学校,以公开课、讲座或兼职教师的形式,获取行业实践经验;另一方面也要鼓励高校教师走出高校,将科研课题与行业、企业相连接,以企业挂职、兼职或项目合作研究的形式,培养教师的实践经验。

3. 学习能力和应用能力

在智能时代,不管是教师的课堂教授方法还是学术研究手段,都被越来越多的数字化工具占据。因此,教师要善于学习新技术,积极探索使用现代化、智能化工

① 陈罡、何融泉、柳亮:《高校本科教学质量保障体系现状研究——基于12所普通高校2018—2019学年〈本科教学质量报告〉的文本分析》,《教育观察》2020年第25期,第4页。

② 吴曼、孙晓军、谷玉:《“新文科”背景下加强高校教学质量保障体系建设的几点思考》,《新一代》(理论版)2021年第7期,第1页。

③ 曹利华、胥刚:《新文科建设:地方高校教师队伍的现实困境及应对策略》,《黑龙江高教研究》2021年第11期,第5页。

具,完善教课内容和教课计划,提升教学效率。另外,专业教师要及时关注专业前沿,拓展国际化视野,在具备深厚的中华文化底蕴的同时,提升国际交流能力;及时学习专业相关的先进方法和理论,更新教学内容,使教学内容与国际接轨。

二、我国高校旅游管理本科专业人才培养现状分析:以天津商业大学为例

(一)我国旅游管理本科专业总体办学规模

近年来我国旅游专业高等教育一直稳步发展。截至2017年底,全国范围内开设旅游管理类本科专业的普通高等院校共有608所,年度本科招生规模达5.9万人。据统计,2020年全国新增旅游管理相关专业的普通高校有28所①,新增专业情况如表1。从表1可以看出,旅游管理类专业包含的各专业都有所增加,但仍然以旅游管理为主。

表1　2020年旅游管理类专业增设情况

新增专业名称	旅游管理	旅游管理与服务	酒店管理	会展/会展经济与管理
新增学校数量(所)	13	7	5	3

(二)天津商业大学旅游管理学科特色

天津商业大学旅游管理学科作为天津市高校人文社科重点研究基地——管理创新与评价研究中心和工商管理市级重点学科的重要学科支撑方向之一,近年来聚焦服务天津市旅游智库决策和应用型、复合型、创新型旅游管理人才培养,取得显著成效。近五年以来,围绕天津市文化和旅游开发,天津商业大学旅游专业团队围绕天津市文化和旅游开发与规划热点难点问题,先后主持承担多项课题项目,积极服务于天津文旅智库建设,并聚焦天津市、辐射天津市中西部对口帮扶地区,响应政府

① 中华人民共和国教育部:《教育部关于公布2020年度普通高等学校本科专业备案和审批结果的通知》,2021年2月20日。

号召积极参与天津市东西部协作对口结对帮扶旅游支教工作。旅游管理学科教学和科研水平显著提升,初步形成有实力和可持续的旅游教研团队。

(三)最新旅游管理本科教育发展态势

1. 教学方式网络化

“互联网 +”时代,高校教学方式突破了传统的“以教师为中心”的内容输出式课堂,教学手段和教学方法更加灵活、个性、丰富。实行线上教学、“线上 + 线下”混合式教学等方式,学习环境更加友好、师生互动手段更加多样,学生可以随时获取学习资源。特别是新冠肺炎疫情期间“停课不停学”,多样化的网络教学工具发挥了重要的作用。线上学习弱化了教师的中心地位,使高校教师以学习引导为主,通过提出问题激励学生思考与讨论,进而引导学生思考并构建知识体系。此外,虚拟仿真技术、大数据、智能设备和应用也逐渐应用到教学中。

2. 培养手段项目化

项目化学习是基于真实情境和问题的学习方式,是培养学生综合素养的重要途径。① 项目化学习是培养学生独立思考能力、创新思维的创新型教学方式,可以引导学生在不同的情境中发现问题并运用专业知识解决问题。旅游管理类专业相较于其他专业,具有很强的综合性、实践性以及应用性,学生在选题调研、项目发布到项目设计、实施的过程中,可以将学到的旅游理论知识付诸实践,有利于培养创新精神、团队合作能力、沟通能力等,同时能够产出及转化项目成果。

3. 办学方向国际化

在全球化背景下,本科教育国际化是建设高质量高等教育的重要途径,也是引进境外先进理念、管理体制、优秀师资、课程体系等的重要途径。国际化教育能够培养更具国际竞争力的新型复合型新文科人才,充分利用国内外高校的优势资源,提升大学的国际竞争力。旅游管理学科本身的外向性、开放性特征,更加需要国际化的办学方式。

① 唐立宁:《以项目化学习推动学生创新素养培育》,《山东教育报》2022 年 1 月 29 日,第 4 版。

天津商业大学早在2007年就开启了与国际学校合作的人才培养方式，学校酒店管理（中美合作）专业为天津商业大学与美国佛罗里达国际大学（简称FIU）联合培养高级酒店管理人才的中外合作办学项目①。该项目投资2.2亿元，至今已招收十六届学生，目前在校生千余人，是中国目前最大规模的合作办学项目。该合作项目从国际酒店业市场对管理人才的需要出发，借鉴美国优质的教育资源，在人才培养模式上注重理论与实践教育相融合，培养学生的优秀品格、基本素质、职业能力和创新能力。

（四）专业教师在高质量人才培养过程中的主导地位

在教育过程中，对学生影响最直接、最深刻的是教师。任何高等教育领域的改革都离不开师资队伍的参与和贡献，所有改革的理念与愿景最终都会通过教师的日常工作呈现出来。② 高校教师不仅是知识的传播者，更应该当好学生主动学习的引导者，学生思想的沟通者③，做好学生成长的引路人。在新文科背景下，高校教师不仅要在传授专业知识上发挥作用，更要引导学生树立正确的价值观，指导学生学会灵活的学习方式，“授之以渔”，培育学生的实践能力。

三、旅游管理专业教师发展能力提升策略

（一）新文科背景下应对策略

1. 整合资源，提高跨学科融合能力

新文科背景下的旅游学科建设要以交叉融合为抓手，旅游专业教师要转变学科思维，充分认识到除原有的学科知识以外，还需要不断学习新知识、新技术，如信息技术、大数据、统计分析等。高校教师也要善于使用、利用学习资源，积极开展学术交流、学术合作，融合不同专业，探究学术研究及教育的新范式。

---

① 天津商业大学，《国际教育合作学院酒店管理（中美）合作项目》，http://tuc-fiu.tjcu.edu.cn/。

② 权培培、段禹、崔延强：《文科之“新”与文科之“道”——关于新文科建设的思考》，《重庆大学学报》（社会科学版）2021年第1期，第11页。

③ 孙军英：《“互联网+”背景下高校教师的角色定位与作用》，《山西财经大学学报》2020年第42期，第4页。

2. 适应需求，提升实践能力

实践能力的获取包括两个方面，一方面是科研实践。在新文科建设要求下，教师要具备国际化视野和前瞻性，对于专业内的前沿科学技术要及时了解，善于学习和运用先进研究方法，并最终以多样化的方式落地在教育教学的实践中。另一方面是实践操作能力。旅游专业的学生要适应社会需求，就必须在毕业前获取职业能力和旅游管理能力。专业教师作为旅游专业知识的传播者，更要培养学生在实践操作中的技能，例如充分利用校企合作等条件，引导学生深入企业和市场，知晓社会现状和人才需求，了解企业的运营规模和运营手段，切实提高学生的实践能力。

（二）文旅融合背景下旅游管理专业教师发展建议

文旅融合就是文化和旅游协同发展，培养具有"全球观""科技观"和"体系观"①，既具备文化素养，又具有专业能力的文旅新人才，这是推动文化和旅游融合发展的首要因素②。

如何将文化内涵融入教学体系，是文旅融合背景下高校旅游教育的重要议题。高校教师可以从传统文化和国际文化两个方面加强课堂教学内容，一方面深入挖掘我国深厚的文化底蕴，注重培养学生的文化自信；另一方面带领学生充分了解世界文化，使其有意识承担文化传播的使命。旅游管理课程的文化性，不仅能增加教学的趣味性，还能帮助学生从文化角度、专业角度认识和理解学习内容，从而将知识内化为能力，培养既懂文化专业知识又懂旅游专业知识，既懂文化管理又懂旅游管理的复合型人才。③

（三）基于应用型创新创业人才培养的对策建议

1. 改革教学方式，创新学生知识获取方式

目前，高等教育的对象是互联网一代，他们知识获取途径多样、获取能力强，因

---

① 白长虹：《文旅融合背景下的行业人才培养——实践需求与理论议题》，《学术前沿》2019 年第 11 期，第 7 页。

② 毕绪龙：《从人才培养角度看文化和旅游的关系》，《旅游学刊》2019 年第 4 期，第 9 – 10 页。

③ 毕绪龙：《从人才培养角度看文化和旅游的关系》，《旅游学刊》2019 年第 4 期，第 9 – 10 页。

此如何调动学生的积极性,改革教学方式、丰富教学手段,创新学生知识获取方式尤为重要。特别是在大数据时代,教学方式要以学生为主体,增加互动型、实践型和项目合作型等教学方式,例如项目教学法,通过学生自主探索问题、解决问题的过程,提高其灵活运用知识的能力。①

2. 以应用为导向,加强实践教学和创新创业教育

在培养高质量人才过程中,社会需求始终是培养的指导方向。本科院校应建立健全应用导向评价体系,加强实践教学,强化创新创业教育实践。目前很多专业教师缺少旅游行业的实践经验,难以将理论教学与实践教学有机结合。因此,旅游管理专业的教师也要不断提高创新意识,参与校企联合实习、深入企业锻炼,积累实践经验;进而将专业知识教授与课程实践有机结合,锻造具有实践性、应用性的教学体系;积极带领学生参与旅游管理专业大学生创新创业等大赛,提高学生的创新精神、创业意识、创新创业能力,促进学生全面发展。②

3. 通过模式创新,探讨建立应用型创新创业旅游管理人才培养体系

以天津商业大学为例,从教学模式创新、创业实践能力、校企合作模式、课程质量管理四个方面展开论述,总体框架如图 1 所示。

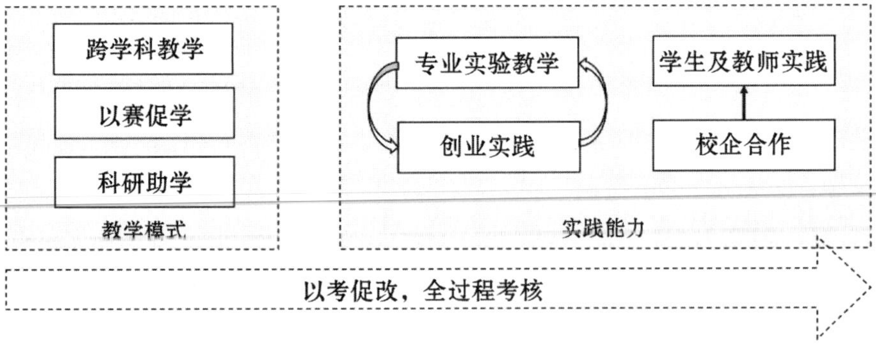

图 1　模式创新框架图

① 刘小蓉:《大数据背景下高校旅游教学方法的改革与创新》,《当代教育实践与教学研究》2017 年第 8 期,第 1 页。

② 黄玉宁:《创造力教学在旅游管理教育中的应用探析》,《现代教育论坛》2021 年第 5 期,第 1-2 页。

（1）协同创新，构建“跨学科教学、以赛促学、科研助学”三位一体的教学新模式

首先，旅游管理教学要突破传统文科学科的限制，以旅游新业态为指导，打造更多学习现代化信息技术、新媒体、互联网、大数据、虚拟现实技术等的实用性课程。其次，借助全国高校商业精英挑战赛、“尖峰时刻”酒店管理模拟全国大赛等重要国家级行业赛事，以参赛取得成绩为目标，探索专业教学的新思路、新方法，一方面培养参赛选手的创新意识、团队意识和竞争意识，使比赛活动不仅成为专业理论教学的有益补充，也变成培养学生专业实践能力的进一步延伸；另一方面将比赛模式引入课堂教学，全员对抗，全员参赛，以赛促学。最后，借助项目组成员主持和参加的各级纵向科研课题、学生大创项目以及原国家旅游局“万名旅游英才计划”，推动科研成果向教学转化，实现科研助学。通过“精品教学、以赛促学、科研助学”三位一体，形成互相促进的良性闭环。

（2）专业实验教学与创业实践活动一体化建设，培养学生的创业能力

为了使专业实验教学对学生的创业能力培养形成促进作用，我们提出通过开展专业实验教学与创业实践活动一体化建设，利用实验教学资源在校园内为学生创造创业实践的条件和机会，在专业教师的指导下完成从商机识别、创业团队组建，到可行性调研、项目立项、筹建运行、风险控制、流程标准化、盈利模式定型，直至创业孵化成功等一系列创业实践，以实战化促进学生创业能力的提高。

作为应用型本科专业实验室，从满足学生的实践能力，特别是创业能力培养的角度出发，本项目将重点研究旅游管理专业各实验课目之间的关系以及相互联系的接口，并以与专业对口的工作系统化过程为线索，将可以串联的实验课目进行整合，形成类似分布于实际工作流程链上的操作点位。在此基础上还要注意调整实验课目的开设顺序，使各实验课目的衔接和逻辑关系合乎实际工作流程的要求。此外，结合专业教学的实际情况，定期派出一定数量的教师到创新实力突出的企业实习、挂职锻炼，让教师充分了解这类企业创新驱动的运作模式，掌握必要的技能，提升业务素质，提高创新能力。同时，鼓励有精力和潜力的教师利用自己的科研成果转化，开展创业实践活动，既可以先自主创业，积累经验后反哺指导学生创业，也可以带领

学生一起寻找创业机会，开发创业项目，探索创业规律。

（3）产学联动，创建基于校企合作的“牵引式学习”新引擎

一是吸收企业参与人才培养方案的制定和实施；二是严格遴选行业信誉好、稳定的校外实习、实训基地，通过长期综合实习、短期认识实习、第二课堂参观学习、非常规职业体验等方式增加学生对旅游企业的认识，培养学生综合运用理论知识解决实际问题的技术应用能力；三是利用旅游企业先进的设备、技术和工艺，使学生能够及时学习和掌握先进的专业技术知识和技能；四是引入旅游企业一线高层次人才参与教学工作，培养双师型人才，强化教师队伍结构；五是为毕业生提供就业岗位。

（4）以考促改，逐步推进基于全面质量管理的“全过程考核”新模式

将全面质量管理的理念应用于课程考核中，大力推进课程考核方式改革，逐步建立基于课程特色的多元化考核模式。一方面，通过提高平时成绩比重加大对学生的过程考核，培养学生树立端正严谨的学习态度和持续学习的学习理念，杜绝“平时疏忽，考前突击，考后忘掉”的应试现象；另一方面，围绕人才培养目标中的技能和能力目标要求，建立科学多元的课程考核指标体系，逐步建立科学态度、科学规范、思辨能力、动手能力、操作能力、创新思维等多位一体的课程考核体系，进而反哺课堂教学内容和教学方式的改革与创新。

本文系教育部首批新文科研究与改革实践项目——新文科教师专业发展能力培养路线图的研究与实践（项目编号：2021170003）阶段性成果。

王庆生，天津商业大学管理学院教授，哲学博士。

李修霞，天津商业大学管理学院讲师，理学博士。

新文科建设背景下高校外语专业教师专业发展能力培养的路径与策略研究

王占斌

随着“四新”建设在全国的推进，“新文科”是当下各个高校“十四五”建设和发展的关键词，如何加快推进文科教育创新发展和构建以育人育才为中心的哲学社会科学发展新格局成为人文社科发展的趋势和目标。建设和发展新文科，教师必然是关键的主体，肩负着培养“知中国、爱中国，堪当民族复兴大任的新时代文科人才”的重要使命，教师的专业水平关乎着高水平人才培养的效度。为此，作为新文科占主导少数的外语专业，提升外语专业教师的专业发展能力和水平成为新文科外语专业建设的出发点和归宿点。本文以高校外语专业教师专业发展能力培养的途径为研究对象，探究目前高校外语专业教师专业能力培养方面存在的主要问题，并通过论证分析提出具体的培养策略，以求为高校外语专业教师专业发展能力的培养提供些许借鉴。

一、认识与问题

2018 年“新文科”一词首次出现在中央文件里，文件指出“高等教育要努力发展新工科、新医科、新农科、新文科”(简称“四新”建设)①,2019 年“四新”建设工程正式开启,至此“新文科”从概念提出变成一项战略部署正式实施。至于什么是“新文科”,大多数学者认为,新文科就是对传统文科的提升,通过专业和学科交叉和融合打破专业壁垒和学科障碍。② 这一概念定义有其道理,但有一疑问点:传统文科从来都是交叉融合的,专业间和学科间从未人为设置过障碍。笔者认为,新文科相对于传统文科而言,不是简单的融合和交叉,而应该是一种深度的交融,应该是一种认知上的改变、方法上的交融和思维逻辑上的转型。从原则上看,“新文科”应该体现为 24 个字:创新意识、批判思维、国家使命、全球视角、传承传统、跟进现代。所以新文科的“新”就是新问题、新知识、新方法、新视角、新话语。概括而言,新文科最终的目标就是建设适应新时代中国特色社会主义发展的专业和学科,构建新时代中国特色社会主义学科知识体系。那么,新文科背景下高校外语专业和学科发展的目标就很清晰了,即构建适应新时代中国特色社会主义发展的外语专业和学科知识体系。鉴于此,要建设和发展一支新文科背景下的高校外语专业和学科,首先需要建设一支适应新文科发展的高校外语专业教师队伍。这支队伍需要具有熟悉现代自然和社会科学知识,运用信息技术、创新意识和批判思维,在全球视野下用中国话语讲好中国故事。然而,目前高校外语专业教师的能力还不能完全达到新文科建设下对外语专业教师的要求,新文科教师的培养体系也不完善,还存在着很多亟待解决的问题。

(一)外语教师能力评价标准不够清晰

新文科建设的出发点就是解决我国新时期遇到的新问题,所以创新是新文科建设的标志和归宿。作为高校外语教师,为适应培养新时代文科人才的需求,解决新时代中国特色社会主义建设中遇到的问题,其具备的能力素质也应随之拓展丰富。

① 吴岩:《在高等学校专业设置与教学指导委员会第一次全体会议上的讲话》,光明校园传媒,2019－6－26,http://mp.weixin.qq.com/s/fgPd4eJSnNTz5usbJ9hBfQ.

② 何宁、王守仁:《新文科、新外语、新导向——论外语专业人才培养的发展与创新》,《外语教育研究前沿》2021 年第 4 期,第 5－8 页。

多年以来，我们的人文社科建设和发展比较繁荣，人文社科教师为国家培养了无数人才，为社会主义建设做了巨大贡献。然而，随着中国特色社会主义建设和发展的需要，人文社科教师的能力需求也需要与时俱进，外语教师需积极适应社会的发展，原来传统意义上的外语教师能力标准需要创新升级，达到培养新时代外语人才的能力要求。这样就会产生一个现实的问题，新时代“新文科”高校外语教师的发展能力有评价标准吗？虽然教育部和外语教学指导委员会等组织专家制订了一些评价参数，但是针对新文科背景下外语教师能力的衡量标准并没有形成。为此，探索构建与新时代文科人才培养相适应的外语教师能力标准体系是我们首先要解决的问题。

（二）外语教师培训体系不够完善

有了能力标准，还需要一套系统完整的培训体系。然而由于认知滞后，或者创新思想不够，有关外语教师的培训体系并不令人满意。目前，基于新文科外语教师队伍的针对性培训尚未充分开展，尤其以学科交叉融合为主题的培训还比较薄弱，如何进行深度的融合和交叉从理论上还不够清晰，分层分级分类指导还不够细化，培训还没有形成一个科学化、系统化、理论化的模式和体系。为了使新文科背景下外语教师更好地适应新时代发展，今后需要根据新文科建设的特点，基于外语教师的能力标准体系，探索构建一套适应跨学科跨专业融合要求的新文科教师专业发展和能力提升的综合培训体系，解决高校外语教师能力提升培训体系不完善的紧迫问题。

（三）外语教师开展跨学科实践的机制欠缺

有了能力标准，具备了完整的培训体系，还需要有效的机制来保障。新文科外语专业建设，跨学科是主要手段。新文科建设要求高校外语教师开展跨学科项目研究、跨学科专业课程建设，这样的跨学科实践要求给外语教师和所在学校带来了极大的挑战，如果没有一套有效的激励和约束机制，将会出现主题拼盘、目标迷失、浅表体验以及虚假跨学科的实践。目前外语教师开展的跨学科研究和跨学科专业建设只是简单的两两组合或简单结合或复合，最终还是“两张皮”，并非借助理科或工科的研究方法或专业建设路径来提高新文科外语教师的跨学科研究水平。为此，研究并推出一套行之有效的推动外语教师开展跨学科实践的评价、反馈、考核、激励机制，解决开展跨学科实践的激励和约束机制问题。

二、高校外语教师专业发展能力培养的路径与策略

新文科背景下外语专业教师的能力提高势在必行，但是通过何种途径提高是当前新文科发展和建设面临的问题，探索高校外语教师专业发展能力培养的路径与策略显得至关重要。按照系统工程的观念和 OBE（成果导向教育）理念，加强国家社会经济文化建设对外语人才培养的要求，掌握新时代中国高等教育的发展趋势，把握外语教育的规律，坚持守正创新，强化价值引领，明确新文科建设背景下高校外语教师专业发展内涵与要求，构建高校外语师资能力体系标准。通过对高校外语专业教师能力研究、专业知识研究、信息技术研究和管理机制的研究，构建高校外语教师综合培训体系。以促进高校外语教师专业发展为根本，构建新文科高校外语教师的跨学科机制，引导外语教师积极进行专业课程的优化、教学范式的创新，推动教师开展跨学科交流及教学。

（一）更新教育理念，提高思想认识

新文科外语教师的培养首先是思想观念的培养，没有思想上和认识上的提高，其他方面的培养和建设都会沦为形式。关于教育理念的更新，具体而言，就是外语教师需要全面加强学习有关国际国内教育趋势和变化，了解国际国内教育理论和方法，例如，以效果导向的 OBE 理念，以培养学生德、智、体、美、劳全面发展与完善的全面发展理念，以强调知识、能力与素质在人才整体结构中的相互作用、辩证统一与和谐发展的素质教育的理念，以加强创新教育与创业教育相融合的创造性理念，以强调尊重个性，鼓励个性发展，主张针对不同的个性特点采用不同的教育方法和评估标准的个性化理念，以倡导和谐教育促进整体有机发展的生态和谐理念等。同时，要通过培养培训，使高校外语教师真正了解我国高等教育新要求和新形势下的挑战，例如，新时代教育发展思路由注重扩大规模数量向注重质量提升转变、评价方式由单一指标向系统综合转变等。最后，外语教师要进行新文科发展新内涵等内容的学习教育，每位老师都要成为新文科的参与人和建设者，要将概念内化为行为。

新文科不只是概念,更重要的是实践,外语教师理应是新文科建设的领跑者。总而言之,要更新外语教师的教育理念,扩展外语教师的教育视野,加深外语教师对于教育改革形势的迫切性认识,激发广大外语教师自身融入大势,提高我国外语人才培养的质量。

(二)构建高校外语师资能力体系新标准

新文科建设需要培养新时代中国特色社会主义接班人,培养的主体之一教师的作用至关重要,需要具有与新时代发展相适应的高校外语教师队伍来完成培养的任务。新文科高校外语教师与传统文科外语教师的要求和标准有共同之处,但也有很多新的要求和评价标准。

第一,新文科高校外语教师应具有国际化视野。传统意义上的高校外语教师只是语言文学和文化的讲授者,对于所授语言国家的国家政治、文化、宗教、历史、外交政策等方面的知识关注不够。新文科背景下高校外语教师要成为语言文化的专家,更要成为国别研究的专家。

第二,新文科高校外语教师应具有传承传统文化的使命。传统意义上的高校外语教师非常注重传承中国传统文化,但是“传承”更多的是给学生讲授或者用于学术研究,对于自觉地向国外译介中国传统文化做得不够。在新文科语境下,高校外语教师是向国外宣传中国传统文化的主力军,担负着“翻译中国”的重任,特别是在“一带一路”的环境下,作为高校外语教师必须具备讲好中国故事的能力。

第三,新文科高校外语教师应具有批判性思维。传统意义上的高校外语教师注重知识传授,学生更多的是记忆知识点,思考问题或提出质疑和解决问题的意识不足,教师对学生的思维训练不够。新文科需要外语教师有问题意识,有批判和质疑意识,有思辨思维。

第四,新文科高校外语教师应具有创新意识。新文科与传统意义上的文科最大的区别,恐怕就在于新文科强调创新。高校外语教师的创新是新时代外语教师必须具备的基础能力,具体而言,就是要能够运用现代信息技术手段,利用自然科学研究的方法,阐释和分析本领域的问题,提出新的观点和新的有价值的结论。

（三）构建新文科外语教师专业发展和能力提升的综合培训体系

通过对高校外语教师能力标准的探讨，以提升外语教师新文科“大外语”意识，去除以往只是承担外语教书先生的狭隘思维，真正提升外语教师的政治素质和人文素养及专业发展能力，突破“小文科”思维，构建“新文科大外语”视野，使高校外语教师担负起培养“知中国、爱中国、堪当民族复兴大任的新时代文科人才”的重任，成为新时代中国特色社会主义教育事业的推动者。

第一，要进行承担新文科背景下高校外语教师政治素质和人文素养提升的培训。组织外语教师参加通识性培训项目和追溯经典等培训活动等，提高教师精神品格，增强社会责任感、家国情怀，提升综合素养，传承优秀文化根脉，创新文化发展，增强文化自信。具体而言，就是组织外语教师参加中国传统哲学学习活动，熟悉中国古典哲学，掌握儒、释、道哲学文化要义。参加“悦读”经典活动，对国内外经典著作要做到系统的、批判性的阅读，并能够进行简单的评论和实际应用。开展外语教师用外语讲好中国文学、中国历史、中国政治文化活动等，提高外语教师的叙事能力和文化情怀。

第二，开展外语教师专业发展能力提升培训。外语学科的发展离不开其他学科的支撑，比如语言学研究就离不开数学统计，心理语言学研究要依赖医学分析。新文科背景下外语教师的知识结构已经由线性状态发展为几何形态，由聚合性向发散性转变。然而，目前高校外语教师大多还不完全具备这些能力，即使具备这些能力也不够系统化、理论化，还不能娴熟地应用于教学和科研。鉴于此，新文科背景下开展高校外语教师专业发展能力的培训非常有必要。专业发展能力培训应该围绕这些方面以模块的形式进行。一是通过学科拓展与学科交叉知识培训，使外语教师掌握如何融合其他相关学科来促进外语学科的研究，将其他学科或其他学科的研究方法作为研究语言文学的方法和工具，由“外语＋”“＋外语”和复合变成真正的内部融合，而不是简单的加法或复合。二是加强前沿科学和前沿技术的培训。新文科背景下的高校外语教师应该是一个知识丰富的学者和某种语言、文化、政治、历史等方面的专家，外语教师要熟悉前沿科学技术知识并能够在实践中熟练应用现代前沿科学技术，打破以往自然科学和人文社会科学的鸿沟。三是要加强教育理论、教学方法更新换代的学习，让高校外语教师了解国内外教学前沿理论思想，掌握教育部和天津市教育教学改革动态，打破原有的教育教学观念，改变传统的教育模式，培养新文科“大外语”专业教师。四是要加强现代信息技术的培训。新文科背景下外语专业教师普遍缺乏必要的信息技术基础，大多无法有效利用技术工具来解决本领域的研究问题。但也不能仅仅像当下的一些培训，将新技术和方法进行简单应用，而要“真正拥抱和融入新技术，借助现代科技重塑我们的价值观念和思维体系，更好地回应和阐释科技与人文社会科研之间的逻辑关联”①。

第三，开展外语专业教师普适性培训和个性化培训。外语专业教师是一个庞大的群体，他们原有的知识积累和对新知识的吸纳和对知识的需求并不完全一致，因此外语专业教师的培训应依据教师的学历、专业、基础、能力素质、个人发展定位及学生培养要求量身定做。学校要协助外语专业教师分析自身的特点和薄弱环节，在此基础上针对共性问题制定普适性培训方案，提高外语专业教师整体的素质和能力，针对个性需求制定个性化培训方案，满足外语专业教师的发展需求，实现“尊重教师个体差异、注重教师个人发展、支撑学生培养需求”的培训目的。个性化的培训途径也可以多样化，如果同类需求的教师比较多，可以进行有组织的培训，如果人数较少，可以以个人方式外出参加培训，也可以通过网络进行线上培训。根据差异化的需求和人数的多少，学校和学院可以灵活多样地解决外语教师的知识需求问题。

第四，构建外语教师综合培训体系。为了做到全面精细化培训，需要采取分层次的培训方式，从学校、学院、系室和跨学科学习研究共同体四个层面组织形式多样的培训活动，提高培训的实效性。学校层面的培训要以教师需求为导向，由学校教

① 沈壮海、夏义堃：《中国特色哲学社会科学学术评价的职责边界与策略选择》，《社会科学文摘》2021年第7期，第7页。

师培训中心来组织。学院层面的培训要以学科建设需求为导向,根据学院的学科建构和发展着手。学院下属的系室是最小的单位,培训就要具体、实际,要接地气,要以专业建设需求和课程建设需求为导向,满足教师的直接需求。跨学科学习研究共同体的培训涉及不同学科不同学院,培训应该基于某个课题进行,即应该举办以项目需求为导向的培训活动。综合培训体系不仅是各个层面的分工,还涉及不同的途径,需要采取多元化的培训方式,深度挖掘各种线上线下培训资源,协同搭建教师能力提升平台,与合作高校、协会和社会机构共建教师培训基地,与企业合作建设行业导师工作室或协同创新团队,为教师产学研实践、专业实践等搭建平台,加强学校与企业、行业机构之间的培训协同,引导教师开展新文科教育教学改革,开展跨学科项目研究、跨学科专业课程建设。这种多元的培训方式在外语学院的翻译硕士专业(MTI)教学实践中得到了很好印证,取得了很好的效果。不管是分层次还是多元化途径,都必须是可持续的专业化培训,应该将教师专业成长需求与社会发展需要相结合,做到校内外培训资源有机融合,建设内外资源共享、教师互促、层次递进、机制有效的综合培训体系。

第五,健全教师培训效果评价机制。过去各个高校也举行过各类教师培训,虽然起到一定的作用,但整体效果不佳,主要是评价机制不健全。外语教师培训要达到预期的效果,需要建立线上外语教师培训档案,经常跟踪记录教师培训活动的整体过程,形成准确详细的外语教师发展成长记录,适时对教师参加培训的效果进行量化分析、准确评价和及时反馈。目前外语教师培训的规模比较小,参加的人数也较为有限,主要与各个单位的培训资金的短缺和鼓励措施缺失有关。学校给学院下拨的专业建设经费不足以资助更多教师参加培训。另外,参加培训也没有激励措施,派出参加培训的教师也没有认真学习,甚至一些教师不愿意参加培训学习。因此在新文科背景下,外语教师的培训,特别是线上培训应该加大规模,同时给予参加培训的教师一定的激励,在岗位聘任、绩效考核、年底评价、职称评聘中增加有利于教师参加培训的条件,为教师培训工作真正落到实处提供机制保障。

（四）构建推动跨学科有效机制

跨学科是发展新文科的必要途径，新文科与传统文科的最大区别就是学科的融通和交叉。王铭玉认为："新文科建设需要实现'三个打通'，即人文科学内部打通，人文科学与社会科学之间打通，文科与理科、工科、医科等其他学科打通。"①这个当然是新文科发展的必然选择，但是如何实现交叉融合仍然是比较大的问题，需要一些有效的机制来保障。为此，我们需要构建一种推动新文科外语教师跨学科项目研究、跨学科专业课程建设的有效机制，这种机制要有科学性、可操作性和可持续性，既能调动高校外语教师的积极性，又能保证工作有序、规范，还要为实际工作的开展提供物质和精神上的支持，也就是说要有良好的激励机制和保障机制。

外语教师进行跨学科研究是新文科语境下的新事物，对于老师而言是一项新的挑战，他们会产生畏难情绪。学院和系室领导要带头进行跨学科研究，同时，学校和学院要采取有效的措施，激励外语教师进行跨学科项目研究和跨学科专业课程建设，包括给予一定的物质激励、精神激励等，调动更多的外语教师积极主动参加跨学科专业建设和学科建设。物质激励可以与绩效奖励挂钩，也可以根据建设效果给予单独奖励。精神奖励可以与评优和其他荣誉评比挂钩，主动向积极参与跨学科跨专业的外语专业教师倾斜。除了物质奖励和精神奖励，还要给予时间上的奖励，保证教师有足够的时间和精力来做好工作。物质激励、精神激励效应以及时间奖励的实现要靠比较完备的激励制度和细则来保障。

同时，学校和学院要为外语教师跨学科项目研究和跨学科专业课程建设提供保障。物质条件保障主要是经费支持，学院要在许可的范围内给予一定数额的经费。学院还需要给予老师一定的物质保障和学科及专业建设平台保障，尤其专业建设平台的保障不可缺少。精神保障也不可缺少，学校和学院要对外语教师有观念导向，要有政策性支持和制度保障等。除了物质保障和精神保障外，学校和学院还要提供

① 王铭玉：《新文科——一场文科教育的革命》，《上海交通大学学报》（哲学社会科学版）2020 年第 1 期，第 20 页。

良好的管理服务。物质保障是基础,精神保障和管理服务是保证,三者缺一不可,有了这些保障机制,教师才能顺利开展跨学科项目和跨学科专业课程建设。

结语

新文科高校外语专业建设需要有相适应的师资条件,然而当前外语师资的专业能力还存在这样那样的问题,高校外语专业教师发展能力的提高面临诸多挑战,外语专业教师发展能力的培养迫在眉睫。当前需要析清制约高校外语专业教师发展能力提升的因素,探索外语教师发展能力的新标准,研究适应新文科建设和发展需要的路径,提出解决培养外语教师发展能力的策略,使新文科外语教师的培养沿着健康有序的轨道展开,为我国培养一支满足时代发展要求的高校师资队伍。

本文系教育部首批新文科研究与改革实践项目——新文科教师专业发展能力培养路线图的研究与实践(项目编号:2021170003)阶段性成果。

王占斌,天津商业大学外国语学院教授,文学博士。

“四新”背景下高校法学专业教师专业发展能力培养的路径与实践

沃　耘　宁　伟

教师对于教育质量而言无疑极为关键，甚至是影响教育成效最为重要的因素。① 随着我国经济社会日益发展，法治化建设水平日益进步，对于肩负着为国家和社会培养专业法律人才的高校法学专业教师而言，其专业能力也面临更高的要求和挑战。高校法学专业教师的专业发展能力，关乎高校法学教育质量的实现，因此，不断建立和完善高校法学专业教师专业发展能力培养的体系机制，探索面向法学学科专业自身特点与需要的教师专业发展能力培养的路径，是实现高校法学“四新”建设的应有之义。

一、法学专业教师专业发展能力培养的必要性

（一）法学专业教师专业发展能力事关法学学科专业建设

“四新”背景下，以往以学校为单位或对象的高等教育管理和发展模式需要进行

① 谭珍：《教育质量的决定因素及提高对策》，《教育科学论坛》2017 年第 8 期，第 12－13 页。

根本转变，即从以学校为平台的建设，转变为以学科专业为核心的全新管理和发展模式，实现从建设高水平高等学校到建设一流学科专业的重大转向。建设高水平一流学科专业，必须依赖高水平师资人才和队伍。只有打造能力过硬、综合素质高的法学专业教师队伍，才能实现一流法学学科专业建设。所以，“四新”建设一方面加强了学科专业教师的责任，另一方面也极大凸显了从事一线教学研究的学科专业教师的主体地位。

我们应当充分重视高校法学专业教师人才队伍建设，不断强化和提升法学专业教师的能力和素养，加大对法学专业教师专业发展能力的培训和锻炼。只有如此，才能真正建设一流法学专业。

(二)法学专业教师专业发展能力事关法学知识的融合创新

当前，学科专业交叉、融合、创新的重要性日渐凸显。随着新科学技术的不断创新和应用，以及社会组织形态的变迁，法律现象日益复杂。为了应对这些新变化、新需求，必须不断推进跨学科专业知识的交叉、沟通与整合。

法学应当突破小文科、小法学的局限，努力朝向大文科、大法学的方向发展。法学建设应当以培养复合型卓越法治人才为己任，不断破除学科壁垒，实现法学内部之间以及法学与商学、社会学、心理学、管理学等学科之间的交叉融合。这就要求高校法学专业教师具备从事跨学科教学研究的能力，对高校法学专业教师提出了较高的能力素质要求。

(三)法学专业教师专业发展能力事关法学课程建设

高校法学教育主要通过一门门法学专业课程来实现。法学专业的建设离不开法学课程建设的发展和完善。而法学专业教师是承担法学专业课程的主要主体，从课程开发设计到课程实施，都离不开法学专业教师的筹划、参与和实施。

“四新”一流课程建设，要求法学专业教师不仅能完成学校学院分配的课程任务，还应承担起开发新课程的职能；不仅能运用传统教学方法完成课程教学工作，还应顺应时代发展，灵活采用混合教学、反转课堂等全新教学方式方法提升课程教学效果；不仅传授法学专业知识，还能兼顾课程思政，实现“三全”育人。

课程改革最终要落实在专业教师的授课活动中,体现在专业教师对课程的设计和实施环节中,体现在专业教师的专业发展能力之上。因此,亟须对法学专业教师的课程建设能力进行培养和提高。

(四)法学专业教师专业发展能力事关法学实践型、应用型复合法治人才培养

法学是以解决社会生活及经济交往中各种实际纠纷、实际冲突等实际法律问题为目标的知识体系。法学是一门实践性、应用性为导向的学科。在英美国家,法学教育是一种专业教育(professional education)。而专业教育的实质,是回应社会中的客观实际需求,并为之提供智识及技能上的服务。高校法学专业教育,一定要回应社会实际需求,要立足于法律的实践与应用之上,以培养实践型、应用型法治人才为目标。

然而,目前国内高校法学专业教育以法学专业概念、专业理论教学为主,实践性、应用性仍有较大提升和发展空间。造成这样局面的原因之一在于国内高校法学专业教师在法学实践教学能力方面,与国外高校法学专业教师相比,尚存在一些不足:

第一,国内高校一般在聘任法学教师、引进法学师资的时候,往往主要考察拟聘任(引进)人员的学位学历、科研成果、年龄及身体健康状况等条件,而对实践教学能力的考察不够重视。目前大多数高校法学教师具有较高的学历,长期接受系统的法学专业理论培养和训练,基本满足理论课程教学和科学理论研究的需要,但在实践教学方面往往缺乏经验,缺乏实践应用教学能力的培训与指导。

第二,目前国内高校法学专业课程以法学理论知识的教学为主,而以模拟法庭、法律诊所等为代表的实践型应用型课程,在法学专业课程体系中的占比相对较小,且以选修课程居多,教师以及学生对实践应用型课程的积极性不高、重视程度也不够,影响了法学专业实践课程的实施成效。

第三,当前国内高校普遍缺乏开展实践性教学的专业设备、工具等条件。例如,一些法学专业没有模拟法庭,无法开展模拟法庭实训,大多数法学专业没有建设专门的法学实验室,没有购置法学实验设备或器材,没有条件和能力开展法学实验

教学。

所以,高校法学专业教师的实践应用能力也亟待通过系统培训予以加强和提升。

二、高校法学专业教师专业发展能力培养存在的问题

“四新”学科专业建设对法学专业教师的专业发展能力提出了明确而迫切的要求。高校法学专业教师作为高校法学学科专业的建设主体,承担了提升法学教学质量的主体任务。可以说,高校法学专业教师是法学专业教育质量提升的第一责任人。为了实现法学教育质量的提升,高校法学专业教师必须具备融合创新、课程开发和实施以及实践应用(教学)等专业能力。要想提升法学专业教师专业发展能力,绝不能仅依靠法学专业教师个人的努力,还应寻求建立和完善常态化、制度化、标准化的法学专业发展能力培养体系和机制。只有如此,才能真正克服过程和结果上的不确定性和差异性,实现我国高校法学专业教育质量整体提升。

(一)法学专业教师专业发展能力的标准体系空白

法学专业教师专业发展能力培养,应当实现培养的体系化、制度化、标准化。目前,我国教育主管部门针对中学教师出台了《中学教育专业师范生教师职业能力标准(试行)》等标准规范,而在高校教师职业能力培养方面则缺乏相应的标准。随着我国经济社会的发展,法治化建设水平日益提高,社会中新生法律现象不断出现,法律的复杂性日益增强,高校法学专业教师的专业能力也面临更高的要求和更多的挑战。法学专业高等教育亟须建立教师专业发展能力标准体系。

高校法学专业教师究竟应当满足哪些基本或必要的专业能力素养,目前尚未形成定论。部分高校或法学(律)院系、专业自行制定了法学专业教师专业发展能力标准体系,但往往存在标准不完备、内容抽象等问题。

(二)法学专业教师专业发展能力的培训体系缺失

法学专业教师专业发展能力培养,还需要体现管理的过程化、精细化、特色化。高校教师入职时,需要进行入职培训,主要对新入职的青年高校教师讲授教育学、教育心理学等知识和技能。很多高校或院系也常组织教师开展教学或科研等方面的

培训或讲座。然而,以上培训方式,实际都可归为高校教师职业能力培养的范畴,这些培训或过于基础泛化,缺乏对于法学专业教学科研工作的针对性,或过于零散,难成系统。简言之,高校教师职业能力培养,并不能等同于高校教师专业教育教学及科研等能力的培养。所以,我们需要从目前以高校教师职业能力培养为中心的模式,转变为面向具体学科门类的高校教师专业发展能力培养的模式。为了系统、有针对性地提高高校法学专业教师的专业发展能力,应探索以法学学科为中心的高校教师培训体系,为高校法学专业教师提供系统化、特色化的职业能力培养,提升高校法学专业教师的教育能力和水平,促进高校法学教育质量的提升。

(三)法学专业教师专业发展能力的配套机制不完善

一般而言,体系往往侧重静态的结构。所以,偏静态的高校教师能力培养体系,追求的是高校教师教育能力的完备性。能力标准体系中高校教师需具备的各项能力素养,不可能一下子都完备,而是需要一个过程。具体来说,需要有一套具体的、可操作的实施机制来保障。同时,设计好的高校教师能力标准体系的实际效果需要及时把控,通过监测、评估、反馈、调整等机制,不断予以完善。所以,仅有教师能力培养标准体系及培训体系仍是不够的,还需要有与前述二者相配套的实施和保障机制。

三、高校法学专业教师专业发展能力培养的路径选择

2021 年发布的《教育部等六部门关于加强新时代高校教师队伍建设改革的指导意见》明确提出,要“建设高校教师发展平台,着力提升教师专业素质能力”,要“健全高校教师发展制度。高校要健全教师发展体系,完善教师发展培训制度、保障制度、激励制度和督导制度,营造有利于教师可持续发展的良性环境”。① 结合教育部指导意见及高校法学学科的特点,我们认为,健全法学专业教师发展体系、完善法学专业发展培训制度,需要从以下几方面展开。

---

① 《教育部等六部门关于加强新时代高校教师队伍建设改革的指导意见》,http://www.moe.gov.cn/srcsite/A10/s7151/202101/t20210108_509152.html,访问时间:2022 年 1 月 15 日。

（一）构建法学专业教师专业发展能力标准体系

大体上，法学专业教师专业发展能力标准可以区分为以下三个层次：

第一，职业素养能力标准。包括政治素质、人文素养、职业道德、行为规范等方面的要求。职业素养能力标准是师风师德建设的体现，是高等学校专业教师职业伦理的体现，是基础性的能力指标，高校法学专业教师必须满足这一能力素养方能胜任所承担的工作和职务。

第二，专业核心能力标准。包括学生管理能力、教学能力、科研能力、继续学习能力、融合创新能力、实践应用能力等方面。法学专业教师的专业核心能力标准涵盖了法学专业教师从事法学专业课程教学及科学研究等活动所必需的、常用的能力，是法学专业教师专业发展能力培养的重心。

第三，专业拓展能力标准。包括实验教学能力、课程开发能力、信息技术应用能力等方面。专业拓展能力标准主要解决法学专业教师个性化的专业发展能力需求，需根据不同法学专业教师所承担的课程性质、个人旨趣及教师职业发展规划等因素进行选择和配置。

法学专业教师专业发展能力标准体系在形成和设计上要符合以下原则：第一，应尽量体现高校法学专业教育的特点和规律；第二，要体现法学学科所在学校或院系自身的特色、条件和未来发展路径；第三，要面向行业和社会对法治人才的实际需求，在设计制定和实施评估法学专业教师专业发展能力标准体系时，要与司法局、法院、检察机关等政府部门以及律所等企事业用人行业单位进行合作，组建法学专业教师专业发展能力标准体系方案制定委员会，充分调研听取和吸收接纳来自行业和用人单位的意见建议；第四，设计制定的法学专业教师专业发展能力标准体系还应注重更新和完善，应跟踪、评估和修正。

（二）构建法学专业教师专业发展能力培训体系

首先，组建法学专业教师专业发展能力培训专家团队。培训团队组成可以包括：第一，校内外富有法学专业教育经验或在法学专业理论或实践教学活动中具有突出专长、突出成绩的优秀法学专业教师；第二，校内外对高等教育方式方法有深入理论研究或专长的专家学者;第三,在法学(律)相关行业具有丰富培训和指导经验的资深校外专家等其他人士。

其次,确立法学专业教师专业发展能力培训的目标体系。应根据法学学科办学定位和特色及实际的办学条件,确立法学专业教师专业发展能力标准体系的培养目标,并将这些目标予以分解,形成法学专业教师专业发展能力培训目标体系。

再次,合理设计法学专业教师专业发展能力培训内容体系。在校内外学者专家的参与和帮助下,根据培养目标体系,充分考量教师个人职业发展规划和需求,考虑法学专业的建设需求、课程建设需求等因素,结合线上线下各种培训内容和资源,设计培训内容体系方案。例如,可以通过开设“博雅通识”培训项目及“致敬经典”培训活动等,提高教师的精神品格,培养法学专业教师的政治素质和人文素养;可以通过在学科拓展与学科交叉知识、融合创新方法、前沿科学和前沿技术、教育教学改革动态、现代信息技术、行业人才双向交流等方面展开培训,提升法学专业教师的专业基础和核心能力;通过“校本研修”“主题示范课”“名师讲坛”等培训,引导教师深入挖掘和提炼所授法学专业课程中蕴含的思政要素,锻炼法学专业教师在课程中灵活开展思政教学、提升课程思政教学能力。

最后,构建多元化、多层面的法学专业教师专业发展能力培训实施方式。高校法学专业教师普遍面临生活工作压力大的问题,因此,法学专业应当形成普适性培训和个性化培训相结合,以个性化培训为主、普适性培训为辅的培训实施方案,避免一刀切,避免强制性的拘泥于形式的培训方式。可以通过以赛促培、研修访学、校企校政合作、认证实训、团队协作互助、跨学科观摩学习交流等多元方式,开展校、院、系、教研室等多层面的培训活动,实现内外资源共享、教师互助互促、层次逐级递进的法学专业教师专业发展能力培养方式。

(三)构建促进法学专业教师专业发展能力提升的制度机制体系

首先,建立法学专业教师专业发展能力培训激励机制。激励机制,包括物质激励、精神激励、情感激励、目标激励等,既要保障教师参加培训的待遇和提供专项资金资助,给予物质上的支撑,也要对参加各项教师专业发展能力培训的教师给予证书、培训积分等精神鼓励，还可以给予目标激励，优先推荐专业发展能力突出且工作成效卓著的教师参加各项评比，在岗位聘任、考核、评价、职称评聘中将教师专业发展能力作为考量因素。

其次，改善管理机制，加强服务意识。对高校法学专业教师专业发展能力及其培养的各种要求，绝不是为了加重高校法学专业教师的负担和任务。所以，相关管理机构或人员应当转变观念和职能，逐渐弱化原有的教师过程控制为导向的管理方式、手段和机制，转变为以结果控制为导向的治理方式、手段和机制。要突出“引导和调动”“帮助和支撑”“监督与保障”几个关键字，决策和职能尽量下放。充分发扬民主精神，专业的事情交给专业人员办理，赋予法学专业、教研室、课程团队乃至法学专业教师更多的自主决定权、选择权、行动自主权。高等学校及学院（系）应将更多的精力和职能放在提供保障、给予激励、实施动态评估、反馈和监督等方面。

最后，健全法学专业教师培训过程和效果的跟踪、评价、反馈机制。研究法学专业教师专业发展能力评估方法，建立法学专业教师专业发展能力培训电子档案台账，通过访谈、评估等方式定期对教师参加培训的效果进行跟踪和研判，形成教师专业发展能力报告和发展成长趋势预测曲线，并及时向法学专业教师进行反馈，共同找出问题症结，形成专业发展能力改进的建议或路径。

结语

党和国家一贯重视对包括法学专业教师在内的高校教师专业能力素质的培养。党的十九大报告提出要“加强师德师风建设，培养高素质教师队伍”①。《中共中央、国务院关于全面深化新时代教师队伍建设改革的意见》提出：“到2035年，教师综合素质、专业化水平和创新能力大幅提升，培养造就数以百万计的骨干教师、数以十万

① 习近平：《决胜全面建成小康社会　夺取新时代中国特色社会主义伟大胜利——在中国共产党第十九次全国代表大会上的报告》，《理论学习》2017年第12期，第18页。

计的卓越教师、数以万计的教育家型教师。”①高校法学专业为了落实党和国家关于教育的目标，就必须充分重视高校法学专业教师的专业发展能力的培养，建立符合法学专业特色和需求的培养标准体系和各项实施机制。

本文系教育部首批新文科研究与改革实践项目——新文科教师专业发展能力培养路线图的研究与实践（项目编号：2021170003）阶段性成果。

沃耘，天津商业大学法学院教授，法学博士。

宁伟，天津商业大学法学院讲师，法学博士。

① 新华社：《中共中央 国务院关于全面深化新时代教师队伍建设改革的意见》，《人民教育》2018 年第 Z1 期，第 8 页。

外语专业教师能力提升路径研究

荆红艳

外语专业教师，不仅承担着传播外国语言文化的重要历史使命，也是培育实现中国文化“走出去”和“一带一路”国际合作目标国际化人才的关键性力量。信息技术的发展、“新文科”建设的开启，为外语专业教师带来更多的机遇和挑战，本文旨在前人研究的基础上，对当前外语专业教师能力的内涵进行剖析，并检视目前外语专业教师能力中存在的问题，对外语专业教师能力提升路径进行探讨。

一、外语专业教师能力的内涵

国内外诸多学者对外语专业教师能力的内涵进行了探讨，吴一安在对30所高校进行调研的基础上提出了高校优秀英语教师的专业素质框架，包括教学能力、职业观和职业道德、教学观、教师学习与发展观四个维度。① 仲伟合等认为英语教师专业能力应包括专业知识、专业技能和专业素质三个要素。② 孙有中等提出了由职业道德、教学能力、研究能力和学科知识四个要素构建的“外语类专业教师

① 吴一安：《优秀外语教师专业素质探究》，《外语教学与研究》2005年第3期，第202－204页。

② 仲伟合、王巍巍：《“国家标准”背景下我国英语类专业教师能力构成与发展体系建设》，《外语界》2016年第6期，第2－8页。

能力框架”。①

诸多学者的表述尽管各有不同，但基本都涵盖职业道德、专业知识、教学能力、研究能力四个方面的内容，可见学界对外语专业教师能力的内涵认定基本是一致的。其中，职业道德主要包括职业观、教学观、师德风范等内容；专业知识涵盖所学外语专业的语言文化等相关知识、教育学、心理学以及和外语专业实现交叉复合的其他学科的知识；教学能力主要包括课堂教学能力、实践教学能力、教学评测能力等；研究能力主要涵盖专业研究能力、教学研究能力、服务社会能力、创新创业能力等方面的内容。

2018 年 1 月，《高等学校外语类专业本科教学质量国家标准》（简称《国标》）对外语类专业教师素质和教师发展提出了五项明确要求：①符合《中华人民共和国教师法》（简称《教师法》）和《中华人民共和国高等教育法》（简称《教育法》）规定的资格和条件，履行相关义务；②具有外国语言文学类学科或相关学科研究生学历；③具有厚实的专业知识，熟悉外语教学与学习的理论和方法，对教育学、心理学等相关学科知识有一定了解；④具有扎实的外语基本功、教学设计与实施能力、课堂组织与管理能力、现代教育技术和教学手段的应用能力，以及教学反思和改革能力；⑤具有明确的学术研究方向和研究能力。《国标》对外语类教师的能力要求主要包括知识储备、外语能力、教学能力和研究能力四个方面。② 尽管《国标》中没有明确提及职业道德，但实际在第一项内容中要求教师满足《教师法》和《教育法》规定的资格和条件，并履行相关义务，《教师法》的相关义务中明确提出了教师要遵守宪法、法律和职业道德，为人师表。

2020 年 4 月，《普通高等学校本科外国语言文学类专业教学指南》（简称《指南》）明确了英语类（包括英语专业、翻译专业、商务英语专业）、俄语、德语、法语、阿拉伯语、日语、非通用语九个外语专业在学生培养、师资队伍、课程体系、教学质量保

① 孙有中、张虹、张莲：《〈国标〉视野下外语类专业教师能力框架》，《中国外语》2018 年第 2 期，第4－11 页。

② 教育部高等学校教学指导委员会：《普通高等学校本科专业类教学质量国家标准（上）》，高等教育出版社 2018 年版，第 94 页。

障等维度的具体内容和实施原则、方法,为各专业创新发展提供了具体行动路线和解决方案。各个专业的《指南》都从师资结构、教师素质、教师发展三个方面对师资队伍提出了要求,教师素质都结合本专业特点对《国标》进行了一定的细化。以英语专业为例,与《国标》相比,英语专业《指南》在第四条要求中把"国标"中的"外语基本功"细化为"英语语言基本功",其他内容与《国标》保持一致。① 翻译专业则在《指南》的第三条专业知识要求中增加了"对翻译技术的发展和应用有一定了解",在能力要求中增加了"具备较强的口笔译实践能力";②其他几个专业也是基本细化指出教师需具备本语种的语言基本功。《国标》和《指南》是我们目前进行专业建设的两个纲领性文件,因此其所规定的教师能力是我们进行师资建设、提升教师能力的根本遵循。

2021 年 1 月,《普通高等学校本科教育教学审核评估实施方案(2021—2025 年)》公布,在《普通高等学校本科教育教学审核评估指标体系》中对教师队伍的考察也主要涉及四个指标,分别是师德师风、教学能力、教师培训与职业发展、基层教学组织建设,该指标体系可以分为个人和学院学校两个层面,对教师个人能力的考察集中在师德师风和教学能力两个方面。

综上所述,从学界的研究状况和教育部的相关文件来看,外语专业的教师能力应主要包含职业道德、专业知识、外语能力、教学能力、研究能力五个方面。之所以明确提出外语能力的要求,是因为外语教师在教学和研究过程中,除了要掌握外语专业的语言文化等相关知识,也必须具备听、说、读、写、译等扎实的外语基本功和较强的语言实践能力,以满足人才培养方案中听力实践、口语实践、翻译理论与实践、演讲与口才等大量实践课程授课的需要。

二、外语专业教师能力的现状

尽管近年来无论是政府层面,还是各高校和教师都在致力于提升高校教师的思

① 教育部高等学校外国语言文学专业教学指导委员会:《普通高等学校本科外国语言文学类专业教学指南(上)》,上海外语教育出版社 2020 年版,第 12 页。

② 教育部高等学校外国语言文学专业教学指导委员会:《普通高等学校本科外国语言文学类专业教学指南(上)》,上海外语教育出版社 2020 年版,第 59 页。

想政治素质和专业能力素质,但由于高校教师资格认证门槛比较低,大多数教师没有接受过系统的师范技能训练,目前高校外语专业的教师能力仍存在不少问题。石琳霏、姜亚军认为,目前高校外语类专业教师的数量和质量对人才培养目标的支撑度远远不够。① 孙有中等认为大多数外语专业教师还只是在单纯的教授外语语言知识,达不到《国标》要求,"能力赤字"问题严重。②

通过整合前期研究和教师调研,我们发现,外语专业教师能力主要存在以下五个方面的问题。第一,教师知识储备不能满足人才培养需求,大多老师只熟悉所学外语专业相关的外国语言文化知识,而对教育学、心理学等教育教学理论、专业以外的其他学科知识储备不足,不能满足当前"外语 + "复合型人才培养的需求。同时,在开展教学和研究时也会因为缺乏知识的广度和深度而出现研究视野比较狭窄、理论水平不高的问题。第二,教师对职业身份认同感不足,对教书育人、实现立德树人根本任务的使命和责任认识不充分,导致使命责任感不够强、内驱力不够足、积极性和主动性有所缺失,师德师风建设有待提高,对课程思政进行的必要性认识不清,不能有效树立终身学习理念,对于学生的热爱和责任感不足,对教学和科研工作的投入度不高。第三,外语能力不足,部分教师不具备国外留学或者交流经验,语言实践经验不足,听、说、读、写、译等基本功不够扎实,相关能力的持续学习和锻炼未能有效实施,不能满足口笔译理论与实践等高年级专业技能课程授课的需求,甚至不能满足全外语授课的需求。同时,由于外语能力不足,教师也不能有效和企业、行业对接,不能有效发挥服务区域经济社会发展的作用。第四,教学能力不足,缺乏系统的教学能力培训和思考,教学理念还停留在以教师为中心,教学方式仍比较传统,课堂管理和教学组织能力不强,不能适应目前的信息化和数字化教学发展趋势,不能满足疫情背景下混合式教学和线上教学的需求,教学和育人效果得不到有效提升。同时,由于缺乏具体的创新创业实践活动,对实践教学和创新创业教育所知有限,对如

---

① 石琳霏、姜亚:《中国英语教育四十年反思及其对新文科背景下英语专业建设的启示》,《外语教学》2020 年第 3 期,第 65 页。

② 孙有中、张虹、张莲:《〈国标〉视野下外语类专业教师能力框架》,《中国外语》2018 年第 2 期,第 4 页。

何有效地将创新创业教育和外语专业相结合把控力不够强。第五,研究能力不足,尽管外语专业确实存在项目申请难、高水平论文发表难等问题,但教师自身也对科研方向规划不够明确,对教研和科研的内涵与关系认识不清,有轻教学重科研或者轻科研重教学倾向,忽视了教研和科研对教学的反哺作用,创新动力不足,导致教研、科研发展迟滞,科研水平整体偏低,高水平科研成果缺乏。

三、外语专业教师能力提升路径

教师能力的提升,不仅直接影响着外语专业的教学质量和人才培养质量,也是推进外语专业教学改革和专业建设的关键。因此,我们必须结合目前的"双一流"和新文科建设背景,针对目前外语专业教师存在的主要问题,从个人和学院学校两个层面,多策并举全面提升教师能力。

(一)加强职业道德培训,强化师德师风建设

职业道德是对所有高校教师的基本要求,外语专业教师由于专业特点会有更多机会接触外国思想文化,个人层面就更需要从根本上树立文化自信和正确的教育信仰,在多元文化冲击和多种思想交融的环境中,提高自身的判断力和抵抗力,坚守职业理想和道德;学院和学校层面则要以"四有"教师职业目标、《新时代高校教师职业行为十项准则》(简称《十项准则》)等精神和文件为遵循,建立师德师风建设长效机制。

一方面,要组织教师深入学习领会习近平总书记关于师德师风建设的重要讲话精神,深刻理解新时代外语专业教师加强师德师风建设的重大意义和时代内涵,明确"四有"教师的职业目标;组织教师认真学习《十项准则》等文件,切实树立教师底线意识;引导教师自觉把学习成果融入日常工作,不断增强教书育人的责任感和使命感,强化师德修养的自觉性。

另一方面,要建立健全师德监管体系和师德考核体系,通过签订师德师风责任书、建立师德档案、实行"师德一票否决制"等方式,把师德师风表现作为教师年度考核、绩效分配、职称评审等各项工作的重要参考指标,把师德失范行为纳入行政纪律处分范围。同时,把师德师风建设和课程思政建设有机融合起来,引导教师在立身

的同时强化立德树人意识，通过言传身教和科学有效的课程思政教学设计，以及中外文化的有效对比和指导，引导学生树立文化自信和从事教师、翻译、语言服务等职业的职业道德，进而对学生的学习和发展产生全面的影响。

（二）树立终身学习理念，拓宽专业知识领域

《国标》和《指南》中都要求教师应树立终身发展的观念①，这里所说的终身发展是由教师职业特点决定的，教师作为知识的传授者，必须与时俱进、不断更新知识储备，才能更好地履行教书育人使命。而终身发展的基础便是终身学习，目前的信息化、数字化、智慧化教育发展趋势也加剧了教师终身学习的必要性。而外语专业的语言、文化等很多相关知识不是一成不变的，会随着时代和社会的发展不断变化，这一学科特点也决定了我们必须不断更新知识储备。加之外语专业本身便具有很强的工具性，往往需要为其他专业的国际化交流提供服务，在这一过程中我们也需要保持不断学习和接收其他相关专业知识的热情和能力。

专业知识是高校教师的立命之本，外语专业教师的专业知识首先指的是所教授的外语语种的语言、文化等基本理论知识，主要包括外国语言学、外国文学、外国文化等内容；其次，包括教育学、心理学、教学法等教育、教学相关的理论和知识；“新文科”建设鼓励专业之间的专业融合，“外语＋”的人才培养趋势也需要教师除具备外语专业知识之外，还要具备了解国际贸易、语言服务等与外语专业交叉融合的其他专业领域的知识；信息化时代背景下教师还需要学习各种信息化技术手段，以满足混合式教学、信息化数字化教学改革的需求；立德树人根本任务指导下，教师需要学习课程思政的相关理论和实施方法。总之，无论是个人发展需求，还是国家社会教育发展趋势，都需要教师与时俱进，持续学习，不断拓宽视野和知识领域。

（三）加强语言实践、提升外语能力

目前外语教师存在知识僵化、语言实践不够、长期中文授课导致外语能力退化

---

① 教育部高等学校教学指导委员会：《普通高等学校本科专业类教学质量国家标准（上）》，高等教育出版社2018年版，第94页。

等问题，达不到《国标》对外语教师外语基本功的要求。教师自身要树立终身学习理念，坚持经常进行听、说、读、写、译等基本功训练和语言实践，坚持外语授课，持续更新语言知识，积极申请国内外交流学习机会，加强与企业、行业的交流和合作，确保外语能力不退化和有效提升；积极发挥外语的工具性作用，进行口译、笔译实践，力所能及地为企业、行业提供语言服务，实现学以致用和服务社会的功能。

学院和学校层面要通过加强在职培训、组织国内外进修和学术交流、实施国际合作项目、进行企业行业实践、组织教师专业技能竞赛、优秀教师示范引领等多种方式，利用现代信息技术搭建系统的外语能力提升平台，营造教师积极提升外语能力的良好氛围，引导教师用自身外语能力提升教学和育人效果，服务区域经济社会发展。

（四）转变教学理念，提升教学能力

孙有中等认为外语专业教师的教学能力应主要包括两个方面的内容，一方面是语言、文化、二语习得等方面的知识，另一方面则是课程设计、教学评价、教育技术运用等方面的能力。① 但是，目前还有很多教师对教学能力认识不清，简单地认为只要能够传授语言文化知识就具备了教学能力，同时也有部分老师还是满足于传统的“满堂灌”教学模式，不能理解以学生为中心的发展理念，教学改革动力不足，对学生的考核缺乏过程性评价。

因此，应通过系统培训引导教师积极转变教学理念，提升教师的信息化教学能力、课程思政教学能力、“外语＋”复合型课程教学能力、创新创业教学能力、多元化教学评价等各种能力；应通过职业指导、教学团队建设、示范课引导等方式为教师提升教学能力提供方向指引和方法指导；通过教学优秀奖评选、多元评教等完善的教学评价机制，激励教师不断提升教学能力和育人能力；通过校企共建，企业、行业实践等方式为教师提供更多的实践平台，增加教师的实践经验，提升教师的实践教学能力和质量；通过组织教师参加教学创新大赛、教学基本功大赛等各类专业竞赛，以

① 孙有中、张虹、张莲：《〈国标〉视野下外语类专业教师能力框架》，《中国外语》2018 年第 2 期，第 9 页。

赛代练、以赛促教，有效提升教师的教学能力，建立相应的激励机制，调动教师参赛的积极性。

（五）明确职业定位，提升研究能力

外语专业教师的研究能力包括专业研究能力与教学研究能力两部分。专业研究主要指文学研究、文化研究、翻译研究等外语专业领域的研究；教学研究指结合教育教学实践进行的研究，包括教学理论与实践、教学改革、课程建设、人才培养、教材编写等内容。

目前，外语教师存在研究方向不明确、研究理论水平不高、将研究和教学完全割裂等情况。要通过培训和引导使教师明确职业定位，教学和科研是教师职业密不可分的两个组成部分，两者相互促进，教学实践为教学研究提供现实依据和研究材料，而教学研究和专业研究的成果能反哺教学，提升教学的先进性和前沿性，有效提升教学水平和教学效果；同时，要通过科研团队建设、以老带新机制、学校和专业特色引领等方式引导教师明确研究方向，形成个人发展规划和团队效应的有效结合，缩短科研成果孵化时间；要健全与完善科研奖励机制，激励教师从事科研的积极性和主动性，引导教师做高水平科研，引导教师科研向区域社会经济发展倾斜，提升外语专业教师服务社会的能力。

《国标》和《指南》都明确指出，学校应建立健全教师发展规划与制度，优化教师的知识结构，提高教师的专业理论水平与教学和研究能力。① 这既是对学校层面的教师发展规划做出了明确要求，同时也为教师的个人发展和能力提升指明了方向，即实现专业知识、教学能力、研究能力的全面发展。尽管这里并没有明确提及职业道德，但其重要性毋庸置疑，所以我们可以把外语教师发展的终极目标概括为教师职业道德、专业知识、外语能力、教学能力、研究能力的全面发展，五者并不是孤立的存在，而是一个有机联系的整体，相辅相成，缺一不可。

---

① 教育部高等学校教学指导委员会：《普通高等学校本科专业类教学质量国家标准（上）》，高等教育出版社 2018 年版，第 94 页。

教师的素质和能力在很大程度上决定了教学质量和人才培养质量，为了切实实现立德树人根本目标，推进“新文科”建设，我们必须要制定切实可行的政策和目标，全方位引导和支持教师全面提升能力，建成科学、高效的外语教师发展体系，以教师的教促进学生的学，进而提升教学质量和人才培养质量，实现外语专业内涵式发展。

本文系教育部首批新文科研究与改革实践项目——新文科教师专业发展能力培养路线图的研究与实践（项目编号:2021170003）阶段性成果。

荆红艳，天津商业大学外国语学院讲师，文学博士。

新文科视域下高校工商管理专业高质量发展路径探讨

——以天津商业大学为例

杜　红　胡玮璇　王庆生

2020 年 11 月 3 日新文科建设工作会议上全面部署了新文科建设工作。会上指出:"'新文科'就是文科教育的创新发展。"①建设新文科需要"回应需求"②"坚持问题导向和打破学科壁垒"③。文科要主动求变,以为创新型国家战略实施"提供人才基础、社会服务能力以及创新动力"④。新文科与新工科、新医科、新农科交融发展,为文科建设提供新的视角与机遇。经管类工商管理专业需要站在新的历史背景下,反思专业建设积累的成绩,结合变化的环境,寻求高质量发展路径。

一、新文科视域下工商管理专业迎来的机遇和挑战

工商管理的宽口径与创新创业天然匹配。创新创业有极强的实践性、创新

① 《新文科重磅启动! 教育部高教司司长吴岩:全面推进新文科建设》,齐鲁晚报网,https://baijiahao.baidu.com/s?id=1682402214219491830&wfr=spider&for=pc,访问日期:2022 年 3 月 11 日。

② 樊丽明:《新文科建设的内涵与发展路径(笔谈)》,《中国高教研究》2019 年第 10 期,第 10-13 页。

③ 彭岚:《新文科背景下地方高校经管类实验中心高质量发展研究》,《西昌学院学报》(社会科学版)2020 年第 3 期,第 102-105 页。

④ 《教育部高教司司长吴岩:夯实教学新基建抓好三质量一水平》,中国教育在线,https://www.eol.cn/news/yaowen/202104/t20210401_2091615.shtml,访问日期:2022 年 3 月 11 日。

性,对商业能力与战略能力要求很高。工商管理涉及的知识面广,能广泛覆盖创新层面,从市场到商业模式、到运营、到产品设计,能产生更加全面、系统的创新成果。

适合与其他学科相融合。新工科、新农科、新医科的技术与成果向市场转化,服务区域经济时,需要懂市场、能运营的专业来支撑,工商管理恰巧具备这些知识体系,工商管理将创新创业的基因注入专业建设过程中后,可以站在服务区域经济的视角,更有效地与其他专业融合创新,培养复合型人才与服务区域经济发展。

多样化新形式的实践,赋予工商管理新生机。与产业融合、强调实践性、丰富多彩的比赛尤其是“互联网+”,使工商管理创建出多样化的实践形式,使专业人才培养落地。通过与企业联合办学、参加各类大赛、使创新创业项目落地,创建创新实践环境,学生与老师能在实践的过程中与社会需求对接,通过实践项目,推动专业特色的更新、课程体系的优化、教材的生动化、教师的综合能力提升、高阶人才的培养。

与此同时,工商管理专业也面临巨大的挑战。工商管理专业开设早,在建设过程中遇到的最大问题就是传授的东西广泛、缺少深度。知识传授呈现一定程度的碎片化现象,缺少实践,很难培养出学生综合性的解决问题的能力,学科特色不鲜明。

面对变化,要走出传统的思维模式,与外界广泛交流,不断尝试,快速迭代,聚合资源,进行跨界融合的同时,基于核心能力,形成特色领域,深耕积累,在主动求新、求变的同时,稳扎稳打,积累特色。

二、新文科视域下工商管理专业高质量发展的内涵

面对政治、经济、文化领域里的严峻挑战,需要以新的教育形式,培养当今和未来社会所需要的能力①,高质量发展是国家跨越“中等收入陷阱”的关键举措②,教育的高质量发展是教育发展方式的全面转变,是内涵发展的高级阶段。专业建设是教

① 《教育部高教司司长吴岩:夯实教学新基建抓好三质量一水平》,中国教育在线,https://www.eol.cn/news/yaowen/202104/t20210401_2091615.shtml,访问日期:2022 年 3 月 11 日。

② 柳立:《宗良:坚持高质量发展　跨越“中等收入陷阱”》,https://www.financialnews.com.cn/ll/ft/201904/t20190401_157432.html,访问日期:2022 年 3 月 11 日。

育高质量发展的基础环节,“专业是人才培养的基本单元,教学改革的关键是专业”①。高质量的教育发展离不开高质量的专业发展,专业是人才培养供给和需求的结合点。

《工商管理类国家教学质量标准(2018)》中人才培养目标强调了要培养践行社会主义价值观,具有社会责任感和创新精神,适应国家经济建设需要,具有人文精神与科学精神,掌握现代经济管理理论及管理方法,具有国际视野、本土情怀、创新意识、团队精神和沟通技能,能够在企事业单位、行政部门等机构从事经济管理工作的,应用型、复合型与创新型人才。能力要求中,专业素养包括具有国际视野、系统掌握工商管理类工业知识、具备发现组织管理问题的敏锐性和判断力,掌握创新创业技能,并能够运用管理学理论和方法,系统分析、解决组织的管理问题。ISO9000对质量的定义是一组固有特性满足要求的程度②,要求包括明示与隐含的需求及期望。质量与需求直接相关,聚焦区域发展中急需解决的问题,为区域经济发展提供卓越人才与服务社会是新文科背景下所需要回应的关键需求。③ 在新文科视域下,工商管理的高质量发展需要更加积极的融入国家经济建设过程,以区域经济发展中企业遇到的关键问题、关键需求为牵引,在社会主义核心价值观引领下,全过程贯穿创新创业,完善丰富课程体系,创建跨学科、跨领域、跨边界的实践场景,培养学生解决高阶、复杂、挑战性问题的能力。

三、工商管理专业高质量发展路径

大数据、人工智能、5G 等新技术的涌现,低碳的发展战略,国家创新发展战略的人才需求,新的经济业态的涌现,经济高质量发展等要求,需要工商管理专业结合自身情况,寻求高质量的发展路径。寻求高质量发展路径过程中,工商管理专业需要

---

① 《新文科重磅启动!教育部高教司司长吴岩:全面推进新文科建设》,齐鲁晚报网,https://baijiahao.baidu.com/s? id=1682402214219491830&wfr=spider&for=pc,访问日期:2022 年 3 月 11 日。

② 黄宏瞻:《“质变余杭”成就“余杭制造”金名片》,《中国市场监管研究》2016 年第 11 期,第 3 页。

③ 《教育部高教司司长吴岩:夯实教学新基建抓好三质量一水平》,中国教育在线,https://www.eol.cn/news/yaowen/202104/t20210401_2091615.shtml,访问日期:2022 年 3 月 11 日。

充分发挥积累的优势，结合变化的趋势、区域需求，开放式地整合资源，寻求适合自身的发展之路。

（一）工商管理专业结构的高质量发展路径

工商管理专业普遍开设时间长，积累了毕业生、合作机构、师资优势，可以采取以下路径优化专业结构。

自身的升级。将创新创业、互联网、大数据等技术以及新兴业态等与时俱进的内容，融入课程、实践各环节，提升质量。

结合新兴领域，形成有战略、有引领意义的新兴方向。围绕经济发展过程中急需的人才，在已有课程的基础上，结合具体领域的需求，开设新兴方向，尤其是有引领意义的方向。

跨学科，形成满足社会紧缺需求的特色方向。与其他学科交叉，深入融合，培养出符合社会需求的特色化人才。

紧密对接社会需求，孕育潜在的发展方向，在谋发展的过程中扩大与企业、政府、其他院校的交流与合作，积极探索，尝试可能的新兴方向以及提升路径，推动专业持续、动态的发展。

（二）工商管理专业课程高质量发展路径

以思政与创新创业为基础，构建工商管理课程体系。工商管理专业课程，涉及市场营销、财务管理、组织行为学、创业管理等，涉及的课程面广。传统的工商管理课程的设置有一定的碎片化，课程之间缺少联系，难以形成合力。建议将思政与创新创业所需具备的价值观、知识与能力贯穿所有的课程中，按知识链条的逻辑关系，重新梳理课程知识点，删除重复性知识点，强化关键性知识点，使各门课程形成有机联系，使学生在学习过程中创造性全面审视企业，树立勇于承担责任、大胆尝试、不断创新的意识，形成解决高阶、复杂、有挑战性问题的能力。

课程本身的升级。面向区域发展需求，结合自身定位，突出创新创业能力支持，融合“互联网+”、大数据、新业态等新知识进课程，升级传统课程。

围绕方向，构建特色课程群。在新时代背景下，需要围绕区域经济发展需求，深化形成有一定深度的特色方向课程群，以不断适应社会发展的需要，培养紧缺人才。

强化课程的实践性。从新文科视域角度出发，一方面教师应走向社会，把根深深扎在中国的大地上，了解现实社会的需求，在现实社会的土壤里积累符合中国实际的对策、办法以及丰富的案例，进而反哺课堂；另一方面，教师应整合社会资源，联合授课，让学生走入企业、让学生真正做项目，让学生真创业，让学生在实践中成长。

（三）工商管理专业师资高质量发展路径

激发教师热情。新文科建设的推进，很多学校采取了“破五唯”综合改革措施，为教师提供了多样化的发展路径。关爱教师成长，鼓励相互协作，正向激励教师，帮助教师认知变化，针对教师不同的特点，帮助教师搭建平台，找到适合自己的赛道，激发教师的干事热情。

搭建终身学习的平台。分类搭建学习平台与实践平台。教师要积极参与各种网络授课，更新观念与知识。分类搭建平台，为不同类型的老师创建不同的研讨、学习与实践平台。科研型教师，重视前沿理论的研讨、交流、学习与实践；实践型教师搭建与企业间的深度合作、指导学生创新创业比赛与实践的平台；教学型教师搭建与学生深度沟通的平台，使教师深入理解学情，针对性施教。另外，还可以采取相互示范教学、研讨教材开发、与兄弟院校之间开展交流学习等方式。

（四）工商管理专业教材高质量发展路径

将实践成果融入教材体系。教材体系融入知识前沿的同时，将实践成果融入教材，讲述学生身边的素材与案例，使学生认知、感受到，切实推进学生观念与行为的转变。

与企业联合开发教材。与企业联合开发教材，融合企业丰富的实践经验，形成可操作性强、能落地、具有实践性的教材。

参与具有影响力的教材开发。不局限在学校，参与跨院校、有影响力的教材开发，了解前沿观念，在参与中不断实践，形成正向循环。

（五）工商管理专业人才培养模式发展路径

“课—赛/研—创”一体培养。既有的人才培养授课后，后续的实践环节不连续，学生只能自己参加社会活动、比赛来提升自身的能力，转化效率低，效果不明显。形成一体化机制，授课的过程中以模拟比赛的形式授课，或在授课过程中直接产生比赛“点子”、科研项目“点子”，形成团队雏形，指导学生项目落地的同时，鼓励学生参赛，尤其是“互联网＋”大赛。

项目制培养。重新组建课程体系，形成跨学院的整合多项能力的项目制培养方式，培养过程中直接形成产品与商业化运作思路，面向企业实际需求、社会实际需求，开展商业化项目，使课程有落地的真实场景，使学生能够从实践中发现问题，然后回课堂学习知识，再进一步体验，形成内化的知识体系。

联合培养。与新兴领域紧缺方向的企业联合培养人才，企业与学校合作共同培养学生，发挥企业的实践经验优势，发挥教师的系统化创新能力，使学生得到全面提高。

四、天津商业大学工商管理专业实践案例

管理学院里的工商管理系是天津商业大学最早成立的专业，其前身是企业管理专业。工商管理学科也是天津市重点学科。作为一所商科院校，天津商业大学非常重视工商管理学科的发展，在新文科背景下，工商管理专业也迎来了新的发展机遇。

在管理学院的支持下，工商管理专业积极探索，在创新创业方面取得成绩，在2021年“互联网＋”大赛中，获得国家级铜奖1项、天津市金奖2项，其他各类比赛获奖十余项。1名教师获评天津市教学名师，配合完成天津市一流专业的申报与建设工作。学生就业有明显改善，有数名学生获得年薪10万以上的工作机会，学生及家长对自己就业情况比较满意。5个以上实际创业项目落地，持续运营，学生在解决复杂的实际问题中能力得到综合提升。

（一）模式建立

管理学院整合资源，指定专业负责人，开展了一流专业的申报工作，并且梳理出工商管理专业建设模式（见图1）。

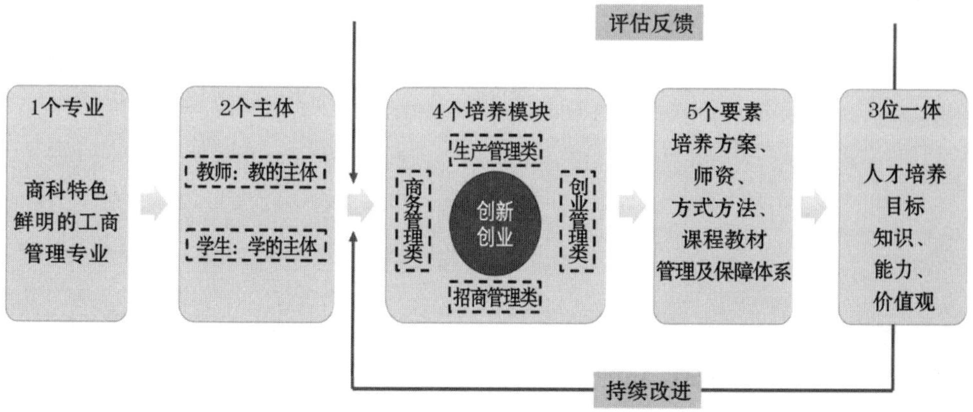

图1　工商管理专业建设模式

该模式围绕专业特色，强调教师与学生主体的互动，按照质量管理标准进行建设。以创新创业为中心，内设生产管理、商务管理、创业管理模块，并且及时敏锐洞察到了招商领域快速发展但缺少招商人才的需求，开设了全国第一个招商引资专业方向。从培养方案、师资、方式方法、课程教材、管理与保障体系要素管过程进行建设与改革，持续评估，不断改进，以从价值观、知识、能力三个层面培养出具有创新创业精神、“专业知识＋领域知识”、解决高阶复杂问题能力的复合应用型人才。

在建设过程中，充分体现了传统创业方向升级、新兴方向聚焦的高质量发展路径。同时，目前正在筹备与艺术学院的产品设计专业组建全国第一个产品经理专业方向，实现跨学院、跨专业的专业结构优化建设。在组建专业的过程中，双方充分体会到专业融合带来的发展机会。对于产品设计专业而言，缺少市场和商务运作的相关课程与实践经验，而对于工商管理专业而言，缺少将商业化的想法与创意落地的具体手段，双方互补，可以在区域品牌、产品商业化方面，找到新的发力点。

（二）课程体系

面向新经济背景，融合“互联网＋”和人工智能，以地方经济发展需求为导向，工商管理专业课程体系体现“高阶性”“创新性”“挑战度”。

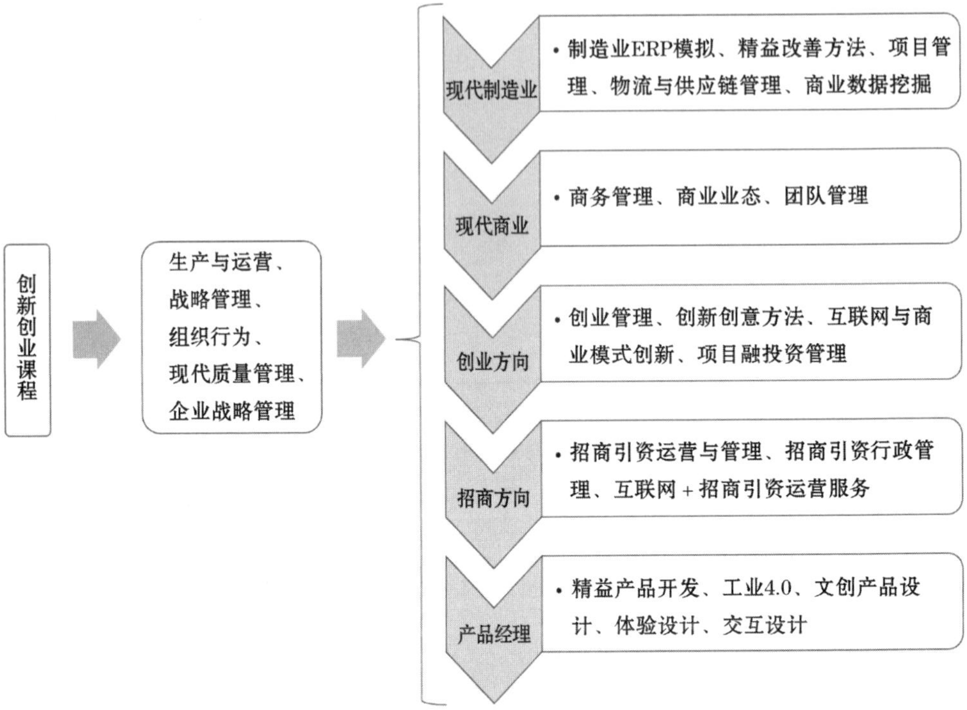

图2　工商管理专业课程体系

工商管理专业设计了多个方向的课程（见图2），授课资源，除本专业教师外，还聘请企业人员、与其他专业共同开设课程，双方资源互补，而企业人员的加入，使课程更具实践性。通过这种方法，工商管理在既有资源的基础上，快速开设了符合时代需求的专业方向与课程。

课程体系的转型升级。融合“互联网+”与人工智能新趋势，采用“通+专”形式，“理论+实践”双轮驱动，基于宽口径工商管理知识基础，面向新商业、现代制造业、创新创业三个方向培养创新创业人才。在现有“互联网与商业模式创新”“商业数据挖掘与分析”“电商运营工具箱”课程基础上，融合互联网与人工智能，基于三个方向，新增课程，体现时代趋势。将具有典型性的共享学习型实习基地发展中遇到的问题、解决问题的方法，融入课程，强化问题导向型的理论授课，现有“创业管理”课程已经在试点，未来会进一步普及。优化课程体系，充分注意课程间的衔接性、层次性,理念、理论、工具兼顾,既能培养学生的创新创业型思维,又能促进学生动手实践、解决问题;丰富案例库,建立共享案例,尝试构建真实企业场景的全案例,通过贯穿各门课程的系统性案例,让学生理解实际问题解决的过程、步骤与方法。

有温度的思政课程,有热度的创新创业。思政是“言”,更是“行”,将思政课程融于无形中,不仅在课堂上(名人、学生自己的优秀事迹、红色文化场景化训练),在与学生交流的每个时间节点,都要帮助其树立正确的人生方向,明确发展目标,激励学生在做有意义的事情过程中脸上有笑、眼里有光。发挥既有互联网与创新创业教育的优势,将思政与创新创业教育相融合,以赛事、SRT、课程实践、项目持续推动课程建设与更新,用学生参与的案例、实践去启发学生主动实践、自主学习,激发学生建立创新创业思维的热情,形成有行动力的各种活动的热度。

(三)师资模式

建立鼓励创新、宽容失败的正向激励的创新型文化。工商管理系注意发挥每位教师的特长,积极鼓励每位教师在自己感兴趣的方向发展。尤其对于新引进的博士,要定期沟通,指导他们明确发展方向,做好教学与科研工作的平衡。

教师是人才培养目标落地的关键,建立有效的学习型机制。学院每个月组织培训,邀请专家学者以及老师之间相互交流。组建了“双师型”师资队伍,选派教师到企业挂职锻炼或进行产学研合作,丰富实践经验,或采用出国深造、访学、参加学术会议等方式,提高教师的理论水平。开展集体备课、课程观摩,促进教师之间相互学习、知识共享。

搭建多元化基层教学组织。成立“金课”、一流课程、课程思政等课程组。一是开展教研;二是基于“互联网+工商管理”,建设跨专业课程组,实现课程内容的交叉性和延展性建设;三是围绕应用型创新创业人才培养目标,构建学生参与的产学研教学团队。

(四)教材体系

推进教材建设创新发展。进一步优化教材体系,选择国家级的标杆教材,将最新理论、最新研究成果、最新前沿、实践成果融入教材，持续优化现有已编教材，比如《大学生创新创业基础》教材的持续更新，鼓励课程组在建设课程过程中，编写相配的套教材。鼓励教师编写案例集、方法集，以及有实践特色的教学书籍。

与企业联合，突破教材撰写模式，形成闭环，增强教材的实践性与影响力。

（五）人才培养模式

工商管理专业的人才培养主要面向地方经济，实行实践、教学、科研、社会服务一体化方案式人才培养模式。建立共享学习型实习基地，深挖学生实践案例，发现实践现实中的复杂问题，融合前沿理论、技术，进行方案式教学，使课程场景化、时代化，提高学生学习的主动性，促使教师与时俱进。方案式教学过程中，提升人才培养质量与学生就业能力，在解决企业问题的同时，为企业提供定制化人才。聚焦特色领域，培养“T”字形人才（见图3），例如深化“短视频+电商直播”人才的培养，加强新商科人才的培养建设。

定向培养顶尖人才。集专业力量，每届培养3~5位顶尖级具有创新创业思维与行动力的学生，起到显著的示范作用。

个性化人才培养。针对每位学生的特点，激发学生学习的内驱力，给予专业指导，是个性化人才培养的关键。联合知名企业高管，在人才测评基础上，通过导师制进行个性化培养。通过不定期举办企业高管进学校系列培训，让学生了解成长路径；通过测评工具的讲解，提高学生的自我认知水平，明确发展方向；通过导师制，精准指导学生，让学生可以自从进入工商管理专业后就能成为团队中的一员，参与项目、大赛，激发学生的自主学习热情。

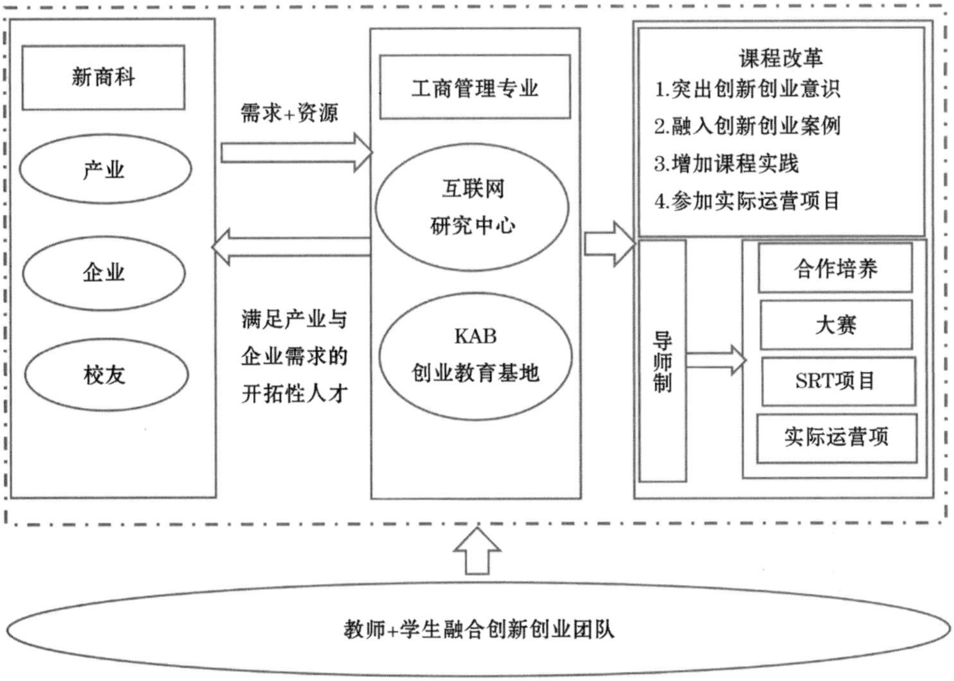

图 3　工商管理专业人才培养模式

跨专业人才培养。学院内,主动寻求与旅游、市场营销等专业的合作;学院外,主动寻求与制冷、计算机等专业的合作,跨专业培养复合人才。“北极光创新团队”“北极光创新孵化器”“大山里的食材”“互联网与商业实践研究中心”等创业实践平台都是跨专业建设的优秀成果,未来将在这些方面进一步深化合作。打造“课—赛—证—训”一体化的体系,使课堂知识与企业、实践深度融合,让学生在实践中形成创新创业能力。与实习基地信誉楼联合授课,与津贸通建立跨境电商人才培养模式。比如学生参加跨境电商赛,获得华北区三等奖,并受邀进入滨海高新区跨境电商产业园进行孵化,由指导老师与津贸通一起,推动学生实际操作,开展创业实践。授课过程中,启发学生成立项目团队,并落地 4 个项目,其中一个直播孵化项目已经形成一定规模。

结语

新文科背景下，有着众多机遇与挑战，充满了诸多不确定性因素。地方院校专业求新求变，寻求高质量的发展之路，需要充分发挥自身优势，整合校内资源，在此基础上积极服务地方经济，整合外部资源，不断探索、尝试，开拓自己的特色高质量发展之路。

本文系教育部首批新文科研究与改革实践项目——新文科教师专业发展能力培养路线图的研究与实践（项目编号：2021170003）阶段性成果。

杜红，天津商业大学管理学院讲师，管理学博士。

胡玮璇，天津商业大学管理学院讲师，管理学博士。

王庆生，天津商业大学管理学院教授，管理学博士。

新文科背景下酒店管理专业教师实践能力的培养

——以天津商业大学为例

李志刚　李　烨　邢　博　王庆生

在我国,“酒店管理”“旅游管理”“会展经济与管理”“旅游管理与服务教育”四个专业构成了旅游管理类本科专业。《旅游管理类教学质量国家标准》指出,旅游管理类细分专业的知识体系涉及社会科学、自然科学、新兴交叉学科,知识内容主要始于行业实践并满足企业运营的需求,知识系统既瞄准产业的创新与可持续发展,又强调全球视野的开放性。① 这与新文科建设所倡导的将哲学、艺术、历史学、法学、经济学和管理学等传统文科与新技术以及其他学科深度融合,培养复合型、应用型和创新型人才②,可谓重规迭矩。

“酒店管理”是旅游管理类专业中典型的应用型专业,其人才培养过程是由“认识专业”“理解课程”“了解工作”三大环节组成③,前两个环节的主要教学活动是传

① 教育部高等学校教学指导委员会:《普通高等学校本科专业类教学质量国家标准》(下册),高等教育出版社 2018 年版,第 896 页。

② 邱汉琴、陈东芝:《以新文科建设引领中国旅游类本科教育的改革创新》,《旅游学刊》2020 年第 5 期,第 1 - 3 页。

③ 李志刚:《酒店管理专业本科实践教学创新研究——以工作过程系统化理论为视角》,《社会科学家》2008 年第 7 期,第 96 - 99 页。

授理论,后一个环节则必须与工作实践联系起来,这就要求专业课教师不仅要具有相关专业或学科的教育背景,还应该具有一定的行业从业背景或经验。但是,现阶段我国高等院校在教师人才引进上对行业从业背景或经验方面往往忽视。如何在教书育人的同时,丰富专业课教师的实践经验,提高其实践能力,使之既能够将酒店管理活动解构为学科知识系统,又可以根据教学规律对酒店管理工作进行知识重构,是酒店管理专业实现新文科人才培养目标必须解决的一个重要课题。

一、天津商业大学酒店管理专业历史沿革与人才培养

天津商业大学从 1985 年开始招收餐旅企业管理专业本科学生,是国内最早开展酒店管理方向本科教育的普通高等院校。酒店管理专业正式设立于 2008 年 4 月,并于同年开始独立招收酒店管理本科专业学生,在此之前是作为旅游管理专业酒店管理教研室,主要承担酒店及餐饮管理方向的专业课教学。该专业目前与旅游管理专业在管理学院共同承担“教育部旅游管理一类特色专业建设基地”,以及教育部特色专业和天津市品牌专业的建设任务。2013 年开始按照教育部一级学科旅游管理类招生,经过 1 年的专业大类基础课程学习后,学生有机会进入酒店管理专业继续深造。

天津商业大学管理学院酒店管理专业的人才培养目标如下:以社会需求为导向,适应现代酒店业发展需要,培养掌握现代旅游管理基础理论,具备扎实的酒店管理专业知识和业务操作能力,具有较高个人修养、管理能力、服务意识、国际视野、创新思想、创业精神和社会责任感,能够在星级酒店、新型住宿机构、高级餐饮机构、专业化酒店营销机构、教育科研机构等从事酒店管理、接待服务、专业培训及教学科研工作的复合型、应用型、创新创业人才。

二、酒店管理专业教师实践能力解构

近年来,在专业建设和专业课教学改革方面,天津商业大学管理学院酒店管理专业积极探索“内涵式”发展路径,追踪专业前沿发展动态,注重专业教学与社会、经济发展相结合,深化与酒店行业的关系,强化校企、校地合作。

一方面对南开大学、中山大学、北京第二外国语学院、暨南大学深圳旅游学院、北京联合大学、四川旅游学院、桂林旅游学院和青岛酒店管理职业技术学院等院校相关专业进行跟踪调研，全面了解国内酒店管理专业各层次人才培养的师资结构和专业优势；另一方面走访万豪酒店集团、洲际酒店集团、希尔顿酒店集团、凯悦酒店集团和恒大酒店管理公司等国内外知名酒店企业，听取业界对本专业毕业生职业发展的反馈以及合作意愿，了解酒店企业对人才培养方式、培养规格和人才质量等方面的意见与建议。通过充分调研，酒店管理专业提出要使本专业“特色鲜明”，就必须打造一支理论素养和实践能力“两手都过硬”的专业教学团队，而要解决的短板问题主要在于教师实践能力的综合提升。

为此，酒店管理专业找准定位，根据人才培养方向、培养特色以及教学资源优势，首先对教学团队的综合实践能力进行解构，主要聚焦五个方面：一是掌握现代酒店主要管理岗位必备的业务管理能力，二是运用经济学、管理学的方法，以及酒店管理理论分析、解决酒店经营管理中各类问题的能力；三是运用现代信息技术对酒店管理领域数据信息进行收集和分析处理的能力；四是对酒店经营管理中的具体问题开展定性和定量分析的能力；五是酒店管理与跨专业、跨行业复合的创新能力。然后，每位专业课教师结合自己所开设课程的性质、定位、目标、内容和教学方法，确定自己在上述五个方面需要提升的实践能力。在此基础上，酒店管理专业调动多方资源，有的放矢地通过专业技能培训、以赛促教和企业挂职培训等措施，大力培养专业教师的实践能力。

三、通过专业培训提升教师实践能力

（一）基于实验课程教学需要的专业培训

通过调研发现，现代酒店业对本科毕业生的需求侧重于既掌握系统的理论知识又具备实践操作技能的复合型管理人才，因此酒店管理专业既有专门的实验课程，如“烹饪实验”，又有将理论教学与实验教学相融合的专业课，如“前厅与客房管理”“酒店收益管理”“酒水知识与酒吧经营”和“烹调原理”等，并根据课程定位和教学目标划分为专业认知实验、应用技术实验、探索型综合实验和开放型实验四种类型，每种类型的实验教学都要求教师具备一定的实践操作能力，如在"烹饪实验"课程中需要专业教师指导学生严格按照酒店中餐厨房的操作流程，完成从原料初加工到菜肴出品的全过程烹调操作实验；"酒水知识与酒吧经营"中各类饮品的调制工艺，不仅需要教师动手演示、示范，还包括指导学生完成经典饮品的调制、出品与创意加工等。

为了确保授课教师具备满足教学需求的操作技能，本专业鼓励并支持授课教师参加各种有助于提升操作实践能力的专业技能培训活动。以本专业特色课程"酒水知识与酒吧经营"为例，授课教师先后参加由中国管理科学学会培训中心主办的"调酒教学能力提升研修班"和"全国茶旅融合教学能力提升研讨班"，系统学习教授该课程所需具备的主要酒水知识与酒水服务操作技巧。经过培训，授课教师获得饭店业侍酒师（三星）的职业资格，并在授课中增加大量的动手操作和实验环节，极大地丰富了课程教学的内容，提高了课堂学习的趣味性和参与性。该课程先后获批首批校级"金课"建设项目、校级教改课题和课程思政改革课建设项目，授课教师先后获得天津市第十五届高校青年教师教学竞赛市级二等奖、首届全国高校教师教学创新大赛天津赛区比赛天津商业大学校赛讲师组一等奖。

（二）基于科研和社会服务需要的专业培训

对教师实践能力的培养不仅是专业教学的需要，也是酒店管理专业开展科学研究和社会服务的需要。2020 年，受天津市文化和旅游局委托，酒店管理专业教师参加了《天津市文化和旅游融合发展"十四五"规划》编制工作。为了高质量完成此项任务，更好地服务天津市"十四五"期间的文化和旅游融合发展，专门委派酒店管理专业教师参加由国家文化和旅游部资源开发司举办的"全国旅游规划质量提升培训班"，系统学习关于"十四五"宏观经济形势、旅游规划的发展趋势、国土空间规划与旅游资源开发和利用、旅游规划的规范化和标准化建设等方面的政策、原理和方法，为更加科学地撰写《天津市文化和旅游融合发展"十四五"规划》奠定了扎实的基础。目前，该规划已经天津市政府批准，由天津市文化和旅游局向全市印发，并要求天津市各区人民政府，市政府有关委、办、局，各有关单位结合本地区、本部门、本单位实际，认真贯彻落实。

四、通过“以赛促教”强化教师实践能力

（一）指导创新类竞赛活动，促进教师理论转化能力的提高

如果说专业培训使酒店管理专业教师的实践能力得到了系统化提升，那么指导各类创新创业活动则有效促进了专业教师发挥理论功底深厚的优势，主动将理论与实践创新相结合，指导学生完成高水平的参赛作品。

行业特点决定了专业教师深度参与酒店管理实践的机会十分有限，因此酒店管理专业鼓励教师将多年积累的理论知识和科研成果，通过指导学生参加创新创业类竞赛实现转化，以学生的创新创业类竞赛成绩检验指导教师的实践能力水平，激发专业教师提高自身实践能力的积极性，同时天津商业大学管理学院也在骨干教师培养、绩效考核与评价以及激励机制等方面给予政策和资金方面的支持。

自 2017 年至今，酒店管理专业教师指导学生先后获批国家级大创项目 3 项、市级大创项目 3 项、校级大创项目 7 项、原国家旅游局英才计划（本科生）3 项、“大学生服务企业创新创业实践活动”项目 1 项。除 2021 年立项项目外，其余项目均已顺利结项。其中国家级大创项目“‘游易学’本地常态化游学共享平台实践与推广”获得 2019 年度天津商业大学优秀“大学生创新创业训练计划”项目三等奖，指导教师被评为天津商业大学“大学生创新创业训练计划”优秀指导教师。

（二）指导专业技能竞赛，推动教师实践能力的更新

近年来，酒店管理专业教师组织学生参加的专业技能竞赛，既有为加深学生对“工匠精神”的理解，突出动手能力比拼的实操性项目，也有为培育学生的“管理者素养”，注重酒店管理理论与实际相结合的方案策划与模拟经营类竞赛项目，两者的共同特点就是贴近行业人才需求，贴近产业发展前沿。为此，专业教师在指导学生参赛时，自己就必须深入行业一线，对酒店产品设计、餐饮制作工艺、客房服务规范、礼仪服务标准、市场营销策划、成本控制与收益管理等进行全面的考察，了解现代酒店行业最新的管理理念和服务发展趋势，仔细研究竞赛规则和竞争对手的实力，只有这样才能使自己指导的学生在激烈的专业技能竞赛中脱颖而出。

鼓励教师积极组织学生参加各类竞赛，教师指导专业竞赛的水平显著提高，屡创佳绩。自2016年至今，酒店管理专业教师带领学生参加“全国高校商业精英挑战赛酒店管理实践竞赛”“全国高校商业精英挑战赛商务会奖旅游策划竞赛”“全国现代服务业技能大赛（酒店收益管理人员）”“‘尖峰时刻’酒店管理模拟大赛”“万礼豪程职业挑战赛”等各类专业竞赛，先后获得省部级专业竞赛一等奖7项，二等奖11项，三等奖4项；“挑战杯”学生课外学术科技作品竞赛校级二等奖1项，三等奖2项；全国大学生电子商务“创新、创意及创业”挑战赛校级一等奖1项，二等奖1项，多名教师获得各赛事优秀指导教师称号，天津商业大学管理学院酒店管理专业也多次获得赛事优秀组织单位称号。

五、通过企业挂职锻炼充实教师实践能力

企业挂职锻炼，是一线教师直接接触行业、企业，在具体实践中掌握企业一线操作知识与技巧，了解企业实际运营的有效途径，同时能够帮助教师总结行业实践体会，为今后的专业课教学提供更多的素材。通过积极参与“万礼豪程”中国旅游教育合作项目，为青年教师提供挂职锻炼岗位与机会，全面培养教师实践能力与职业素养。

（一）“万礼豪程”项目介绍

“万礼豪程”中国旅游教育合作项目是万豪家族基金会的慈善项目，于2013年夏季引入中国，2020年春季结束。该项目旨在提高中国高等院校酒店管理教育水平，使更多的青年学生未来能够在中国酒店业中一展抱负。该项目通过与业界及学术界专家的紧密合作，致力于面向酒店管理专业开发具有中国特色的多元化的教学解决方案，从而使教师和学生获得更为专业的酒店知识、掌握贴近实际的酒店服务技能和管理技巧。该项目包括教学研讨会、未来职业挑战赛、课堂教学大赛、院校拜访、教师挂职锻炼、线上线下讲座、CLE（Community Learning Experience，共同学习体验）国际在线共享课程、学生参观酒店等内容。①

① 董佳：《“万礼豪程”项目架设酒店产学研互通桥梁》，《旅游世界：旅游发展研究》2016年第3期，第6-8页。

“万礼豪程”中国旅游教育合作项目的“教师挂职锻炼”每年举行两期，分别是为期四周的暑假锻炼和为期两周的寒假锻炼。培训期间，教师通过在国际一线品牌酒店中不同部门挂职，在酒店多个服务岗位积累实践经验，获得来自工作过程的专业知识和技巧。例如，在挂职培训中，教师可以与前台、餐饮、客房以及人力资源部门的员工共同工作，多场景体验酒店服务与管理中的真实案例，为下一阶段的课堂教学提供了丰富的素材。

（二）挂职锻炼的过程

天津商业大学酒店管理专业自 2016 年开始与“万礼豪程”中国旅游教育合作项目对接，全面参与项目合作，为教师争取挂职培训锻炼机会。2018 年底天津商业大学酒店管理专业派出青年骨干教师参加“万礼豪程”教师挂职锻炼项目，赴万豪酒店管理集团旗下的万丽天津宾馆挂职实习。万丽天津宾馆为保证挂职锻炼顺利进行并确保教师获得最大收获，与“万礼豪程”项目组共同为本次活动设计了岗前专训、挂职轮岗和退职交流等诸多环节。

岗前专训主要包括“在线培训”和“前期准备”。通过参加由“万礼豪程”项目经理主持的在线培训，挂职教师了解了完整的挂职锻炼流程、挂职教师的职责、培训课目、仪容仪表要求、酒店签单挂账规则、交通报销准则、访客须知以及其他相关信息。在线培训之后，“前期准备”要求挂职教师在到岗前需认真阅读岗前准备相关文件，包括全套培训计划、常见疑问解答、酒店组织架构图、酒店职业发展规划、酒店情景英语等，并根据自身所需进一步细化、明确挂职目标，制订个人学习计划。

挂职过程中，万丽天津宾馆安排了人力资源部门人员对接，按照正式的员工入职流程为挂职教师办理入职手续，准备了员工卡、名牌、员工手册、酒店每日须知卡等。另外，为挂职教师安排一位导师，以保障挂职培训顺利、高效，挂职教师会根据自身需要与导师沟通，共同制订并执行培训计划，以完成挂职任务与目标。为了更好地帮助教师做好挂职学习，及时解决挂职中碰到的问题，“万礼豪程”项目组在教师挂职期间会安排一次线上会议，用于挂职教师的体验交流与分享。尽管此次挂职仅为期两周，但是挂职教师在万丽天津宾馆轮岗多达 8 个部门（见表 1），深入参与到该酒店的日常营运中，近距离观察酒店客人的需求、员工的工作状态和管理者的管理风格，并与之互动交流。

表1 “万礼豪程”教师挂职锻炼日程安排

序号	部门	挂职与培训内容	为期
1	万豪入职培训	概述、企业理念、品牌、历史、发展、职业机会	1天
2	餐饮部	餐厅、酒吧、宴会厅、宴会统筹	2天
3	厨房	食品安全、菜单分析、管事部、卫生标准	1天
4	前厅部	前台、总机、礼宾、商务中心、行政酒廊、宾客服务	1天
5	客房部	客房、公共区域、洗衣房、制服和布草、健身房管理	1天
6	市场销售部	客房销售、预定流程、营运收益、宴会销售、公共关系	1天
7	人力资源部	招聘、培训、薪资福利、员工关系	1天
8	财务部	总账和控制、采购管理、信息资源	1天
9	其他部门	工程部、保安部、水疗中心	1天
总计挂职天数			10天

教师轮岗至各部门挂职的具体时间安排，均需要提前一天与相关部门主管协商，人力资源部、财务部和工程部等二线部门的挂职工作时间为每天8:30—17:30，在餐饮部、厨房、前厅部和客房部等一线部门挂职则需要根据具体的运营时间来安排，教师被排到这些部门的班次中能更有效地学习业务实操，工作收获也更多。

酒店挂职锻炼结束后，教师还需完成以下任务：给万丽天津宾馆总经理、人力资源总监以及“万礼豪程”项目发送感谢信，加强校企合作联系，争取后续合作机会；根据挂职培训经历，完成挂职锻炼总结，在专业范围内交流经验；结合挂职期间所见所得，总结酒店经营管理问题与提炼案例。

（三）挂职锻炼的收获

第一，教师实践能力得到全面提升。挂职锻炼对于管理类专业课教师而言，最大的帮助就是实践能力的提升和实践视野的拓展。目前，高等院校青年教师多为“从院校毕业即到院校任教”，并无企业实践经验。教师理论知识扎实而实践能力不足，是高校管理类学科在提高课堂教学质量方面亟待解决的问题之一，企业挂职锻炼无疑能够帮助教师更充分地了解企业，尤其是有机会站在管理层的角度观察企业的营运，了解员工的职业发展，进而发现理论与实践的差距。

第二，创造校企合作的机会。教师利用挂职锻炼的机会，在挂职期间与总经理及管理层见面，讨论企业运营管理问题以及人才需求问题，在挂职期间建立的这种联系，可以为后续校企深度合作、实习基地建设奠定基础。

第三，积累教学案例。挂职锻炼期间，教师接触到的许多企业实际问题及解决方案，均可为教师下一阶段的专业课教学提供丰富的案例资源。作为应用型专业的酒店管理专业课程，如果没有生动的实际案例，课堂气氛会非常乏味，难以调动学生学习的积极性，而教师亲身经历的工作事件却是最易总结、最为生动的案例。例如酒店管理专业教师在万丽天津宾馆挂职轮岗至会议统筹部时，曾经历某美容机构在酒店举办年会后结款投诉问题，挂职教师通过对该事件的深度调研，后期又进行持续跟踪，最终形成一篇内容翔实的教学案例，用于“酒店管理概论”“娱乐业经营管理”的课程教学，学生课堂反应非常积极。

第四，启发科研探索。在挂职锻炼期间，对于酒店经营管理中真实问题的切实感受，能够为教师后续从事该专业领域的科学研究提供启发，有利于更为有效地挖掘社会科学问题。特别是“酒店管理”这类应用型专业，科研工作应该更多地与实践相结合，深入企业实际，以解决企业现实问题为己任。

（四）实施挂职锻炼的保障

第一，教师在不影响学校教学与科研任务的同时，通过挂职锻炼提升实践能力，需利用寒暑假进行，在相对短的时间内完成酒店主要部门的挂职轮岗和工作体验，离不开企业的大力支持和全面配合。利用已有的行业平台（如“万礼豪程”中国旅游教育合作项目）、行业组织，或者建立良好的校企合作关系是教师挂职锻炼取得实效的必要条件。

第二，教师具备主动学习的意识以及积极沟通的习惯，是挂职锻炼顺利进行并实现能力转化的必要保证，其中“在观察中学习”尤为重要。例如，在挂职锻炼期间，经常会遇到酒店“满房”或者客房入住率很高的情况，这时无论是前厅部还是客房部的经理会更多地关注如何照顾好每一位到店客人，对于挂职教师而言，则需要“靠前一步，主动接触”，利用各种机会观察酒店员工，尤其是一线接待部门，如何在高客房入住率的情况下提供卓越服务。在观察中善于积累并总结服务和管理的技巧，是教师挂职锻炼提升实践能力的必由之路。

结束语

现阶段，天津商业大学管理学院酒店管理专业提升教师实践能力的模式还处于探索和形成阶段，而新文科建设的理论内涵和实践路径还在不断深化和演进，这就要求我们及时更新观念，并通过进一步的研究和领悟，引导教师采取更开放的思想、更宽广的视角和更多元的方式持续提升实践能力，使实践能力的养成进而成为教师职业发展和终身学习的一个重要领域，以适应新文科理念对高校教师能力素质的要求。

本文系教育部首批新文科研究与改革实践项目——新文科教师专业发展能力培养路线图的研究与实践(项目编号:2021170003)阶段性成果。

李志刚，天津商业大学管理学院副教授，管理学硕士。

李烨，天津商业大学管理学院副教授，管理学博士。

邢博，天津商业大学管理学院讲师，管理学博士。

王庆生，天津商业大学管理学院教授，哲学博士。

培训培养模式及体系的研究与实践

新文科建设背景下高校教师培训策略研究

赵　旭

习近平总书记指出:“一个国家的发展水平,既取决于自然科学发展水平,也取决于哲学社会科学发展水平。一个没有发达的自然科学的国家不可能走在世界前列,一个没有繁荣的哲学社会科学的国家也不可能走在世界前列。”①2018 年,党中央明确提出,“要推动高质量发展,进一步提升教育服务能力和贡献水平,发展新工科、新医科、新农科、新文科”。2019 年 4 月 29 日,教育部、中央政法委、科技部、工业和信息化部等部门在天津大学联合召开“六卓越一拔尖”计划 2.0 启动大会,全面实施“六卓越一拔尖”计划 2.0,标志着新工科、新医科、新农科、新文科“四新”改革建设全面启动实施。2020 年 11 月 3 日,全国新文科建设工作会议在山东召开,《新文科建设宣言》隆重发布。“推动文科教育创新发展、构建以育人育才为中心的哲学社会科学发展新格局、加快培养新时代文科人才”成为新文科建设的使命与职责,同时也成为高等教育工作者需要思考讨论并积极付诸实践的时代课题。

自 2020 年 11 月发布《新文科建设宣言》以来,学界对于新文科建设开展了热烈的探讨,掀起了重新审视、重新建构传统文科的浪潮。通过梳理不同学者对于新文

① 习近平:《在哲学社会科学工作座谈会上的讲话》,http://www.xinhuanet.com/politics/2016-05/18/c_1118891128.htm,访问时间:2022 年 1 月 22 日。

科建设的探讨可知，讨论多集中于内涵阐释、建设路径、人才培养等几个方面，而对于新文科背景下师资队伍建设、教师培训培养等问题鲜有提及。作为落实立德树人根本任务最为重要的实施主体，高校教师的能力素质既直接关系着新文科建设能否真正落地起到实效，同时也关系着能否培养出符合时代要求的复合型、创新型文科人才。因此，高校教师作为新文科建设中最重要的"人"的因素，是亟待研究和探索的重要课题。本文基于新文科建设对高校教师提出的新要求，就教师培训思路及策略进行探讨，以期为高校师资队伍建设及教师培养培训工作提供有益参考。

一、新文科建设对高校教师提出的新要求

（一）更强大的跨学科知识体系

"新文科是一种基于传统文科而又超越传统文科，以新时代、新经济与新产业为背景，融合了理、工等诸多外部学科要素的包容性学科框架。"①融合创新是新文科建设的最主要特征，推动专业改造升级、加快课程内容革新、融入现代信息技术等一系列改革创新举措，无疑都对教师原有的知识体系提出了更高的要求和更大的挑战。"任何高等教育领域的改革都离不开师资队伍的参与和贡献，所有改革的理念与愿景最终都会通过教师的日常工作而呈现，显然，相比于传统文科，新文科建设在师资队伍上的区别主要在于跨学科师资队伍的支撑。"②当今社会，新科技、新产业、新技术推陈出新、迭代加速，新变化、新问题对于新文科专业人才的需求不断加大，原有固化传统的知识结构已经远远不能满足社会和时代的需要，高校教师在这样一场大的变革之中，必须明确自身定位，积极回应时代需求，加快建构自身的跨学科知识体系，从而才能不迟滞于高等教育教学理念的更迭和复合型、创新型文科人才培养的需求与呼唤。

（二）更高超的信息化教学水平

随着人工智能、大数据、区块链、"互联网＋"等技术的发展，教育信息化已成为

---

① 段禹、崔延强：《新文科建设的理论内涵与实践路向》，《云南师范大学学报》（哲学社会科学版）2020年第2期，第149－156页。

② 权培培、段禹、崔延强：《文科之"新"与文科之"道"——关于新文科建设的思考》，《重庆大学学报》（社会科学版）2021年第1期，第280－290页。

不可逆转的大趋势。同时,面对互联网一代,网络中大量的教育资源可随时随地供学生学习使用,使得高校教师的教学手段、教学设计、教学模式面临诸多挑战。如果教师不能紧跟时代步伐,不断提高自身的信息化本领和教育教学能力,课堂上则难有互动良好的“抬头率”和“点头率”。2018 年 4 月,教育部印发《教育信息化 2.0 行动计划》,积极推进“互联网 + 教育”发展,计划中提出:“大力提升教师信息素养,推动教师主动适应信息化、人工智能等新技术变革,积极有效开展教育教学。”①2019 年中共中央、国务院印发《中国教育现代化 2035》再次强调:“培养适应信息技术的新型教师,实施人工智能助推教师队伍建设行动,推动教师转变角色定位,做学生学习的指导者和支持者。”②因而,充分理解信息元素与课堂设计深度融合的教育教学理念,将新技术、新方法渗透到教学之中,使教育手段更加多样化、教学形式更加多元化,不断增强信息素养,提高教育教学能力,是高校教师应对挑战的必然之举。

（三）更深厚的家国情怀

新时代广大教师肩负着培养担当民族复兴大任的时代新人的职责与使命,而培育心中有国、以国为家的社会主义接班人,尤其需要一支政治素质过硬、理想信念坚定的教师队伍。北宋思想家张载曾说:“为天地立心,为生民立命,为往圣继绝学,为万世开太平。”这是历代中国士人家国情怀和使命担当的经典诠释。几千年来,家国情怀一直是中国绵延不断的精神血脉。习近平总书记在学校思想政治理论课教师座谈会上提出“六要”新要求,其中之一就是:“情怀要深,保持家国情怀,心里装着国家和民族,在党和人民的伟大实践中关注时代、关注社会,汲取养分、丰富思想。”③新文科建设背景下,坚持立德树人,弘扬民族精神和中国文化,在课内课外深入挖掘中国优秀传统文化所蕴含的人文精神、道德规范与价值观念,充分利用好、发挥好课堂教学的主渠道、主阵地作用,都需要广大教师自身政治强、情怀深,用扎实

① 中华人民共和国教育部:《关于印发教育信息化 2.0 行动计划的通知》,http://www.moe.gov.cn/srcsite/A16/s3342/201804/t20180425_334188.html,访问时间:2022 年 1 月 22 日。

② 中华人民共和国中央人民政府:《中共中央、国务院印发〈中国教育现代化 2035〉》,http://www.gov.cn/zhengce/2019-02/23/content_5367987.htm,访问时间:2022 年 1 月 22 日。

③ 《习近平谈治国理政》(第三卷),外文出版社 2020 年版,第 330 页。

的学识本领、高尚的人格魅力去指导学生、引领学生坚守理想信念，矢志报效祖国。

（四）更宽广的国际视野

当前，世界多极化、经济全球化、文化多样化、社会信息化深入发展，同时，国际形势不稳定性、不确定性也更加突出。在这样大的社会变革之中，中国由大到强逐渐走向世界舞台的中央，在传播中国声音、讲好中国故事、形成中国方案、体现中国气派的过程之中，高校教师绝不能“两耳不闻窗外事，一心只读圣贤书”，而是比任何时候都要关注变化中的世界和中国，认清全局，把握本质，找准方向，教育和引导学生正确认识和全面了解世界，既“向内看”又“向外看”，真正用“大文科”的视野和胸怀，构建中国特色的文科人才培养体系，推动哲学社会科学创新发展。

二、新文科背景下扎实开展教师培训的必要性

（一）教师培训是教师队伍建设的客观要求

2021 年 1 月，教育部等六部门印发《关于加强新时代高校教师队伍建设改革的指导意见》，这是党的十八大以来第一个全面针对高校教师队伍建设的重要部署，为推动新时代教师队伍建设指明了前进的方向。意见强调，要把提升高校教师教书育人能力作为基本要求，完善教师发展培训制度，健全教师发展体系。在国家的一系列战略部署下，新文科建设的路线图已经绘就，培养“具有新时代中国特色、中国风格、中国气派的先进文化，培养优秀的社会科学家”的目标也已经明确①，尽快打造一支适应时代发展的高素质教师队伍，以推进我国高等教育内涵式发展，培养复合型、创新型文科人才势在必行。因此，扎实开展教师培训，全面提质升级高校教师的“大文科”素质能力，是新形势下师资队伍建设的本质要求和必然趋势。

（二）教师培训是教师专业发展的主观需要

从外部因素看，教师培训是基于社会或组织的视角，提升教师教学素养以适应时代发展要求及人才培养的需要，而以“教师为中心”从教师本我出发，教师培训则是基于教师内在发展的需要，主动获取知识、提高技能的有效途径。“教师发展往往

① 周毅、李卓卓：《新文科建设的理路与设计》，《中国大学教学》2019 年第 6 期，第 52－59 页。

要借助某种形式的培训,但所重视的是教师的自主性、个性化,促进教师自主学习、自我提高,而不是应付被检查、被评定。"①高校教师的专业发展是一个终身学习的过程,在这个成长过程中,通过参加多种形式、多样内容的培训活动,教师得以不断提高教育教学能力、学术科研水平及自身素养,从而实现专业发展、体现自我价值。

三、新文科背景下教师培训的实施思路

(一)前瞻性:视野高远,彰显时代特征

2022年全国教育工作会议中指出,必须跳出教育看教育、立足全局看教育、放眼长远看教育。在"两个大局"背景下,教育的内外环境发生了深刻变化,高等教育立德树人的工作必须放在支撑国家战略发展的布局中。因而,新时代新文科建设背景下教师培训工作的设计规划应立意高远,视野宏大,彰显新时代特色,切合发展之需,将国家战略布局、教育改革内涵要求、目标方向体现在高校教师培训工作中,引领广大教师关注时代发展、响应时代关切、投身时代潮流,不断开拓教师视野,更新教育理念,找准革新方向,将教师培训活动同国家战略部署、学校发展目标及教师个人成长紧密结合,为建设高水平教师队伍奠定坚实基础。

(二)实效性:科学谋划,坚持问题导向

教师培训能否取得实效,教师能力能否获得有效提升,基于培训内容是否准确把握了教师教学中存在的问题并予以研究和解决。问题是创新的起点,也是创新的动力。"问题解决是教师的实践性知识和个体教育智慧形成的重要途径,是教师培训的重要内容。"②新形势下教师培训工作更应聚焦教师能力短板,坚持问题导向。一是精准分析教师在教育教学过程中所面临的难题。如,"新文科"建设中如何理解其内涵及建设路径、如何涵养跨学科能力素质、专业课中的思政元素能否有机融入、如何打造符合时代要求的"金课"等,都可能是高校教师在现实中所遭遇并亟待解决

---

① 潘懋元:《大学教师发展论纲——理念、内涵、方式、组织、动力》,《高等教育研究》2017年第1期,第62-65页。

② 翁伟斌:《教师培训走向何方——对教师培训的审视》,《上海师范大学学报》(哲学社会科学版)2020年第3期,第73-82页。

的疑问和难题。二是客观梳理教师培训开展过程中所产生的问题。如培训内容中“理论学习居多,实操训练不足”,培训形式上“专家讲授居多,互动参与不足”,培训实施时“行政管理居多,内生动力不足”,等等。这一系列问题都应作为高校教师培训设计规划的出发点和着眼点,发现、研究并解决教师发展中和培训过程中的问题,是教师培训工作取得实效的关键所在。

(三)针对性:精准施策,立足教师需求

除基于问题导向外,还应充分考虑的是建立在教师实际需求上开展针对性、个性化的培训服务。不同学科、不同教龄、不同背景的教师具有不同的发展诉求,应充分尊重、考虑教师差异,分析调研教师需要,按需施训方能有的放矢。“培训需求分析是教师培训工作的逻辑起点,关涉教师培训的效果。无论是政策层面的要求还是学术领域的共识,都印证了需求分析的重要性。”①如果培训缺乏针对性,内容泛泛,那么很难让教师在诸多工作中抽身积极主动参加培训活动,更难说取得良好的培训效果。因而,教师培训必须“以教师为中心”,立足教师需求,确定培训目标、设计培训内容、实施培训方案、追踪培训效果,分析培训不足、提出改进策略,形成完整的培训闭环,最终实现教师培训工作的“初心使命”,真正提升教师专业素养能力。

四、新文科建设背景下高校教师培训的实施策略

随着新文科建设的铺开,许多学者围绕新文科的“新”进行了内涵阐述,基于“大文科”视野和“融合创新”的建设要求,高校教师必须不断提升自身的跨界革新和守正创新能力,以更好回应当下和引领未来。因而,新文科建设背景下的高校教师培训也应随着时代的要求不断创新培训内容和培训模式,构建新时代教师培训培养体系,助力教师终身学习和专业发展。

(一)更新教育理念——深刻理解,全面回应

促进教师更新教育理念、拓展知识视野对于推动新文科建设具有重要的意义。

① 翁伟斌:《教师培训走向何方——对教师培训的审视》,《上海师范大学学报》(哲学社会科学版)2020年第3期,第73－82页。

自2020年《新文科建设宣言》发布以来,学界逐步对新文科理论内涵、建设路径等方面进行了热烈的讨论,作为承担人才培养任务的高校教师,应深刻理解新文科建设的内涵,凝聚新文科建设的共识,积极投入这场高等教育"质量革命"中。当今社会发展日新月异,新技术、新思想、新理念、新创意层出不穷,想要培养适应社会发展的时代新人,高校教师必须是站在时代前沿、关注时代发展的教育者。

新文科建设背景下,教师培训理应主动承担起推动新文科建设落地的职责使命,一方面,采取"请进来"的方式,组织开展"四新"及"新文科"建设相关专题系列培训,精心组织涉及前沿理论、案例分享、实践策略等多样化的培训内容,引导广大教师了解高等教育形势、关注教育改革动向;另一方面,采取"走出去"的方式,带领教师走进名校,走近名师,让教师亲身感受先进的教学理念、教学手段,让教师在思想上有所触动,在感悟中有所行动。鼓励教师积极参加国内外会议、论坛、研讨会等活动,与同行、专家、企业充分交流,学习先进经验。感受差距不足,进而开阔教育视野,拓展教学思路。在不断学习的过程中,钻研创新,全面回应新文科建设,为培养新时代复合型、创新型文科人才贡献力量。

(二)强化价值引领——树人正己,铸魂育人

新文科建设背景下,高校教师政治立场是否坚定、价值观念是否正确都对学生有着至关重要的影响,实现教师在立德树人过程中的价值引领是培育时代新人的必然要求。《教育部等六部门关于加强新时代高校教师队伍建设改革的指导意见》中明确要求,"加强思想政治引领,弘扬培育高尚师德"①。抓好抓牢师德师风建设,是教师落实立德树人、确保"为谁培养人"的前提。因此,强化高校教师思想政治素质和师德师风建设应始终贯穿高校教师培训工作,将师德教育作为培训体系中的首要环节,系统化、常态化开展师德师风培训,一是采取线上线下相结合的方式,开展专题培训,加大对师德政策法规及相关精神的解读与宣传;二是采取典型示范和反面

① 中华人民共和国教育部:《教育部等六部门关于加强新时代高校教师队伍建设改革的指导意见》,http://www.moe.gov.cn/srcsite/A10/s7151/202101/t20210108_509152.html,访问时间:2022年2月5日。

教育相结合的方式，开展案例研讨，除理论解读宣讲外，用生动形象的事例，发挥先进典型的示范引领以及反面教材的反思警醒作用；三是采取课内与课外相结合的方式，理论与实践相结合，依托社会服务、产学合作、调研考察等多种形式，践行师德师风。引导广大教师涵养高尚情操，提高思想认识，强化师德养成，筑牢信仰之基。广大教师要真正将教书育人和自我修养相结合，做到以德立身、以德立学、以德施教，更好担当起学生成长成才的指导者和引路人的责任。

（三）革新培训内容——顺势而为，融合创新

提升教师教书育人能力，促进教师专业发展是教师培训工作的出发点。时代进步、社会变革、人才培养都对高校教师的能力素养提出新的要求和挑战，因而新时代的教师培训工作也应以前瞻的视野将新发展趋势、新改革要求、新教育理念、新教学手段与教师培训紧密结合，不断创新培训内容，助推教师专业发展。一是着眼于树立“大文科”视野，搭建“跨学科”平台，提升教师的跨界融合能力。开展跨学科研究专题培训，鼓励不同学科、不同专业教师之间交流学习，激发教师潜能。开设“大文科”讲堂等涵盖文、史、哲、经、管、法等多学科领域的通识性培训，拓宽教师视野，打通专业界限。二是着眼于推进新技术与教育教学的深度融合，提升教师信息素养。通过“信息素养”专题讲座、沙龙、工作坊等多种形式，助力教师融入“互联网＋教育”。探索现代信息技术与教育教学深度融合的方式方法，开发网络学习空间，深挖线上学习课程，打造“互联网＋教育”平台，拓展教师培训空间形式。三是着眼于产教融合，协同培育，提升教师实践创新能力。通过学界业界的交流研究，优势互补，以达到更深层次、更宽领域的融合创新。加强与政府、行业企业间的交流互动，通过校企合作、校研合作等方式，促进教师教育教学改革，带动新文科改革实践发展，推动新文科专业建设。

（四）激发内在动力——分类培养，自主发展

建立分类培养机制，以适应教师发展规律。针对不同年龄、不同学科、不同层次的教师开展分类培训和个性化指导。根据教师的职业发展规律和优势特长，制定分层分类教师培养规划及个性化指导方案。建立教师电子成长档案，统一积累、认证、

核算相关教育教学成果。明确教师成长需求及发展路径,开展青年教师成长、骨干教师培育、资深教师引领等多种形式的培育活动。实现将青年培养成骨干,将骨干培养成专家,将专家培育成大师的发展路径。

建立培训激励机制,以促进教师自主发展。培训体系的创建,要充分考虑如何激发教师学习的主观能动性,引导教师从"要我培训"转变为"我要发展"。选树培训效果良好、推进教改有力的参培教师作为典型,对其进行精神或物质嘉奖,或搭建交流平台,为典型教师分享先进经验提供机会,充分发挥教师培训的正面引领作用。构建专业社群、学习同盟或合作小组等学术共同体,推动教师从个体向团队融合,促进学科学术交叉融合。教师共同的志趣和愿景可以促进教师教学能力、学术水平的提高,开放、共享、交融的良好氛围能有效激发教师发展的内生动力。

总之,新文科建设背景下,教师能力素养的提升是高等教育内涵式发展的迫切要求,高校教师培训工作应充分发挥其功能与作用,为建设一支政治素质过硬、业务能力精湛、育人水平高超的高素质专业化创新型教师队伍提供支撑和保障。

本文系教育部首批新文科研究与改革实践项目——新文科教师专业发展能力培养路线图的研究与实践(项目编号:2021170003)阶段性成果。

赵旭,天津商业大学人事处助理研究员,哲学硕士。

新工科建设背景下应用型本科高校“双师双能型”教师培训培养模式探究

牛　娜

一、新工科建设对“双师双能型”教师的需求

新工科产生于大数据、云计算、智慧互联时代，是面对新经济挑战，服务于国家战略、满足产业需求和面向未来发展的持续深化工程教育改革的重大行动计划，被称为“卓越工程教育培养计划 2.0”。① 新工科建设是一项具有引领性、交融性、创新性、跨界型和发展性特征②，有中国特色的复杂系统工程，要求工科专业培养出的工科科技人才应具备创新创业能力和跨界整合能力。新工科建设在服务于国家战略、引领未来产业发展的同时，需要直接对接行业产业，打破高校与社会的隔离，切实以学生为中心，围绕行业产业需求，定位培养目标、确定培养标准和培养方案，重视过程管理，强调持续改进。人才培养是高等教育的核心，是育人与育才相统一的过程。新工科建设背景下，人才培养需要在学科知识、专业能力、综合素质等方面满足新工

① 林健：《面向未来的新工科建设》，高等教育出版社 2021 年版，第 1 页。

② 林健：《面向未来的中国新工科建设》，《清华大学教育研究》2017 年第 2 期，第 27 页。

科建设与发展的要求,培养具有多学科交叉复合知识、解决复杂工程能力、多学科团队协作能力的德才兼备工程科技人才。①

在此背景下,应用型本科高校师资队伍是否可以支撑新工科建设要求的人才培养目标需要是新工科建设成功与否的关键因素。当前国内学者对"双师双能型"教师的研究多与高职院校、高等职业教育相关联,针对应用型本科高校"双师双能型"师资队伍建设的研究相对较少。此外,对于"双师双能型"教师的内涵尚无统一的标准,当前较有代表性的说法大致分为三类:一是"双证",即具有教师资格证书和职业技能相关证书;二是"双职称",即既具有教师职称,同时又具有技术职称;三是"双能力",即不仅具有理论教学能力,同时还具有实际操作能力。② 在新工科建设背景下,"双师双能型"教师应具有较高的专业素养、丰富的理论学识、扎实的实践能力,可以及时掌握行业前沿信息和技术,并将专业知识和实践技能有机结合,灵活运用,在传授知识的同时,注重学生价值塑造和实践能力提升,努力培养德学兼修、德才兼备的一流工程科技人才。

二、"双师双能型"教师培养现状和主要问题

(一)"双师双能型"教师含义理解不够深入

各应用型本科高校对于"双师双能型"教师的定义和内涵界定尚存在分歧,并无统一的标准。为了方便统计和管理,部分高校简单地将"双师双能型"教师定义为拥有"双证"的教师,也就是说,教师同时具有教师资格证和某种职业资格证书即被认定为"双师双能型"教师,高校对于其职业道德素养、工程实践能力、理论教学能力等不做进一步考核。教师持有某种职业资格证书,不能等同于其实践操作能力能满足教学要求、指导学生完成实践活动。"双证"与"双师双能"不可简单画等号、做类比。对于"双师双能型"教师含义的狭义、机械理解,会严重阻碍新工科师资队伍的培养和建设,不利于人才培养水平的提升。

---

① 林健:《面向未来的新工科建设》,高等教育出版社 2021 年版,第 58 页。

② 刘燕、禹春晖:《"双师型"视域下的高等院校专业教师培训体系构建》,《中国成人教育》2015 年第 13 期,第 120 - 121 页。

（二）师资队伍结构不尽合理

当前应用型本科高校对于专任教师的入职学历要求一般为博士及以上，对于其学术水平也有较为详细的要求，但对于工程实践能力的考察尚无明确要求。新入职教师大部分为高校博士毕业生和其他高校在职教师，具有企业生产一线工作经历的高校教师人数较少，高校教师来源渠道单一，一方面高校入职门槛比较高，具有企业实践经验的人员很难达到其学历要求；另一方面具有较高学术水平的企业在职人员对于进入高校工作的意愿不强。正是在入职环节没有将“双师双能型”教师应具备的基本素质和能力作为重要的考核依据，才造成此类教师数量较少。与此同时，相关的培养培训机制和激励考核制度尚不完善，也在一定程度上影响了“双师双能型”教师数量的增长，该类教师在整体师资队伍的占比较低。

（三）教师工程实践能力急需加强

应用型本科高校的工科教师普遍存在理论知识扎实、工程实践能力薄弱的问题，究其原因，主要有以下几方面：一是高校教师的教学、科研任务量较重，压力大，在业绩考核、职称聘任等方面没有对工程实践能力的量化考核指标，教师的重视程度不够，主动提高工程实践能力的意愿不强；二是为积极应对新经济、新产业的挑战，提高人才培养质量，高校鼓励教师到企业中锻炼，参与企业生产实践，提高在实操工作中解决复杂问题的能力，但企业考虑到对自身产品和核心技术的保护，一般不安排高校教师进入核心部门工作，实践活动多集中于低端重复劳动，很难接触到企业的研发和关键技术环节，直接导致教师在企业中无法得到有效的锻炼提升，影响实践效果。

（四）“双师双能型”教师培训培养体系不够完善

高校专业科目繁多，不同专业对教师的能力要求也不同，但当前各高校由教师发展中心牵头统一组织的培训活动还是以综合性、普适性为主，考虑到教师差异性和专业特殊性的专项培训相对缺乏。同时，培养合格的“双师双能型”教师，对培训教师也提出了较高的要求，培训团队需要由实践经验丰富的高校教师和具有较高理论水平的企业讲师共同组成，在培训模块设计、培训内容安排、培训形式构建等方面瞄准新经济发展需要，同时衔接企业生产实际，将理论与实践有机结合，确保培训实效。当前符合上述要求的培训教师较少。培训团队尚未建立，“双师双能型”教师培训培养体系不完整，培训模式过于单一的问题仍然突出，亟待解决。

（五）“双师双能型”教师管理及保障体系尚未健全

“双师双能型”教师对于工科人才培养的重要性越发突出，各应用型本科高校也在加强此类教师队伍建设，但尚未建立完善的管理和保障体系。如教师参与实践锻炼期间的工作量计算、待遇标准等尚未建立相关的管理制度，这就造成高校教师进入企业锻炼学习大多是走马观花、浮于表面，很难长时间深入企业生产一线开展实践活动。与此同时，对于教师工程实践效果的评价需要校企双方共同完成，当前可量化的指标主要为参训学时，对于培训实效的评价尚未制定出科学有效的考评标准。此外，对于“双师双能型”教师没有制定相关的差异化考核标准和服务保障体系，对于积极参与企业生产实践工作的教师也没有相关的激励奖励政策，由此造成教师主动参与工程实践活动的意愿不强。缺乏完备的“双师双能型”教师管理和保障体系，在一定程度上阻碍了“双师双能型”教师队伍建设的步伐，从而影响新工科人才培养水平的提升。

三、新工科建设对教师胜任力的要求

（一）强大的育人感召力

新工科培养的工程科技人才不仅要有扎实的专业知识，更应具有家国情怀、历史使命感和社会责任感。作为教师，应首先明确“为谁培养人、培养什么人、怎样培养人”，在知识传授的过程中，注重价值引领和能力培养，将课程思政融入教学工作中，关注学生的成长发展，潜心教书育人，做学生的引路人，帮助学生树立正确的世界观、人生观和价值观，培养学生热爱祖国、崇尚科学、尊重教师、向往学习、积极向上的优秀品格，使学生自觉肩负起实现中国梦的历史使命和社会责任，引导学生立鸿鹄之志，努力学习科学文化知识，不仅要拥有过硬的专业技术本领，更要心系祖国发展和民族复兴大业，做国家发展需要的栋梁之材。

（二）良好的自我迭代学习能力

进入高校任教的教师大多具备博士及其以上学历，入职前已具有良好的学术基础和知识积淀，新工科对教师提出了新的要求，需要教师及时关注本学科发展动向和新兴、交叉、前沿学科技术发展方向，对于新技术、新业态、新产业、新模式要随时保持敏感性，不拘泥于既有的知识积累，不断更新知识结构，吸收最新的科研成果，保持"与时俱进"的知识储备，在学习实践中凝练科学技术方法，提升科学精神，加强本专业领域的科学研究能力和创新应用能力，努力将行业前沿研究成果、基础理论知识与先进应用技术融会贯通，持续丰富授课方式和授课内容，引导学生了解科技前沿、可以运用创新思维解决未知和复杂的工程问题①，持续提升新工科人才培养质量。

（三）优异的教学创新能力

新工科建设要满足新技术、新产业、新业态和新模式的新经济挑战。不同于传统工科，新工科建设需面向经济社会未来发展，对于教师的教和学生的学都提出了新的要求。② 在教学内容上，教师要有机融入新经济发展需求，保证教学内容的前沿性、系统性和专业性。在教学方法上，教师需摒弃"PPT + 粉笔"的传统教学方式，综合运用"雨课堂""学习通"等智慧教学工具，充分调动学生的学习潜能和学习自主性，注重过程管理，让学生动起来、学起来、忙起来。新工科建设与发展需要教师提升教学设计能力、课程整合能力、教学评价与反思能力，激发学生的创造性思维，将"教"与"学"有机结合起来，不断挖掘教学创新潜能，提升学习效果。

（四）优秀的工程实践能力

新工科相比于传统工科，被赋予了新的含义，是对传统工科的突破、延伸和融合。与此同时，新工科建设对教师的工程实践能力提出了新的要求，需要教师实时

---

① 毕颖等：《打造"双师"队伍　助力新工科建设》，《牡丹江教育学院学报》2021 年第 1 期，第 31 – 32 页。

② 王玮、彭洪、张辉：《新工科背景下青年教师教学能力提升年路径研究》，《黑龙江教育（高教研究与评估）》2022 年第 1 期，第 9 – 12 页。

关注新技术和新产业的发展,及时了解新技术和工程设备的使用,与产业界和企业对接,保持密切的合作关系,提高运用系统性、集成性、融合性思维解决前沿工程实践问题的能力。同时,要求教师具有战略眼光、创新精神和团队意识,可以综合运用多学科知识、原理和方法,分析和解决复杂的工程问题,支撑新工科人才培养要求,全面保障人才培养质量。

（五）卓越的多学科交叉融合能力

新工科建设相较于此前的“卓越计划”,“新”主要体现在“多学科交叉融合”这一显著特征上。新工科是学科交叉、融合的产物,一方面是不同工科学科的交叉,另一方面是工科学科与其他学科交叉产生的新学科专业。这就要求新工科专业教师在扎实掌握本学科专业基础理论知识的基础上,注重学科交叉融合,打破专业边界、学科边界、学校和企业的边界,将相关学科知识有机融合,促进学科间、行业间的对话与交流,推动本学科专业的研究和发展。此外,在新工科建设背景下,教师要提升跨界整合能力,不可局限于本专业、本领域的技术知识,需关注与本学科相关的其他学科的技术发展方向和动态,综合运用其他相关学科知识和方法解决本学科专业复杂的问题,同时将交叉融合的思想融入教学过程,切实提高学生解决问题的能力。

四、“双师双能型”教师培训培养策略

（一）加强顶层设计,重视育人能力培养

以新工科建设要求为指引,围绕应用型本科高校的发展战略目标,立足“双师双能型”教师职业规划定位,制定符合应用型本科高校发展实际、适合“双师双能型”教师可持续发展的培养培训计划。高校应构建多维度、立体化、长效性培训体系,帮助“双师双能型”教师做好职业生涯规划,精准分析其学科优势、学术基础、科研积淀和实践能力等因素,实施“一人一策”,基于需求分析开展有针对性的专项培训,全面助力“双师双能型”教师成长,提升新工科人才培养质量。

教师肩负着培养担当民族复兴时代新人的重任,要做学生锤炼品格的引路人,做学生学习知识的引路人,做学生创新思维的引路人,做学生奉献祖国的引路人,承载着传播知识、传播思想、传播真理、塑造灵魂、塑造生命、塑造新人的时代重任。在

新工科建设背景下，要培养德学兼修、德才兼备的一流工程科技人才，就需要教师不断增强育人感召能力，使学生热爱祖国、心怀人民，具备家国情怀，努力做担当民族复兴大业的新时代国家栋梁。在培训设计方面，应重视师德师风教育，强化教师职业认同感，培养教师职业使命感，牢记为党育人、为国育才的历史使命，引导教师自觉将课程思政融入教育教学活动，加强对学生的价值引领，不断提高教书育人的本领，为培养引领未来产业和行业发展的卓越工程科技人才做出贡献。

（二）丰富培训内容，创新培训形式

在新工科建设背景下，为应对新经济挑战，充分考虑对“双师双能型”教师能力素质要求，高校应合理设置培训方案，根据需求丰富培训内容，全面提升教师应对新产业、新模式的教育教学能力和工程实践能力。首先，制定培训方案时应遵循普适性与个性化相统一的原则，保证培训内容的丰富性和专业性。对于全体工科教师要加强高等教育新形势、OBE 理念、新工科发展新要求、教育教学方法革新等主题培训，全面提升工科教师的能力素质水平，激发教师成长为“双师双能型”教师的内生动力。与此同时，要根据教师的学科专业、能力水平、个人发展定位及学生培养要求等，制定个性化培训方案，满足教师职业成长需求。其次，要坚持理论与实践相结合，建立全方位、多维度、重实效的培训体系。为应对新工科建设要求，在全面、客观评估教师基本素质的基础上，有针对性地开展提高教师专业理论素养和工程实践能力相关培训内容，为理论基础较好的教师提供专业相关企业的实践机会，为有大量实践经验的教师提供专业理论知识相关培训内容，做到“对症下药、精准施策”，提升培训实效。最后，全面引入“导师制”，加强青年工科教师队伍建设。在教育教学和科学研究方面，发挥导师的“传、帮、带”作用，通过集体教研、跟踪听课、反馈改进、组建团队、学术研讨等方式帮助青年教师尽快胜任教学工作，同时更快融入本专业科研团队。在实践方面，由高水平双师型导师进行专项指导，即由具有丰富实践经验的高校教师和企业行业专家共同作为培训导师，指导青年教师完成与本专业相关的实操培训，根据个体差异阶段性调整培训内容和培训形式，切实提升教师的实践教学能力。

在培训形式上,可选择专家讲座、工作坊、座谈会、研讨会、示范课、企业实训、教学实践比赛等方式,根据教师需求,不断创新培训形式,助力教师成长。同时坚持"线上"与"线下"融合互补,"走出去"与"请进来"有机结合:一方面,在理论教学能力培训环节,"线上+线下"的培训模式可以最大限度地拓展培训深度和广度,有效利用培训时间,提高培训效率。同时在实践教学培训环节,校外企业专家受时间、地域等因素影响,无法全面采用线下培训形式,应考虑利用现代信息技术,采用"线上+线下"相结合的培训模式,分享企业生产案例,提升教师实践能力。另一方面,邀请教育教学、企业实践专家走进校园、走进课堂,开展专项培训,搭建校内教师与专家"面对面"学习交流的平台,同时要定期选派专业教师到其他高校、研究院所、专业相关企业中去走访学习,开展"侵入"式培训学习,不断提升教师教书育人和工程实践能力。

(三)促进校企合作,搭建"校企共赢"培训新机制

应用型本科高校"双师双能型"教师需要同时具备教师的教学水平和工程师的实践能力,既可以从事理论教学,也能胜任实践教学。从之前的调查来看,应用型本科高校教师相比于高职院校教师,理论水平较高,但实践能力较弱,这就需要搭建校企合作平台,以"校企共赢"为目标开始培训活动。①

首先,校企共同制定教师培训方案,实施"双岗交替"。学校定期组织从事教学工作的专业教师到合作企业技术岗位轮岗,参与企业生产,承担企业技术研发工作,熟悉专业工作技能。同时,合作企业的技术人才经过教育教学理论培训后,加入高校兼职队伍,指导学生开展实习实训,参与教育教学课题研究,建立校企人员"双岗交替"的深度合作培养机制。

其次,着眼"校企共赢",实行"双向培养"。高校专业教师进入企业开展实践活动要充分利用个人理论知识扎实的优势,积极帮助企业开展技术研发工作,主动为

① 李悦池:《创新工程教师培养模式:美国星辰项目的经验及启示》,《中国高教研究》2019年第1期,第91-95页。

企业提供服务，在研发中提升解决复杂工程实践问题的能力。同时，企业技术人才作为兼职教师补充到高校师资队伍中，既有利于学校充分利用社会资源，提升实践教学水平，提高人才培养质量，又为企业降低了员工理论培训成本，提升了产品研发和生产效能。

最后，校企共建教师培训基地，练就“双师”素质。校企双方共同推进企业生产基地进校园，高校教学基地进企业的双向教师培训基地建设项目。教师可以在生产基地中完成专业实践技能的培训培养，企业技术人员可以在教学基地完成教育教学理论知识培训。校企双方充分利用培训基地，练就“双师双能型”教师，打造“双师”教学团队。

（四）促进交叉融合，搭建跨学科交流平台

新工科的学科特征体现在交融性，即由多个学科交叉、融合、渗透或拓展而形成。在设计“双师双能型”教师培训培养体系时，要特别注重搭建多学科交流平台，促进学科交叉融合。在具体实施环节，可由教师发展中心牵头构建多学科研讨会长效培训机制，为有需要的教师或科研团队匹配相关学科研究者，为跨学科学术交流搭建平台。此外，教师发展中心还可以定期邀请具有丰富跨学科研究实践经验的学者为工科教师开展主题培训，或就某个研究主题开展工作坊。教师通过深入了解彼此学科的研究领域和研究方向，拓宽研究半径，确立跨学科研发项目，落实新经济倡导的绿色、智能、泛在等理念，推动学科交叉融合。

（五）实施系统工程，完善保障与激励机制

不断完善保障机制，建立评价和考核体系，加快“双师双能型”教师发展。首先，对于“双师双能型”教师的培养，需要校、院、系三级联动分层次制定相应的培养目标和培养方案，兼顾全体工科教师的共性问题，同时考虑教师的个性化需求。其次，制定“双师双能型”教师能力考核标准指标，对于考核合格的教师，应考虑在职称晋升、职务考聘、绩效奖励等方面给予政策倾斜。最后，高校应划拨专项经费用于“双师双能型”教师培训培养工作，同时建立完整的经费使用监督机制，确保专款专用，全面提升培训质量。

新工科人才培养的关键是建设一支高水平“双师双能型”教师队伍，新工科建设对教师的胜任力也提出了新的要求，应用型本科高校应充分认识到“双师双能型”教师培训的重要性和必要性，积极为其搭建成长平台，努力挖掘“双师”队伍价值，发挥和整合“双师”作用，促进新工科建设和发展，全面提升人才培养质量。

本文系教育部第二批新工科研究与实践项目——“双师双能型”教师培训体系的研究与探索(项目编号:E-SZNL20200704)阶段性成果。

牛娜，天津商业大学人事处助理研究员，管理学硕士。

“四新”建设背景下高校教师多元化立体型培训体系的构建策略研究

柴 蕾

新一轮的科技变革和产业技术革命正在世界范围内以指数级的速度迅速扩展。新经济发展动能的转化催生了原有产业结构优化调整和新产业的兴起和发展,同时新的历史发展阶段也赋予高等教育新的历史使命。我国高等教育主动顺应时代发展,以质量变革为核心,提出“四新”建设任务并加速推进,为接下来一个时期内高等教育改革发展和内涵建设提供了明确的目标理念和时代引领。在“四新”理念下积极发展布局,大力推进师资队伍建设,对我国高校尤其是应用型本科院校来说,是谋求自身高质量发展的必然战略选择。

一、“四新”建设的时代内涵

所谓“四新”,是指我国高等教育质量革命中的“新工科、新医科、新农科、新文科”。“四新”建设对我国高校人才培养具有关键性、创新性和战略性意义,是我国高等教育专有的“中国方案”。“四新”建设发端于“新工科”的提出,以工科新专业、新要求为内涵,注重深度交叉融合与创新。从 2017 年在复旦大学召开的综合性高校工程教育发展战略研讨会上形成的“复旦共识”,到之后的“天大行动”“北京指南”,形成了新工科建设“三部曲”①,全力推进工程教育创新的中国标准和中国模式,助跑高等教育强国建设。“新文科”以文科的创新教育与发展、培养新时代担负民族复兴大任的文科人才和传播中国文化为主要任务。“新医科”和“新农科”分别服务和致力于健康中国行动和乡村振兴,面向新业态,倡导教育创新和多学科的深度交叉融合,为世界高等教育提供中国智慧和中国经验。

新工科、新医科、新农科、新文科都以新发展态势下的新理念为指导,直面科学技术革命、立足中国本土、持续推动产业变革和新的社会经济发展,培养面向未来、服务社会的时代新人。目前,轰轰烈烈的“四新”建设研究已由个别高等学校的改革试点,发展到全国范围内高等学校的全面探索。随着“四新”建设的全面铺开和推进,人们对“四新”理念的认同与研究越来越深刻,“四新”建设的时代内涵进一步凸显。“交叉”“融合”“创新”已逐步成为时代发展的潮流,也是“四新”建设最显性的特征。

二、“四新”建设对高校师资队伍的要求

“四新”理念为深化高等教育教学改革带来了新机遇,也为高校师资队伍建设提供了新思路。“四新”理念下的人才培养要求除了具备本学科专业的知识素养外,还应具有多学科“交叉融合”的特征;除了能够熟练运用所学知识解决现有问题外,还应具备学习新知识新技能、创新性解决可能出现的新问题的能力;除了具备过硬的专业本领,还应兼具优秀的人文素养,具备良好的社会管理和沟通协调能力。比如“新工科”人才培养的关键要素在于:对学生人文情怀和工匠精神的培养,对工程专业知识、基本技能和创新意识的培养,对跨学科思维、宏观思维、理性思维等综合素养的培养,以及在人际交往方面所应具备的管理沟通能力、团队协作能力和辽阔的国际视野等。而“新文科”教育旨在传承中华优秀文化根脉、传播中国声音、创新文化发展,培养新的时代背景下学生的洞察力、理论概括力和思辨

---

① 新华网:《新工科建设指南(“北京指南”)》,http://education.news.cn/2017-06/13/c_129631611_2.htm,访问时间:2021年12月22日。

力，坚定中国文化主体性的同时拓展国际视野，培养通晓中外的跨文化研究和传播人才。

师资队伍是培养这支高素质人才的关键力量，因此，“四新”建设对高校师资队伍建设提出了新的要求：首先，高校教师除了具备基本的职业道德外，还要具备崇高的人文素养。高校教师不仅肩负着向学生传播文化知识的责任，同时有义务为学生美好的道德品质的养成提供良好的行为示范。其次，高校教师除了掌握基本教学知识和教学技能外，还应具备较强的实践教学能力。做到将基本知识原理传授给学生的同时，能够有效指导学生进行实验实训、科技开发创新等实践活动。此外，高校教师要具备较强的分析研究能力。高校教师要顺应时代发展需求，在总结本领域现有知识，分析基本规律和本质特征的基础上，要有能够提出问题并进行深入研究的能力。最后，高校教师应具备较强的创新能力。在积累丰富实践经验的基础上，高校教师要实地考察了解本领域前沿的专业技术和理念，将理论知识充分运用于实践，及时发现问题并能创新性解决问题。

因此，“四新”建设对高校师资队伍的要求，教师除了具备基本的职业道德和专业理论素养外，还应具备顺应和引领“四新”建设发展所必需的素质能力，即具有先进的教学理念和方法，专业的理论水平和实践技能，开拓进取意识和创新能力，以及良好的科学精神和人文精神等。

三、基于“四新”理念的高校师资培训体系

师资队伍培训是提升高校教师教育教学能力、促进教师专业发展水平提高的重要途径。中共中央、国务院《关于全面深化新时代教师队伍建设改革的意见》中，明确提出“全面提高高等学校教师质量，建设一支高素质创新型的教师队伍”①，教育部《关于深化本科教育教学改革全面提高人才培养质量的意见》中也对“推动教师培训常态化”提出了新的要求，“加强高校教师发展中心建设，重点面向新入职教师

① 中华人民共和国中央人民政府：《中共中央　国务院关于全面深化新时代教师队伍建设改革的意见》，http://www.gov.cn/zhengce/2018-01/31/content_5262659.htm，访问时间：2022年2月24日。

和青年教师，以提升教学能力为目的，开展岗前和在岗专业科目培训”等①，进一步推进我国高校教师培训制度化、常态化。

（一）目前高校师资培训存在的主要问题

当前高校师资培训体系日渐完善，但是，在“四新”理念深入融合发展方面仍存在一些问题，如重视程度不够、体制机制不够完善、培训模式单一、培训理念滞后等问题，无法达到预期的培训效果，阻碍了高校师资队伍培训体系的优化发展。

一是对新理念下的教师培训工作重视程度不够，相应的配套经费和设施供给不足。培训过程中缺乏教育实践基地或载体，无法达到教学相长的效果。政策运用不得当，与新理念的应用性要求背道而驰。

二是培训体制机制不够健全，未形成规范性的培训制度。新时期要求高校师资培训机构具备科学规范的管理体制，强调对教师培训的系统化、个性化和实效性。但目前高校教师的培训普遍缺乏系统性和个性化，造成教师培训的广度和深度不够，无法形成完备的教师培训档案。同时，缺少科学有效的考核评价和激励机制。

三是培训模式单一，培训内容需要充实更新。部分高校通常把培训作为一项简单而常规的任务，培训内容陈旧，无法适应新形势下教师的培训需求，影响教师培训的参与度和积极性。新理念下除了传统的普适性培训外，还应培训教师掌握本领域前沿性教育理念和实践操作经验，培养其创新性思维和教学能力、基于“互联网＋”等平台和新信息技术的应用能力，以及良好的职业道德情操等。

四是缺少对新理念下跨学科的交叉融合培训。新理念下还应加强对前沿学科、与本领域相关的跨学科，特别是涉及新技术和新兴产业的培训，不断提升教师运用多学科知识破解难题的能力，以及应对挑战创新性解决问题的能力等。

---

① 中华人民共和国教育部：《教育部关于深化本科教育教学改革全面提高人才培养质量的意见》，http://www.moe.gov.cn/srcsite/A08/s7056/201910/t20191011_402759.html，访问时间：2022年2月24日。

（二）基于“四新”理念的高校师资培训体系优化路径

为此，需要从以下几个方面推进师资队伍培训体系的“四新”建设：

一是提高对师资队伍培训重要性的认识。充分认识到“四新”建设提供的时代机遇，将师资队伍培训提到新的起点和高度。重视教师培训队伍建设与课程教学、协同创新基地以及专家库等资源的整合。鼓励校企、校校、校研合作，通过共建合作基地，积极探索建立协同育人机制。

二是完善基于“四新”理念的教师培训制度。制定培训制度规范，明确培训要求，建立教师个人培训档案，增强培训的长效性、系统性和实效性。注重实践和创新能力培训，促进产学研协同发展，使教师更好地融入“四新”建设项目中。此外，制定科学合理的考核评估体系，实施教师分类管理，引导教师正确处理教学科研之间的关系，推动学科间的深度融合。

三是充实培训模式，不断更新培训内容。着力提升高校教师队伍的专业素养与实践创新能力，通识性培训与个性化培训相结合，专业素养培训与跨学科融合相结合，教学能力与实践能力培养兼而有之。持续更新教师的教学理念及对本领域前沿知识技能的了解。此外，顺应教育智能化发展趋势，不断提升教师线上教学技能和水平，推动信息技术与教育的深度融合。

四是推进跨学科的交叉融合培训。结合需求导向，建立不同学科间的融合培训机制，深入调研了解教师的培训需求，制定跨学科一体化培训计划。树立终身学习理念，使教师持续关注本学科领域内的热点、难点问题，以及与本领域相关学科的前沿性、交叉性新生问题。与行业企业保持紧密合作，建立学习实践基地，不断积累解决本领域前沿问题的实践经验。

四、基于“四新”建设的多元化立体型师资培训体系构建

构建高校教师教学能力和综合素养全面提升的立体型培训体系，需要从多个维度、不同层面进行考虑。

（一）从宏观层面来说，建立“三级联动三协同”机制

“三级联动”是指学校和二级学院（部）、系之间齐抓共管、三级联动，合力推进

教师培养培训工作。学校层面,贯彻落实学校党委关于师资队伍建设和人才工作的意见,制定教师培养培训规章制度,给予经费保障,发挥教师发展中心的作用,统筹推进全校教师的培养培训工作;二级学院层面,在执行学校培训计划的基础上,结合本学院实际,制定学院教师培养培训计划和实施细则,有目标、有计划、有组织地实施本学科领域专业化的教师培训;系所层面,根据不同专业的特点来实施学术交流、产学研合作、企业实践的活动,通过教学探讨、教学改革、导师制等方式促进教师教学发展。

"三协同"是指在教师培养培训中丰富培训形式,扩展培训内容,以"校企、校研、校校"协同合作模式,构建满足需求的"四新"型教师培训基地。通过"校企合作",建立行业、企业培训基地。使教师深入企业生产实际,进一步深化教育理念和教学能力的同时,开展专项实践能力培训,增强其解决各类问题的经验和综合应用能力;进一步提升教师的创新思维和研发能力,以及运用多学科知识解决生产实践中复杂问题的能力;进一步培养其爱岗敬业、具有高尚职业情操的良好素质,通过双证书制激发教师的培训热情。通过"校研合作",建立与研究院所紧密合作的产学研实践基地。主要与专业相关的研究院所建立产学研合作关系,进而开展前沿科学与前沿技术的培训。通过"校校合作",建立与其他高校合作交流的机制和合作平台。主要通过重点实验室、工程中心、实验教学示范中心和科技合作基地等平台,构建校校合作交流平台,促进教师拓宽学科领域,关注新兴学科、交叉学科和前沿学科,增强"互联网+"和信息技术的应用能力,构建跨专业的复合型知识结构。

(二)从微观层面来说,建立"分级分类多元化"师资培训体系

"多元化"是指根据不同学科类别、不同层次的教师按不同需求和主题进行分类培养培训,注重不同学科每一位教师的个性化成长。"分级分类"主要基于培训对象的立体化、培训层次的立体化、培训内容的立体化以及培训形式的立体化。比如在培训对象上,不同学科类别的教师分别有老中青不同的培训人群;在培训层次上,分别有初级、中级、高级的递进培训;在培训内容上,兼顾专业性培训与跨学科融合,注

重新技术手段的使用与培训；在培训形式上，以线上与线下相结合，分别可以包括专家讲座、课堂观摩（或直播）、专题研修、研讨沙龙等形式，通过高质量的不同专题的专业培训提高教师教育教学能力。

第一，基于培训对象。高校中不同学科的教师承载着不同的工作使命，承担的任务及工作重点、难点不尽相同，立体型培训以参培教师的需求为导向，结合其学科及实际工作需要，采用“订单式”培训，为不同培训对象定制最契合其培训需求，并能实现最大培训价值的培训内容，从而增强培训的针对性和实效性。如对中青年教师的培养重点在于新知识理念的更新及创新能力的提升，而对于教学经验丰富的资深教师更需侧重新技术革命时代的信息化教学技能培训。

第二，基于培训层次。在同一类别的培训对象中，可按初级、中级、高级进行递进式层级分类，每个层级教师的教育教学水平和专业素养不同，因此针对培训对象可按学科领军、中青年骨干、新入职教师等进行高级、中级、初级分类培训，因材施教。针对新入职教师的培训，主要包括岗前培训和基本教学技能培训，帮助其尽快适应角色，站稳讲台、站好讲台；对于中青年骨干教师，主要帮助其快速成长，不断提高教学水平和专业素养，为学校人才库做充足储备。同时，为学科领军人才搭建跨学科交叉融合平台，助力学校教育教学水平的提高和内涵式发展。

第三，基于培训内容。培训内容的立体化主要包括三个层面，一是基础专业知识的培训和更新。要求紧跟时代发展需要，随时关注本领域的热点问题和相关跨学科领域的前沿问题，及时更新专业知识储备，优化本学科及跨学科教育教学内容。二是新技术手段及线上教学等智能教育模式的专业化培训。除了线下多媒体等教育技术手段的基础性培训外，受当前形势影响，线上教学模式以多种形式呈现出飞速发展的态势，要求教师在持续学习中不断拓展自身的信息化技能，以应对数字教育发展的洪流。三是创新性思维和专业实践能力的培训。通过“校企、校研、校校”协同合作模式，丰富高校教师的实践创新能力，在实践中夯实专业基础知识、增强跨学科融合能力、提升解决实际问题的实践能力。高校的教师发展中心等师资培训部门也可以通过调查问卷、走访调研等形式，了解教师的培训需求及实践教学中的难点问题，以需求为导向，为教师提供更加有针对性和实效性的多元化培训。

第四，基于培训形式。不同于以往的“注入式”培训，现有培训模式已逐步发展为以培训效果为导向、交互式、立体型的多元化培训形式。在分级分层分类的基础上，坚持理论与实践相结合，可采用“走出去、请进来”的方式，通过专家讲座与案例分享、教学观摩及实践案例分析、名师面对面、专题工作坊等形式引领高校教师创新性探索教育教学新方法。比如举办名师面对面、专题沙龙等，充分利用校内外名师资源，在有资深经验的名师指导下，通过观摩学习、互动交流研讨、个性化指导等形式大力提升高校教师的教育教学能力。还可以定期组织教师参加教学或实践技能比武大赛、主题沙龙、午餐会等形式多样的活动，使教师们在积极参与中不断获取新的技能。

从培训的组织形式上，可以采用线上与线下相结合、集中与分散相结合、必修与选修相结合等灵活多样的培训形式。线下培训可以包括专家讲座、课堂观摩、短期研修班、名师沙龙等，对提高教师教育教学能力进行持续性、系统性、针对性、个性化的培训。随着教育信息化、数字教育的发展和线上教学的逐渐普及，对高校教师的线上培训显得尤为重要，通过线上直播讲堂、网络研修班、线上专题会议研讨等形式，拓展教师教育教学能力提升的时间和空间。所谓集中与分散相结合，是指可集中组织大范围的教师参加通识性的前沿知识理念更新或教育技能提升的培训，也可按主题组织小范围的深度研修班，或按学科组织所在学科领域的专题性培训班，还可以通过一对一或学习共同体的建立开展分散式培训交流。必修与选修相结合是从深度和广度上为教师教育教学能力的提高提供超越时空的学习机会，比如线上培训资源库的提供，可以使高校教师在完成本领域必修课程的同时，根据自身需求选修本学科或跨学科的相关课程资源，在节约培训成本的同时，补充满足不同人群的培训需求，有力提升教师教育教学能力的培训效果。

师资队伍建设是高校人才培养质量的引擎，作为提高教育教学质量的基础型工作，高校教师培训体系优化直接关系到“四新”人才的培养质量。针对“四新”建设背景下高校师资队伍培训中存在的问题，把握新时代高校教育改革发展的新阶段、新使命、新征程，提出优化路径，构建基于“四新”理念下的高校师资培训体系多维立体化模型，以期进一步助推“四新”理念深化，在实践中高度实现高等教育教学改革目标。

本文系教育部第二批新工科研究与实践项目——“双师双能型”教师培训体系的研究与探索(项目编号:E-SZNL20200704)阶段性成果。

柴蕾，天津商业大学人事处研究员，管理学硕士。

新工科背景下专业院级“双师双能型”教师培训体系构建与实践

鲁晓翔　刘建福　王素英　罗蕴玲　齐恩平

一、构建培训体系的背景与意义

（一）国家发展的需要

随着我国经济结构的调整与产业升级的推进，我国高等教育发展面临新的要求。为此，国家出台了《关于全面深化新时代教师队伍建设改革的意见》《关于引导部分地方普通本科高校向应用型转变的指导意见》《关于深化产教融合的若干意见》等一系列政策，旨在引导与促进高校将办学思路向为经济社会发展服务转型、办学模式向产教融合校企合作转型、人才培养向打造具备创新创业能力的应用型人才转型，从而使高校全面提升创新驱动发展的能力。① 这是我国对高校人才培养提出的战略性结构改革新要求，其中加强教师队伍建设，特别是加强“双师双能型”教师的培养是其先决的核心要素。

（二）新工科建设与人才培养的需要

伴随新一轮科技革命与产业变革，我国高等教育界主动适应社会经济发展提出

① 杨帆等：《地方本科高校“双师型”教师培养的思考与实践》，《教育教学论坛》2021 年第 17 期，第 96－99 页。

了新工科概念。新工科建设更加注重树立创新型、综合化、全周期工程教育新理念，构建新兴工科与传统工科升级改造相结合的学科专业新结构，探索实施工程教育人才培养的新模式，打造具有国际竞争力的工程教育新质量，建立完善中国特色工程教育新体系。① 新工科建设明确提出，应用型本科院校的办学目标是培养适应并能促进区域经济与社会发展、理论知识扎实、实践能力及综合素养较强的应用型人才。② 应用型人才突出的特点是既具有良好的专业理论素养，又具备较强的动手实践能力和科技研发能力，而对大学生这些能力的培养都离不开“双师双能型”的教师。③ 如何培养新工科要求的人才，是高校面临的战略性问题。高校的专业学院，特别是以传统工科专业为主的学院，为满足专业发展及行业对从业人员的要求，迫切需要进行升级改造，其目的就是要按照新要求，在分析学科发展规律、了解行业发展需求的基础上，结合区域经济发展规划，通过确立学科专业建设方向，改革人才培养方案、人才培养模式和方法等，达到人才培养质量的提升，其中培养“双师双能型”教师已成为重要任务。

（三）教师队伍建设的需要

教师的能力和水平与学生的培养质量密切相关，高素质的教师队伍是高素质人才培养的基础与重要保障。新工科建设对教师的要求主要为④：在知识能力方面，教师应具有追踪学科前沿与掌握专业知识的能力，了解学科专业发展动态、研究热点和最新研究成果，不断充实自身专业知识储备，并能将之传授给学生；在核心素养方面，教师要实现从传授知识为主的教学型向以兼备德才素养为核心的能力综合型转变，以满足全面育人目标的达成；在思维能力方面，教师要不断积累科学知识、凝练科学思维、提升科学精神，引导学生运用科学思维方法解决工程实践中的问题。

① 徐晓飞等：《我国高校新工科建设与教育模式创新实践的探索与思考》，《计算机教育》2021 年第 2 期，第 99－103 页。

② 龚建荣、阙善材：《基于校企合作的“双师双能型”教师队伍建设》，《常州信息职业技术学院学报》2021 年第 1 期，第 1－4 页。

③ 毕颖等：《打造“双师”队伍助力新工科建设》，《牡丹江教育学院学报》2021 年第 1 期，第 31－32 页。

④ 闫俊伢、李敏：《应用型转型背景下“双师双能型”人才队伍建设研究》，《办公自动化杂志》2020 年第 5 期，第 24－25 页。

然而，受专业型思想的传统影响，目前我国多数应用型高校“双师双能型”教师的占比不足30%，占教师队伍50%的中青年教师普遍缺乏工程实践经历，工程能力与创新创业能力不高，这样的师资队伍结构难以适应现阶段人才培养的需求。[①] 此外，目前应用型高校对教师开展职业化培训的认识还不到位，尚未健全系统性规范化的“双师双能型”教师培养体系，培育机制不畅，培训效果不佳。因此，“双师双能型”教师队伍建设是应用型高校发展中亟待解决的问题。

综上所述，只有加强教师队伍专业化建设，大力培养融专业理论与教学、实践技能与工程能力以及创新研发于一体的“双师双能型”教师队伍，才能促进应用型高校人才培养质量的提升。“双师双能型”教师队伍建设是涉及师资队伍结构调整、理论培训与实践锻炼以及制度保障等多方面的系统工程。本文聚焦应用型高校“双师双能型”教师培养中的问题，探讨专业学院层面教师培训体系构建及其实践，以期为“双师双能型”教师培养提供可操作的示范案例。

二、构建专业学院培训体系的工作思路

专业学院开展“双师双能型”教师培养与培训体系建设，能有效调整师资队伍结构，增强学科及专业建设的产业适应性，提升教师专业教学能力与综合教育水平，进而提升学生学习能力、实践能力与综合素养，不断提高人才培养质量。在“双师双能型”教师培训体系构建时，所有工作都要从教师教育教学现状与教师队伍发展出发，逐步完善培养培训体系与机制，拓展培训内容，丰富培训形式，有步骤、分层次、按类别持续促进教师职业发展水平。在具体工作层面，需要统筹思考并解决以下问题。

（一）明确建设目标

专业学院构建“双师双能型”教师培训体系，要将此项工作纳入学院师资队伍建设整体工作来规划，首先要明确建设目标，以回应为什么要培训的问题，从而为统筹设计达成培训目标的路径与举措奠定基础。如果在建设过程中忽略“双师双能型”

---

① 李云云：《关于吉林省应用型本科院校“双师双能型”教师队伍建设问题的思考》，《吉林工程技术师范学院学报》2020年第3期，第25－27页。

教师队伍建设目标的实现程度、建设方法和保障措施等的有效性，将影响建设工作的效能。① 笔者认为，专业学院“双师双能型”教师培训体系构建的目标应以新工科人才培养目标为根本目标，其下包含三个子层面，即学院师资队伍建设整体工作目标、专业教师达到的能力目标及培训管理规范化工作目标，且每个子层面工作目标都应有定性指标与定量指标。在此思路下，不断完善“目标明确、内容系统、渠道多元、举措精准、保障到位”的培训工作总体方案及其实施办法，并作为一项长期工作持续开展。

（二）拓展培训内容

设计好“双师双能型”教师培训内容，是回应培训要解决什么的问题。笔者认为，培训内容的构建，要注重全面性与系统性，即以新工科师资队伍应具备的能力与“双师双能型”教师评价标准为依据，通过设计不同模块核心课程群、工程实践项目等共同构成培训内容体系。就内容设计而言，主要包括四个方面：一要培育教师良好师德及职业道德。高校承担着为党育人、为国育才的重任，要通过不断学习与实践，培养教师具有良好道德风范和职业道德素养。二要提升教师掌握专业理论知识及其运用的能力。要掌握学科专业基本理论、基础知识与基本研究方法，树立终身学习的理念，培养追踪学科发展的能力，养成科学思维的习惯。同时还要涉猎现代信息技术、经管及人文等学科的基础知识，培育教师跨学科知识融合与应用的能力。三要加强对教师工程背景和在行业企业的实践锻炼，使教师提高将专业理论知识与解决工程实践问题相结合的能力，并养成将之运用到教学中的自觉。四要培育创新创业能力。新工科建设强调培养具有创新创业意识和能力的人才，这就需要有坚实专业知识和创新型教师的支撑，可以说学院要提高创新创业的教育水平，前提是要拥有具有创新创业思维和创新创业经验与能力的教师。

（三）创新培训方式

专业学院“双师双能型”教师培训工作在培训模式、培训渠道及其组织方式上要

---

① 张征超、周景雷：《应用型大学转型发展中“双师双能型”教师队伍建设路径研究》，《渤海大学学报》2020 年第 4 期，第 114－117 页。

有可行性与创新性,以回应怎样开展好培训的问题。教师在职培训是目前多数高校的实情,因此要根据不同培训内容、教师教学安排及其学历与工作经历等情况,创新开展培训。一是构建多元化的培训渠道。如校内培训平台与校外培训基地、线上培训与线下培训、传统授课与主动沉浸式等多种方式结合的立体交叉渠道。二是集融合性与灵活性于一体的培训方式。如要更加注重教学与生产实际的融合、集中培训与个体分散锻炼的融合、实体培训与虚拟培训的融合等。三是创新培训模式。新工科建设要求培养学生的跨界思维能力,“双师双能型”教师的内涵也体现了“跨界”的要求,这就要求教师要有能够有效组织学生进行理论知识的跨界学习和实践能力的跨界训练,而这恰恰是当前多数教师自身知识与能力结构的短板,因此需要对教师的培训进行改革与创新。如开展不同形式的项目培训,使教师接受跨学科跨业界的完整培训,增强教师将知识链对应产业链的能力,并促进培养人才的行业适应力的提升。

(四)完善培训管理

良好的管理有利于培训工作高效、有序及持续地推进,完善与加强培训工作的管理,以回应怎样更好地发挥培训效果的问题。在管理方面,构建培训体系时需要统筹设计这样几个层面:一是要坚持成果导向理念,如教师培训目标的达成情况、教师促进学生综合能力提升的情况等应该成为培训体系建设与改进的目标。二是要强化培训过程的精准管理。要根据教师培训内容、培训渠道与方式的不同,在培训周期内建立“一人一策一档”的全程管理。三是落实培训效果持续改进提高的举措。如加强对培训质量的评价与激励、创新评价指标与方式等,真正使教师乐于参加培训、善于应用培训成果。

三、培训体系的构成及其实施

经过积极探索,笔者所在学院凝练了模块化设置培训内容、融合式的培训模式、多渠道的培训途径与灵活性的组织方式的培训工作机制。就培训体系而言,在分析“双师双能型”师资队伍建设现状的基础上,建立适合院级“双师双能型”教师队伍发展的培训目标,并据此制定相对应的培训内容体系与培训工作管理体系。其构成框架如图 1 所示。

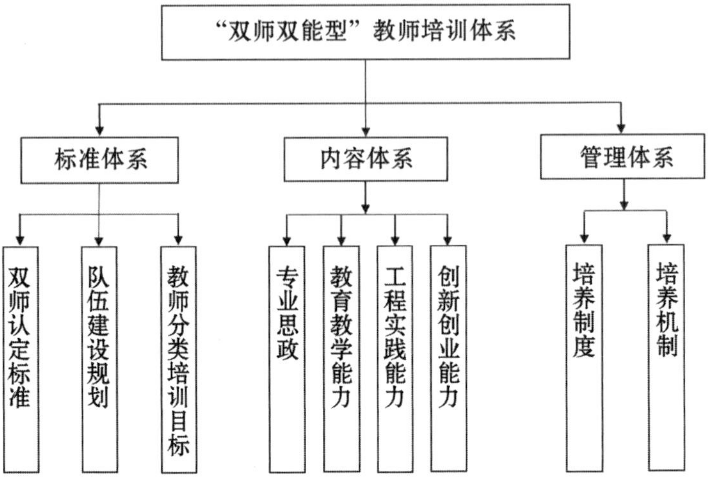

图 1 “双师双能型”教师培训体系构架图

（一）培训标准体系

1.“双师双能型”教师认定标准

“双师双能型”教师认定标准是培训工作的前提与导向。学院要以新工科人才培养目标和毕业要求为导向，明确各专业对“双师双能型”教师的能力需求，在学校总体标准指导下，有针对性地确定专业“双师双能型”教师认定标准，使“双师双能型”教师的培养与人才培养目标相匹配。

2.“双师双能型”教师队伍建设规划

不同专业对“双师双能型”教师比例及教师应具备的工程实践能力的要求不同，因此学院应将师资队伍建设与专业建设同步推进，结合各专业特点与师资队伍现状，特别是针对教师队伍学科分布、教师工程实践经历等，制定各专业“双师双能型”教师队伍建设规划，并将之分解、量化为年度完成目标，明确达成目标的举措，使建设目标和计划扎实落地。

3. 教师分类培训目标

不同专业在其建设发展中对师资队伍中各类人员数量、结构与类型等均有不同要求，这应该充分体现在专业师资队伍建设中。对处于不同发展阶段的教师，按照“双师双能型”教师认定标准进行分类培训，能更加有效而精准地达到各专业“双师双能型”教师队伍培养的效果。因此，各专业要根据人才培养目标以及教师队伍现状，制定合理的教师能力构架、各类人员比例以及处于不同发展阶段教师的培训重点。① 如笔者所在学院以培养工程技术员兼具管理人员为主，注重培养学生的科学基础知识与工程应用能力，以及工程设计、操作和管理等能力，因此要求专业教师中50%以上人员需兼具专业研发能力与企业实践经历，而这也是中青年教师培训的重点。

（二）培训内容体系

依据新工科人才培养对教师队伍建设的新要求，针对工科专业“双师双能型”队伍存在的工程实践能力不足和创新实践背景薄弱等共性问题，学院的培养培训内容聚焦于以下四个方面。

1. 思想政治能力培育与举措

高校的根本任务是立德树人，教师肩负着大学生思想进步与知识增长引路人的重任，这对教师的政治素养和知识储备提出了新的更高要求。为此，学院“双师双能型”教师培训要把持续提升教师的思想政治素质放在首位，只有对全体教师持续进行思想政治教育，才能使教师牢记使命与初衷，使教师教书育人水平不断提升，实现德技兼修。②

在实施中，学院探索了“双融合”的工作路径。一是将思想政治教育与新工科专业教育相融合，拓展培训内容。加强对教师思想政治培育是加强党对“双师双能型”

① 易丽等：《新工科“双师”队伍建设的诉求与探索》，《高等工程教育研究》2020 年第 4 期，第 61 – 65 页。

② 王香婷等：《“双万计划”背景下师资队伍建设的问题与对策》，《教育教学论坛》2020 年第 51 期，第 38 – 40 页。

教师队伍建设的统领举措，通过全面系统的学习教育，用习近平新时代中国特色社会主义思想武装头脑，为教师在教育教学中实现思想政治教育与技术技能培养的统一奠定思想政治基础。同时，从高等教育特点及教师成长规律出发，组织教师学习相关政策法规与现代教育教学方法，从教师职业生涯发展角度进行培训。① 二是将知与行相融合，创新培训方式。如学院开展全员课程思政，通过举办讲座、示范课、交流研讨会等，将知识传授与课程育人紧密结合，教师以敬业的态度、创新的教学改革、真情的关爱学生，引导大学生树立正确的人生观、世界观和价值观。学院还构建了知行合一的培训载体，组织教师开展“百名教师讲红色精神”“教风建设重点月”“服务师生志愿者”等系列活动，使教师在参与中接受培训，培养了教师的家国情怀及责任担当意识，并引导教师加强自我修养和倡导奉献精神。②

2. 教育教学能力培养与举措

教育教学能力是高校教师应具备的基本能力，对“双师双能型”教师的培训就要注重对教师基本教育教学能力的培养。在工作中，学院通过模块化的课程设置，构建内容系统、覆盖全面的核心课程库，参培教师根据自身需要选择不同模块的相应内容进行培训，并在一个培训周期内考核达标。

模块一：党和国家教育方针政策；高等教育发展新理念新趋势新技术、高等教育法；教育心理学等。通过本模块的培训，使教师及时了解党和国家对高等教育发展的新政策与新要求，使教师将之自觉融入日常工作中。

模块二：高校教学组织管理与教学方法；现代教学技术；教育教学研究方法；创新创业教育等。通过培训，使教师能够及时掌握先进的教育理念、教学内容与方法，能开展课程教学设计及其实验项目的设计、熟练运用现代信息技术进行教学；善于开展教育教学研究，提升解决教学过程中问题的能力；能够参与学科专业人才培养

① 刘源、门保：《全核心能力视角下高职院校“双师型”教师培养路径研究》，《职教论坛》2021 年第 7 期，第 95－101 页。

② 赵莉香等：《高校二级学院一流师资队伍培育与政策支持体系建设研究》，《中国多媒体与网络教学学报》2021 年第 7 期，第 150－152 页。

方案的制定、课程设置与改革、教学大纲编写、实习基地建设等工作。

在实施层面，一是加强核心培训课程的建设。按照教学规律，从课程教学设计、教学内容凝练、教学方法选择、课堂组织等方面设置核心培训课程，这些课程由本院及校内教学经验丰富的教师通过举办讲座、示范课、交流研讨等形式来开展，也可由教师个人通过校内外线上精品课自选学习完成。二是采用组建教学团队的培养模式。组建以课程建设为基础的老中青相结合的教学团队，围绕一流课程建设要求，团队内以专题报告、课堂观摩、教学点评等形式，经常开展教育教学理论研讨、教学方法与手段交流、教学研究及教学督导，指导参培教师提升教学能力。

在管理层面，要求全体教师在四年一轮的培训周期内完成各模块相应内容的培训，并将完成情况作为教师聘期绩效考核的依据，对青年教师还要作为其教学合格验收的依据，以此举措促成教师完成培训。

3. 工程实践能力培训与举措

工程实践背景及实践能力不足是目前应用型高校师资队伍中普遍存在的一个问题，这也成为"双师双能型"教师培养培训中需要重点加强的工作。在工作中，学院通过构建涵盖校内校外培训平台与渠道、模块化的项目设置，使教师能够根据专业发展要求、自身职业发展规划等来选择各模块中相应的项目进行培训，并在一个培训周期内达标。

模块一：校企合作工程实践。学院扎实开展校企合作，培养教师的工程实践能力。结合新工科"双师双能型"师资队伍的建设要求，通过开展多种形式的实践项目培训，使教师学到行业企业的新技术、新工艺，培养和提高教师发现、分析和解决生产实际问题的能力以及工程设计开发能力，从而在学习应用技能及创新技术的过程中提高教师的专业实践能力。①

模块二：改革院内专业实践。利用学院现有资源，使参培教师获得相应的工程实践经验，这是"双师双能型"教师队伍建设的重要途径。学院从理论学习与工程实

---

① 黎国荣：《双创背景下的双师双能型教师队伍建设》，《高教论坛》2020 年第 3 期，第 60 – 61 页。

践相联系、设置与工程要求相衔接的实验项目等方面进行校内培训项目的设计,特别是根据不同专业特点及其工程问题来设计校内培训方案,使教师培训项目具有明确的发展目标与评价要求,通过培训,在工程教育理念养成、知识传递、工程技术能力等方面得到整体提升①。

在实施层面,重点是建立了稳定的企业培训基地与校内工程实训中心。学院本着互惠双赢的原则,与代表性企业建立长期合作关系,全方位加强企业实训基地和校内实训平台建设,分类多点位开展校企人员双向交流合作项目,如校企互聘兼职教师、合作进行技术攻关、校企导师联合指导学生毕业设计、联合申报技术改造项目、教师到企业挂职科技特派员、教师到企业进行专项生产实践培训等,使教师通常沉浸式培训,在学习工程设计与管理及改进技术的创新过程中更新专业知识、创新教学方法。②

在管理层面,一要不断完善师资培养培训基地校企合作机制。组建校企合作领导小组,校企双方共同设计培训方案、挖掘培训内容、开展培训活动、进行效果的评估等,使校企合作贯穿教师培训的全过程,充分发挥培训基地的作用。③ 二要对教师培训的全程加强管理。培训要达到预期效果,还要通过建立健全管理制度来规范与保障培训,从培训计划拟定、执行过程、培训效果反馈教学等方面,建立一人一档的精细化管理,促使参培成为教师的行动自觉,并达到良好效果。

4.创新创业能力培养与举措

通过开展科学的"双师双能型"教师培训,培养具备创造性思维方法以及创新实践能力的教师,促进创新创业教育教师的专业成长,进而提高具备创新创业意识和能力人才的培养质量。

① 徐少明、陈永红:《新工科视域下应用型高校师资队伍建设的检视及展望》,《东莞理工学院学报》2020年第2期,第113－118页。

② 周娜、侯锡瑾:《应用型院校"双师型"教师培训的实然困境与应然出路》,《中国成人教育》2020年第15期,第87－89页。

③ 周巧平:《新时期高职院校教师培训的思考与探索》,《淮南职业技术学院学报》2020年第6期,第107－110页。

模块一:科学研究与创新能力的培训。培养“双师双能型”教师从事相关专业应用技术研究,如通过设置专项实训项目、申报科技研发课题、与企事业单位联合开展应用项目与技术升级改造等的培训锻炼,提升教师的创新创业能力。

模块二:参与创新创业大赛。通过教师参加或指导学生团队参加各级各类行业创新创业大赛,以赛代训。在此过程中,教师通过开展技术研发、产品测试、工程设计、成本核算、市场调研与营销,并在此过程中接受行业专家的全产业链指导,从中获得创业技能,提高创新创业实践的能力。

在实施层面,采用组建创新创业项目组的培训模式,即通过组建与产业链对接、由不同学科老中青教师及企业专家组成的创新创业项目组。院内专家在创新理念与研究技术方面具有深厚的积淀,行业企业专家在创业实践方面具有丰富的经验。参与项目的参培教师经专家指导,在创意方案、产品研发与生产、知识产权保护、市场开发等方面都得到系统锻炼,使其不断丰富理论知识、提高知识与应用的转化能力及实践指导能力。① 参培教师也可通过科技成果转让的服务和现场指导,不断深化研究内容、提升研发水平,在实践中培养技术创新能力。

在管理层面,教师创新创业能力的培养需要多方面的共同参与。一是,学院积极主动搭建教师与外部交流的平台,利用行业企业及社会资源培养教师的知识转化能力,加强校企互惠互利举措,保证创新创业项目组的稳定。二是,健全和完善校外师资库。学院遴选了一批具备良好职业素养和丰富实践技能的技师组建专业培训师资库,为提高教师工程教育培训质量提供保障。②

(三)培训管理体系

建立健全“双师双能型”教师培训管理制度,为保证学院培训工作的有序、有效进行提供保障作用。在工作中,学院应从以下几个方面建立健全相关工作制度。

---

① 李军:《应用技术型高校教师实践能力的特征及培养》,《河北工程大学学报》(社会科学版)2021 年第 3 期,第 103 - 108 页。

② 许晓璐、郑璐纯:《地方本科院校面向“新工科”打造教师队伍融合平台》,《大学教育》2020 年第 21 期,第 89 - 90 页。

1. 完善教师培训制度

加强教师培养培训是推进教师队伍建设的重要内容，是提高教师队伍整体素质的主要途径。制定院级教师培训管理制度要注重制度的针对性，一要针对学院培训工作落实的重点与难点，在培训师资库建立、培训内容设置、培训过程督导、培训效果评价等方面形成积极的导向，并采取有效举措抓落实。二要建立“双师双能型”教师培训项目的实施机制，如制定明确的培训目标与培训标准、培训内容与评价指标、培训进度与经费来源，学院要组织教师对培训进行总结与反思，加强对培训成效的检查与评价，以便更好地支持和服务教师培训工作。①

2. 构建保障性制度

为了使培训工作在人才培养过程中更好地发挥作用，一是建立了涵盖督导、评价、考核与激励等方面的保障性制度，以使培训工作良序有效进行。例如，在教师年度考核中设置相应考核模块，考查教师的思想政治、教育教学、工程实践和创新创业指导四项能力，细化各专项考核指标，以教学评价为例，通过对教师指导学生毕业设计、创新创业大赛、指导学生学术成果产出等的情况，重点考察“双师双能型”教师培养学生实践能力的方法和效果，对教师在实践教学中取得的教学业绩与理论教学业绩同等对待，以提高教师参加“双师双能”培训的积极性与主动性，并使教师从中获得更多的认同感。二是加强对培训的督导、对教师参培信息的反馈机制，注重教师培训的实效，对参培教师教育教学质量改进与职业能力水平提升情况进行跟踪，了解参培教师的教育教学工作情况，为培训工作改进提供依据。三是通过不同的激励措施，吸引校外技能型人才以兼职导师、兼职讲师等灵活多样的方式加入教师队伍，共同促进“双师双能型”教师的培养培训工作的持续开展。

四、实施成效与进一步工作的改进

经过实践，笔者所属学院在“双师双能型”教师队伍建设中取得了一定的成效，

① 王强、吕洋：《探究应用型高校双师型教师培养项目的优化策略》，《大学教育》2020 年第 8 期，第172－174 页。

主要体现在以下几个方面。

1. 全员主动参与培训形成自觉

认真贯彻《中共中央　国务院关于全面深化新时代教师队伍建设改革的意见》等系列政策精神，形成良好导向，使教师提高了对“双师双能型”教师队伍建设的认识，能较好地按照相关管理规定安排个人的学习并开展相应工作。学院通过健全制度、规范培训、加强管理等多种举措，推动“双师双能型”教师规模不断扩大，教师队伍结构不断优化。截至2021年底，学院共有教职工104人，其中专业教师91人，对照学校“双师双能型”教师认定标准，学院“双师双能型”教师29人，占专业教师总数的30.76%，初步形成了一支具有专业特色、专兼结合的“双师双能型”教师队伍，为新工科专业建设提供了有力支撑和保障。

2. 构建的院级教师培训体系取得明显成效

近年来，学院持续开展“双师双能型”教师培养培训，通过开展各级别教学竞赛、线上线下教学培训、教学团队与一流课程建设等，使参培教师的授课水平、课程建设能力、教研能力都得到很大提升，学院获市级教学竞赛一等奖1项，国家级及市级一流课程各1门，市级教学团队1个；通过组织教师参加院校各类教师素质提升计划、鼓励教师到企业参与实践锻炼、支持教师开展创新创业大赛等共计350余人次，教师通过科技特派员途径到企业实践、承担企业横向工程项目、成果转化与推广项目等，教师的工程设计开发能力得到提高，指导工科专业学生毕业论文中的工程设计类课题占比由过去的不足20%提升到现在的40%以上，教师指导学生参与各级各类行业创新创业大赛共计100余项，获得国家级、省部级及行业大赛奖共计20余项。这些成绩的取得表明教师的教育教学能力、专业素质与工程实践能力有了显著的提高，更加适应新工科建设对师资能力的需求。

3. 内涵与外保举措同步建设，促进培训有效高质量实施

学院在不断完善培训内容与管理制度的同时，还积极开展“双师双能型”教师培养培训平台建设，近五年共建设校外实习实训基地23个，建成院内综合工程实训中心1个，组建产学研创新平台1个，并聘请企业技术高管、高技能人才到学院兼职，

加强校企人员的双向交流，突出实践教学比重，促进了校内教师实践教学水平的提升。

尽管学院在培训工作中取得了一定的经验和成效，但也存在不足之处，学院将从以下方面聚焦整改。一是进一步加强教师培训力度，实现专业教师全员参加培训。合理分类制定教师参与不同培训的学习及锻炼计划，并使教师个人培训计划与教师聘期考核同步。二是进一步深化产教融合与校企合作。学院要在扩展教师到企业实践锻炼渠道的同时，更要积极拓展适于教师培训锻炼的合作项目。此外，还要加强对选聘培训师的分类指导，规范校外培训师资的管理。三是进一步健全教师参加培训学习、参与校企合作项目成果的转化、参加创新创业大赛等方面的长效工作机制，落实相关激励政策，提高教师参与培训的积极性，促进“双师双能型”教师培训工作可持续良性展开。

本文系教育部第二批新工科研究与实践项目——“双师双能型”教师培训体系的研究与探索（项目编号：E-SZNL20200704）阶段性成果。项目主持人：本文通讯作者。

鲁晓翔，天津商业大学生物技术与食品科学学院教授，农学硕士。

刘建福，天津商业大学生物技术与食品科学学院教授，工学博士。

王素英，天津商业大学生物技术与食品科学学院教授，农学博士。

罗蕴玲，天津商业大学理学院教授，理学硕士。

齐恩平，天津商业大学法学院教授，法学博士。

附　录

基于教师专业发展能力提升的培训体系构建

——天津商业大学实践案例分析

天津商业大学教师发展中心

学校的发展离不开教师的发展,教师专业发展水平是学校的核心竞争力。天津商业大学高度重视教职工培养培训工作,为了不断提升教师专业发展能力,培养一支政治素质过硬、业务能力精湛、育人水平高超的高素质教师队伍,学校坚持以习近平新时代中国特色社会主义思想为指导,坚持党的全面领导,深入学习贯彻习近平总书记关于教育的重要论述,落实立德树人根本任务,以教师需求为导向,以提高教师能力为核心,以服务教师全面发展、推动人才培养工作为根本任务,以精准分析、精心设计、精致服务为工作理念,打造多层级、个性化、全面化、体系化并具有本校特色的教师发展路径。

天津商业大学依托学校教师发展中心,通过"线上"与"线下"相结合的培训模式,搭建了由新入职教师培训、校本研修、专家进校、名校观摩以及深度研习五大核心模块于一体的教师综合发展与服务体系,逐步打造"名师工作坊""青年教师成长沙龙""天商云课堂"等品牌项目,扎实推进教职工培养培训工作,不断提升教师教育教学水平,促进教师全面发展。以下将天津商业大学近年来教师培训实践案例如数分享，以期为提升高校教师专业发展能力提供参考。

一、“专家进校园”系列讲座，不断开拓教育视野

为了开阔教师视野、提升教师能力，学校教师发展中心邀请国内外知名专家，定期举办“专家进校园”系列讲座，2019 年共开展八场线下大型专家进校园讲座，内容涵盖师德师风建设、教学理念变革、科研水平提升与心灵成长关怀、教学竞赛经验分享等方方面面。

经过前期充分地调查研究、梳理筛选，天津商业大学教师发展中心力邀高水平专家进校，先后邀请清华大学张学政教授、清华大学孙茂松教授、北京师范大学桑国元教授、著名积极心理学家王薇华博士、清华大学张瑜副教授、上海交通大学李梁教授、清华大学曹炳阳教授、清华大学李蕉副教授进校为我校教师分别作题为《做国家和人民满意的人民教师，让课堂充满激情、智慧和欢乐——谈教师师德和素养与教学方法和艺术》《慕课、教育改革及人工智能》《英文学术写作的路与思》《新时期高校教师的心理建设》《坚定立德树人教育取向——思政课程创新与课程思政探索》《关于课程思政建设若干问题的思考》《基金申报之我见》以及《先“破”后“立”——对教学比赛、教学改革的探索》等多场精彩纷呈、主题多样、水平高超的报告，参加培训教师达 1550 余人次。

二、校本定制研修班，精准定位培训人群

为加强师资队伍建设，提高教师的教书育人能力，根据教师的不同需求，教师发展中心针对特定人群、特定主题，开展校本定制研修培训，力争精准施策、分类指导，提高培训、交流的针对性和实效性。2019 年，天津商业大学教师发展中心共开展校本定制班四期，集中培训时长 8 天，培训教师 305 人次。

2019 年 3 月 15—16 日，举办“青年教师教学发展与能力提升研修班”，特邀国家级名师、清华大学航天航空学院党委书记李俊峰教授，第四届全国高校青年教师教学竞赛工科组一等奖获得者、清华大学土木工程系李威副教授和北京师范大学教师发展中心原副主任魏红博士开讲，帮助青年教师更好把握课堂教学规律及教学方

法，提升教育教学水平。本次有63名教师参加培训。

2019年5月24—25日，针对教师科研需求，举办“学术科研能力提升与学术论文发表研修班”，邀请清华大学教育研究院高等教育研究所所长、北京师范大学教育学博士王晓阳，《清华大学教育研究》副主编叶赋桂以及清华大学《现代教育技术》杂志副主编宋述强等专家来天津商业大学，为天津商业大学教师进行为期两天的集中培训，助力天津商业大学教师进一步提高科学研究设计能力，完善研究方法，提升写作水平，推进教育教学学术研究，服务本校教学改革实践。本次有65名教师参加培训。

2019年9月20—21日，为贯彻全国教育大会精神，帮助教师全面理解“金课”建设内涵与教学设计方法，举办了“‘金课’视角下课程建设与教学设计校本研修班”，特邀清华大学数学系教授扈志明，华北电力大学电气工程学院教师葛玉敏和学堂在线课程总监李腾麟等专家进校，两天的集中培训结合政策解读、特邀报告以及教学全周期设计与实施能力工作坊等多种形式，帮助天津商业大学教师深层次理解“金课”内涵，推动学校课程建设进程，提升教师教育教学水平，提升人才培养质量。本次有117名教师参加培训。

2019年11月22—23日，举办“学术科研论文选题设计与发表校本研修班”，特邀国家级教学名师、清华大学化学系教授李艳梅，北京大学教育质性研究中心主任、北京大学教育学院副教授林小英和《比较教育研究》资深编辑、北京师范大学副编审曾晓洁作专题报告和工作坊，帮助天津商业大学教师提高论文写作水平，促进教师专业化成长。本次有60名教师参加培训。

三、一线教学观摩，零距离感受名师课堂

2019年4月2—3日，教师发展中心与学堂在线合作开展第一期名校教学观摩活动。带领天津商业大学15名教师代表前往清华大学深入一线课堂，与教学名师面对面学习。本次精选了五门观摩课程，包括清华大学计算机系教授、“清华大学新百年教师成就奖”获得者、清华大学首批7门标杆课程获奖者邓俊辉老师讲授的“数据结构”，清华大学计算机系教授、连续两届国家精品在线开放课程获奖者郑莉老师

讲授的“计算机程序设计基础”,清华大学机械工程系副研究员、教育部科技进步二等奖获得者雷丽萍老师讲授的“有限元分析及应用”,清华大学自动化系副教授、北京市高等学校教学名师王红老师讲授的“数字电子技术基础”和清华大学马克思主义学院副教授、第四届全国高校青年教师教学竞赛思政课专项组一等奖获得者李蕉老师运用翻转课堂与学生一起为大家展示的“中国近代史纲要”课程。观摩间隙,特邀清华大学计算机系教授、“清华大学新百年教师成就奖”获得者邓俊辉老师,清华大学化学系教授、国家973项目首席科学家、国家“万人计划”教学名师、国家级教学名师奖获得者李艳梅老师为天津商业大学教师作题为《课程建设中的变与恒——以数据结构为例》和《把握教育发展趋势,积极进行教学改革》的精彩报告。

2019年11月11—12日,教师发展中心与学堂在线合作开展第二期名校教学观摩活动,组织天津商业大学课程思政建设项目教师赴清华大学开展课堂观摩活动。根据课程思政主题,本次活动采取课堂观摩与案例分享相结合的形式,安排天津商业大学教师现场观摩国家精品在线开放课程负责人、清华大学马克思主义学院副教授张瑜的“思想道德修养与法律基础”,该课程采用混合式教学模式,通过线上慕课(MOOC)和线下大班授课与小班讨论课相结合的方式开展教学,张瑜副教授同天津商业大学教师分享了课程设计理念、培养目标、教学方法、备课重点、课时分配等内容。清华大学水利水电工程系副教授徐文杰为天津商业大学教师作关于“清华大学‘三位一体’育人理念与混合式教学思考与实践”的专业课教学课程思政建设案例分享。

参加观摩的教师被清华名师渊博的知识积淀、浓郁的授课热情、巧妙的课程设计和学生的全情投入深深感动。在观摩活动随笔中,大学外语教学部教师张丽丽提到:“本次清华之旅真的是不虚此行,收获颇丰!之前是清华名师进校园,这次是零距离深入名师课堂,与大师面对面交流,感受先进的教学理念,引人深思。清华大学‘自强不息、厚德载物’的精神及严谨的教学态度给我留下了深刻的印象,老师们鲜明的教学特点值得我们深入探索,这对青年教师的指引作用尤为重要。”艺术学院新进教师马旗这样说:“为期一天的学习培训,充实而紧张,回程的路上感慨良多,作为一名新进青年教师，我意识到自己在教育事业上的浅薄和无知。教育工作绝非日复一日、一眼万年的重复，教育面对的是一双双期待的眼睛，也是日益更新的知识库，清晰教师对于学生的意义、清晰教师对于课堂的意义，是走上讲台前最重要的功课。再多一些对讲台的敬畏，敬畏讲台就是敬畏职责；再多一些对于教育事业的用心，是不忘初心也是守住良心。”

四、清华定制研习营，全方位多角度浸入式培训培养

为贯彻落实全国教育大会精神，更好建设天津商业大学一流专业、一流课程，对标国家本科课程建设要求，天津商业大学教师发展中心与学堂在线合作，将建设“金课”定位清华研习营培训主题，开展两次深度浸入式研修。

2019 年 4 月 11—14 日，教师发展中心组织各学院（部）教学负责人及部分骨干教师共 40 人，前往清华大学进行“‘金课’建设与教学改革创新能力提升研修”；2019 年 12 月 6—10 日，组织天津商业大学“金课”建设项目部分负责人 40 人赴清华大学进行“‘金课’视角下一流专业与一流课程建设理论与实践研修”。

基于前期精心谋划与筹备，结合天津商业大学教师对于线上线下金课建设、混合式教学理念、翻转课堂实践以及教学团队管理等需求，教师发展中心通过安排特邀报告、参观见学、案例分享、观摩等多种形式的活动，使天津商业大学教师与清华名师一起研议金课，零距离、面对面共同学习探讨教学改革与创新之路。

天津商业大学教师发展中心为教师特别规划的两期清华定制研习营活动，通过特邀报告、案例分享、参观见学、评课议课等多种形式，使参加培训活动的教学负责人及骨干教师深受启发，对于教师进一步解放思想、转变观念、大胆创新、探索实践的教学改革之路注入了强大的思想动力，老师们纷纷表示要先试先行，把立德树人、教书育人以及培养高水平、有竞争力的全新人才放在战略高度来加以认识，要重在落实、重在行动。

持续更新教育理念，开展“新工科”建设发展与模式创新研修活动。为进一步落实“四新”建设指导意见，帮助教师们准确把握“新工科”建设内涵，积极探索适应新时代新工科建设方案和要求，不断提高人才培养质量和水平，教师发展中心于 2021

年组织工科学院教师代表前往北京开展“‘新工科’建设发展与模式创新研修活动”，特邀清华大学工程教育研究中心副主任林健教授、北京交通大学詹天佑未来技术学院副院长李清勇教授为天津商业大学教师带来《面向未来的新工科建设》《传统工科专业的转型升级》主题报告，以及《新时代的新工科建设思路与实践》案例分享，全面梳理新工科的内涵、特征和建设目标，系统解读新工科建设的指导意见和总体思路，分享了北京交通大学在新工科建设方面的实践经验。

本次研修教师发展中心还组织教师集体参观了教育部在线教育研究中心“慕课工作室”，了解慕课制作流程。参加研修学习的老师纷纷表示通过此次研修对“新工科”建设的内涵有了更加深刻的认识和理解，为学科建设和专业建设的发展提供了宝贵的经验借鉴。

五、新入职教师系列培训，持续提升中青年教师教育教学能力

（一）新入职教师入职宣誓仪式

2020 年 9 月 10 日，天津商业大学庆祝教师节暨表彰大会以“立德树人奋进担当、教育脱贫托举希望”为主题，以学生的殷殷祝福、典型的示范引领、不忘从教初心和不断砥砺奋进为主线，分为“祝福 · 感恩”“杏坛 · 撷英”“初心 · 使命”“梦想 · 未来”四个篇章，在第三篇章，由荣获国家级和省部级荣誉称号的专家为新入职教师代表佩戴校徽，全体新入职教师面对国旗庄严宣誓。机械工程学院杨庆忠代表新入职教师发言。他表示，要时刻牢记立德树人根本任务，积极探索新时代教育教学方法，不断提升教书育人本领，努力做党和人民满意的好老师。

2021 年 9 月 10 日，天津商业大学举行庆祝 2021 年教师节暨表彰大会，本次表彰会以“赓续百年初心，担当育人使命”为主题，以不忘从教初心、典型示范引领、使命薪火传承为主线，分为“不负韶华，入职在天商”“砥砺实干，奋进在天商”“赓续初心，眷恋在天商”三个篇章，向新入职教师表示欢迎，向获奖教职工表达祝贺，向离退休教师致以敬意。在第一篇章，由荣获省部级荣誉称号的专家为新入职教师代表佩戴校徽，全体新入职教师面对国旗庄严宣誓，新入职教师代表生物技术与食品科学

学院张宏扬作交流发言。

（二）校长为新入职教师讲授“师德必修课”

2019—2021 年，天津商业大学党委副书记、校长葛宝臻连续三年为新入职教师讲授“师德必修课”。以“严格遵循《十项准则》，做新时代优秀教师”为主题，引用近年来教育系统曝光的师德失范典型案例，详细解读《新时代高校教师职业行为十项准则》的深刻内涵和践行的六个着力点。他强调，新入职教师要深刻理解、严格遵循准则要求，守住底线、不越红线，下苦功夫、求真学问，精心教书、潜心育人，主动将“思政”元素融入课程教学，做好人才培养工作，引导学生自觉弘扬和践行社会主义核心价值观。同时，要正确认识思想政治工作的重要性，珍惜入职第一年做辅导员和班主任工作的机会，做到不忘初心、关爱学生、严于律己、为人师表，切实担负起培养担当民族复兴大任的时代新人的神圣使命。

（三）岗前培训

以效果为导向，教师发展中心不断精简组合新入职教师岗前培训主题内容，将线上线下有机结合，力求提升培训实效。在线上培训方面，2021 年增设专题研修模块，新入职教师根据相关要求在师德师风、党史、课程思政、教学技能、教学理念、教育技术、教师身心健康等八大板块修满学分即可取得培训证书。

在线下培训方面，由教师发展中心组织，联合党委办公室、党委宣传部、工会、教务处、国有资产与实验室管理处、学科办公室、科研处、图书馆等部门共同为新入职教师开展线下系列岗前培训，帮助新入职教师尽快完成角色转变，加快融入学校发展，提升教书育人的责任感和使命感，助力教师职业成长。此外 2021 年增设素质拓展培训，增进新入职教师之间的了解与沟通，激发个人潜能，培养乐观精神，树立相互配合、相互支持的团队精神，提升凝聚力。

六、打造经典培训模块，全面助力教师发展

（一）“名师工作坊”定期邀请名师开坊，紧跟高等教育新形势

结合学校发展要求，以工作坊为载体、名师为品牌、教师需求为导向、学科为纽带，邀请校内外学术和业界名师，探索建立“订单 + 需求”的教师培训机制。天津市

教学名师罗蕴玲教授和张立毅教授应邀开展“一流课程的建设与申报”和“春风化雨　润物无声——课程思政建设点滴谈”主题分享。

（二）“青年教师成长沙龙”精准定位服务人群，持续关爱青年教师成长

根据前期调研结果，培训主题涉及青年教师最为关切的职业生涯规划、教师身心健康、教学科研能力提升等。已邀请国家二级心理咨询师杨爽老师做“青年教师压力管理与积极心态建设”主题分享。不断提升青年教师教学能力和培养质量。

七、天商云课堂，助力线上云端教育同质等效

完成教师发展中心平台建设，甄选国内外优质课程资源，为教师提供丰富的线上资源课程。教师发展中心网站已上线400余门国内外优质课程资源，供全校教师学习使用。为提升本校教师队伍整体素质，提高教师教育教学水平，满足教师自我成长的需求，教师发展中心深度挖掘线上培训资源，在前期调研的基础上，结合教师培训需求，在教师发展中心平台增设“课程思政”“新工科”“新文科”等主题在线课程。目前线上培训资源已覆盖“党史学习”“师德师风”“教育理念”“教学技能与教育技术”“教师身心健康”等十余个主题模块。同时，教师发展中心平台已开启培训学时统计系统，方便教师建立培训档案、查询个人培训轨迹。

（一）新入职教师训练营，全面提升教育教学能力

形成常态化、专业化的新入职教师培养体系，使新教师能够迅速适应角色，不光具有出色的专业水平，同时具有精湛的课堂教学能力，助力新教师站稳讲台、站好讲台。

新入职教师参加教师职业素养及教学能力提升线上训练营。青年教师是学校发展的生力军，教师发展中心始终重视青年教师、特别是新入职教师的培训培养工作，2020年根据教师不同的入职时间组织两次新入职教师职业素养及教学能力提升线上训练营。

2020年6月5—11日，教师发展中心组织天津商业大学新入职教师参加教师职业素养及教学能力提升线上训练营，该次训练营汇聚了来自清华大学、北京航空航天大学等知名高校教育教学领域的专家学者，通过5场直播讲座和4场实操技能学

习，帮助新入职教师快速适应“互联网+”“智能+”时代下的教与学方式，引导新入职教师加深对教师职业的理解、提升教学素养和教学核心能力。天津商业大学48位新入职和转岗思政课教师通过线上平台参加此次培训。

2020年11月23日至12月2日，教师发展中心组织新入职教师参加教师职业素养及教学能力提升线上训练营。该次训练营以提升新入职教师教学素养和教学核心能力为目标，分为以“‘互联网+’时代下青年教师职业发展与教学规范”为主题的素养篇和以“从备课到讲课，夯实教学理论与教学基本功”为主题的能力篇，帮助新入职教师加深对教师职业的理解和增强职业认同感，助力青年教师实现从站上讲台、站稳讲台到站好讲台的转变。天津商业大学37位新入职青年教师和转岗思政课教师通过线上平台参加此次培训。

（二）以统筹推进疫情防控和事业发展为指引，做好疫情期间培训工作

根据天津市教育“两委”相关工作部署要求，按照“停课不停学，学习不延期”原则，教师发展中心自2020年2月10日至5月4日共组织20期77学时的“天商云课堂”培训，分教育教学、学术充电、班主任工作、疫情防控四个专栏，满足教师开展线上授课需求，助力线上教学确保同质等效，兼顾疫情防控工作，保证培训内容的时效性、功能性和严谨性。

高校教师常态化疫情防控心理健康专题网络培训。2020年5月20日上午，天津商业大学教师发展中心联合天津师范大学、天津科技大学、天津工业大学、天津农学院等四所高校教师发展中心共同举办复课开学后高校教师常态化疫情防控心理健康专题网络培训，邀请天津师范大学心理学部专家针对如何确保疫情防控下高校教师心理健康、如何协助教师做好复课开学后的心理健康调适等内容面向高校教师群体开展专题培训。天津商业大学百余名教师通过网络直播完成此次培训活动。该次培训以习近平总书记在中央政治局常委会上关于学校复学复课的相关讲话精神要求为指导，积极联合天津市四所高校教师发展中心，充分利用网络资源平台，实时共享优势学科及专家资源，满足广大教师疫情期间复课的实际需求。教师发展中心在开展线上线下混合式培训的基础上，不断探索高校教师培养合作模式，持续提

升教师发展中心服务水平。

“奋斗　坚守　逆行”主题高校教师师德专场宣讲会。2020 年 6 月 4 日下午，天津商业大学党委教师工作部、教师发展中心在天津市高等学校师资培训中心指导下，联合天津师范大学、天津医科大学等 10 所高校党委教师工作部、教师发展中心共同举办“奋斗　坚守　逆行”主题高校教师师德专场宣讲会，邀请“最美奋斗者”王辅成、“全国高校思想政治理论课教学标兵”李朝阳、“全国向上向善好青年”王毅为大家讲述“奋斗　坚守　逆行”——老中青三代高校人的精神传承故事。天津商业大学近百位教师通过网络直播收看此次宣讲会。该次宣讲会以提升师德师风建设为主题，以抗击新冠肺炎疫情为契机，充分带动学校教师积极践行立德树人根本任务，坚定抗疫必胜信心。

常态化疫情防控下高校教师心理健康。2022 年 3 月 18 日下午，天津商业大学党委教师工作部、教师发展中心联合天津师范大学、天津工业大学等 15 所院校党委教师工作部、教师发展中心共同开展《常态化疫情防控下高校教师心理健康》专题网络公益讲座。该讲座特邀全国知名心理学家、天津师范大学副校长白学军教授针对常态化疫情防控下高校教师心理健康调适的对策和方法进行专题讲授。白学军从当前新冠肺炎疫情引发的心理健康问题为切入点，对新冠病毒的发现、演变和防治措施进行了讲解，重点强调了配合疫情防控和做好个人防护的重要性。同时，他结合人体健康的本质和标准，从环境—生理—心理交互影响的视角阐述了疫情下教师心理自我调适的基本方法，结合具体事例详细讲解常态化疫情防控状态下如何保持身心健康、合理安排工作生活、协调亲子关系等问题，期望通过加强和改进心理健康教育服务工作与广大师生共渡难关，共筑心理安全防线。

(三)以教师需求为导向，不断丰富培训内容和培训形式

基层教学组织建设与管理提升研修班。2020 年 11 月 7 日至 10 日，教师发展中心组织天津商业大学教师参加基层教学组织建设与管理提升研修班，该次研修班邀请浙江工业大学计算机学院陈庆章教授、南开大学张伟刚教授、河南财经政法大学法学院司莉教授和天津外国语大学国际商学院郭建校就新时代背景下如何发挥好

基层教学组织的作用,如何做好基层教学组织负责人等问题展开研讨。学校各教学单位教师代表通过线上平台参加此次培训。该次研修聚焦基层教学组织,通过五场讲座使教师更加明晰高校基层教学组织建设的方法与路径,有利于提升基层教学组织管理水平,提高人才培养质量。

“高水平科研论文写作、投稿与基金申报”专题研修班。2021 年 12 月至 2022 年 2 月,教师发展中心组织学校教师参加“高水平科研论文写作、投稿与基金申报”专题研修班。该期研修邀请北京师范大学教育学部桑国元教授、清华大学致理书院李艳梅教授、清华大学工程教育研究中心林健教授、清华大学航天航空学院曹炳阳教授和哈尔滨工业大学化工与化学学院甘阳教授,采取主题报告、分类辅导相结合的形式,从不同的层面和角度向天津商业大学教师详细介绍高水平论文写作、发表、投稿及国家自然科学基金/国家社会科学基金项目概况、申报问题、要点、技巧和注意事项等内容,提高教师的科研设计及论文写作水平,拓展科研思路,提升科研能力,做好科研项目申报工作。

“虚拟教研室培育视角下的基层教学组织改革创新”专题研修班。2021 年 12 月至 2022 年 5 月,教师发展中心组织天津商业大学教师参加“虚拟教研室培育视角下的基层教学组织改革创新”专题研修班。该期研修邀请清华大学电机系于歆杰教授、清华大学在线教育中心汪潇潇主任、天津外国语大学国际商学院郭建校教授和中北大学薛英娟副教授,采取专家讲座、案例分享、教研观摩等形式,分享全国性课程教学建设虚拟教研室的教研实践之路,关于《教育部高等教育司关于开展虚拟教研室试点建设工作的通知》的思考和分析,基层教学组织的教学管理与核心业务能力提升,校内虚拟教研室建设探索与实践等内容,推进实体教研室的改革创新,探索虚拟教研室建设模式,加强基层教学组织建设,全面提升教师教书育人能力。

向全体教职员工推送“四史”等学习内容。2020 年教师发展中心将学习贯彻党的创新理论作为思想武装的重中之重,结合本部门工作职能,利用教师发展中心微信公众号平台,定期向全校教师员工推送“四史”学习内容。2021 年,在中国共产党百年华诞之际,以网络课程、教师发展中心公众号、支部学习、教研室活动等为主要形式，开展“四史”教育，学习师德楷模。积极组织教职工参加“津门师德巡讲”活动。线上线下相结合，聆听了云南丽江华坪女高校长张桂梅同志潜心教书育人、天津师范大学郑连斌教授科研报国、天津理工大学李晓静副教授在课程思政实践中涵养高尚师德、天津科技大学李桂菊教授潜心立德树人的事迹，引导广大教师在中国共产党百年华诞之际，践行新时代高尚师德，坚守“为党育人、为国育才”的初心使命。以教师发展中心公众号为平台，开辟“党史我来讲”专栏，每周定期开展线上党史教育活动，全年开展36期。

八、几点经验分享

（一）学校重视和支持

2018年11月，学校举行教师发展中心揭牌暨2018—2019学年教师培训班开班仪式，开启天津商业大学全面开展教师培训新篇章。校党委书记史习红出席并讲话，她强调，教师是立教之本、兴教之源。人才培养，关键在教师。建设政治素质过硬、业务能力精湛、育人水平高超的高素质教师队伍是大学建设的基础性工作。教师发展中心要以服务教师全面发展、推动人才培养工作为根本任务。史习红指出，教师发展中心的成立，是贯彻落实全国教育大会精神的重要举措，是落实本科教学审核评估整改任务的具体措施。教师发展中心要重点落实好三个方面的职能：一要把教师发展中心建设成为师德师风建设的重要课堂。把提高教师思想政治素质和职业道德水平摆在首要位置，贯穿教师职业发展的全过程。二要把教师发展中心建设成为服务教师全面发展的重要基地。着眼于不断满足教师终身学习和全面发展的需要，遵循教育规律和教师成长规律，精准施策，精细培养，搭建教师交流、学习、研究的平台。三要把教师发展中心建设成为提升教育教学质量的重要平台。要致力于组织开展教学研究，将教师培训与研究教学改革相结合，全面加强教师教学能力建设。

校党委副书记、校长葛宝臻在致辞中指出，成立教师发展中心是适应高等教育发展的需求、是全面落实新时代教师队伍建设的有力举措。教师发展中心将整合资源、形成合力，将教师培养培训工作进一步系统化、多元化、协同化、专业化，大力提升、不断创新各项教师发展工作，并为老师们做好职业生涯规划，全面提高我校教师队伍水平和人才培养质量。希望教师发展中心成长为名师名家的汇聚地、教学能力提升的加油站，成为教师生涯发展的指路明灯、教师交流研讨的温馨家园。

（二）教师需求为导向

天津商业大学教师发展中心始终坚持教师需求导向，即时了解教师对于培训的需求，针对专职教师进行了有针对性的调研。调研发现，教师迫切希望教师发展中心可以提供一流课程及一流专业建设，混合式教学及翻转课堂等信息技术，科研项目申报和论文发表等相关培训。不同学科类型的教师对于培训主题的选择也有较为显著的差异，其中学科类型为文科的教师，更倾向于论文发表方面的主题培训，其次分别是混合式教学及翻转课堂，一流课程及一流专业建设，科研项目申报；学科类型为理科的教师，最关注的培训主题是有效教学，此外对于一流课程及一流专业建设和科研项目申报也有较高的培训需求；学科类型为工科的教师，最迫切需要混合式教学及翻转课堂主题培训，其次是论文发表方面的培训。通过调研数据可知，天津商业大学教师对于培训主题的选择相对集中，充分反映了广大教师的培训意愿，不同学科类型的教师也呈现出较为显著的差异，需求效果导向利于培训资源的有效整合，使各专题培训的开展更具针对性和实效性。

（三）强化制度保障

围绕学校建设和发展战略，遵循高等教育规律，秉持“师德为先、能力为本、学生为重、终身学习”的教师发展理念，学校出台了《天津商业大学教师培训工作规程》，进一步规范培训要求，强化组织和制度保障。以加强思想政治素质和师德师风建设为教师队伍建设的首要任务，将提高师资质量和专业能力作为教师队伍建设的工作核心，大力推进教师专业化，全面提高教师综合素养。

（四）建立校院两级培训互动机制

将通识性、普适性培训与专业性、能力性培训相结合，共建共享、互联互通，全方位、多角度设置培训主题，全面提升教师的职业素养与业务能力。校级层面依托教师发展中心组织通识性培训，负责创新机制、构筑发展平台和长远规划，为教师教学能力和师德师风的持续提高提供条件和保障。学院充分利用校内外专业资源，与教师发展中心携手为教师提供专业性强、教师急需的主题培训，搭建多样化的培训平台，为教师教学、科研和教研能力的持续提升和终身职业发展提供助力。

天津商业大学在构建教师培训培养体系、规范各层级教师培训项目、大力传播先进的教学理念、关爱教师心理健康等方面做了一些有益的尝试和探索，但教师培训是一项与时俱进、不断创新提升的综合性质量保障工程。“四新”建设背景下，如何整合优质资源，进一步拓展教师培训路径和培训模式，不断提升教师产学研融合能力，是天津商业大学教师发展中心接下来重点建设和实践的方向。今后还应积极拓展培训形式，丰富培训内容，有效提高新时期教师的教育教学能力和水平，助力学校高质量内涵式发展。

【教师培训交流心得体会】

1. 名师工作坊

马克思主义学院教学副院长陈映霞说：“教师发展中心举办的这次名师坊活动非常及时，我今年正要申报一流课程，填申报书时里面有一些问题自己感觉把握不准。今天罗老师讲了两个多小时，详细介绍了她们团队的申报经验、课程建设情况、今年的相关政策和申报书的填写，她做了大量的图表，对申报书中的每一项内容都做了解析。听完了觉得特别有收获有帮助！满满的全是干货！感谢罗老师，感谢教师发展中心，希望以后多办些类似的讲座！”

理学院教师李晶洁说：“罗老师分别从‘高等数学’国家级一流课程的建设和申报事项两个角度，深入浅出地进行了介绍。‘高等数学’课程在‘教’与‘学’联动改革以及‘尊重差异、注重发展’的教学模型上令我耳目一新，整个教学过程不仅让我学到了以学生为中心，提升学生能力和成绩的有效手段，更令我意识到罗老师教学团队在课程改革上的用心与细心。而作为今年一流课程申报的参与者，罗老师系统的政策解读和申报注意事项的讲解令我受益匪浅，罗老师的讲解使我及时发现了申报课程的很多不足，为我们后续材料的修改提供了很大的帮助，我感到收获满满。”

2. 岗前培训

法学院新入职教师杨超说："此次培训内容翔实，为我们系统传授了教师的职业修养知识。我深刻意识到我们既是传授知识的教师，也是为学生提供正确指引的领路人。在今后的教学生涯中，我会时刻谨记培训教师教导的三句话'课堂讲授有纪律，学术研究无禁区，公开言论守规矩'。"

管理学院新入职教师刘盟说："非常感谢学校各相关部门对我们新教师的关心，多方面帮助我们尽快进入角色，融入'天商'大家庭。同时我们也深感教师责任重大，要深入学习贯彻习近平总书记关于教育事业的重要指示，恪守意识形态底线，做合格教师，为党和国家培养合格人才。我们要珍惜学校为青年教师所配备的各项资源、平台，激励自己设定目标，更快成长。"

公共管理学院新入职教师范文宇说："本次培训使我深刻认识到意识形态工作的重要性。作为一名高校教师，我们一定要严格遵守意识形态各项纪律要求，不断提高意识形态能力水平，努力提升政治素养和师德涵养，恪守学术道德遵守学术规范，为推进教育现代化、建设教育强国、实现中华民族伟大复兴贡献智慧和力量。"

本文系教育部第二批新工科研究与实践项目——"双师双能型"教师培训体系的研究与探索（项目编号：E-SZNL20200704）；教育部首批新文科研究与改革实践项目——新文科教师专业发展能力培养路线图的研究与实践（项目编号：2021170003）阶段性成果。

本文由天津商业大学教师发展中心柴蕾研究员执笔，实践工作由原教师发展中心主任罗蕴玲、教师发展中心副主任柴蕾、原教师发展中心教师赵旭、牛娜等同志共同组织完成。